PRACTICE AND
EXPLORATION OF
A BETTER LIFE FOR
THE PEOPLE

Research on
the Ecological
Transition
Development
of Productivity

人民美好生活
实践探索

生产力生态化跃迁发展研究

于天宇 著

社会科学文献出版社
SOCIAL SCIENCES ACADEMIC PRESS (CHINA)

摘　要

人民美好生活的生成是理论与现实的逻辑统一。"人民美好生活"思想不仅继承发展了马克思的美好生活观，而且蕴含了古今中外人类社会对真正美好幸福生活的追求。从现实条件来看，人民美好生活的生成以生产力的发展和社会主要矛盾转化为直接物质基础，是对新时代人民需求多样化的时代把握。作为新时代中国社会发展的价值逻辑，人民美好生活表征了社会主义条件下人的生存状态，具有物质性、精神性、生态性三重内涵。在此意义上，实现人民美好生活，不仅要调和人与自然的关系，还要协调好生产与生活、生存与发展的关系，从而探索出一条人与自然和谐发展的生产力生态化跃迁发展之路。

在历史唯物主义的理论语境下，生产力的发展目的在于满足人类需要。作为人类社会发展的动力因素与人民美好生活的实现方式，生产力的发展程度与发展方向十分重要。生产力是历史唯物主义的基础和核心概念，也是马克思和恩格斯研究、分析各种社会问题的关键范畴。在马克思看来，生产力是人与自然之间通过劳动媒介而产生的综合力量，这种力量包含精神层面与物质层面，存在于自然界与人类社会之中，具有延续性与毁灭性。传统生产力以人对自然的征服和改造为主要特征，过度重视人的主体性和对自然的开发利用，造成了严重的生态问题，威胁生产力的持续稳定发展和人类的正常生产生活。作为生产力生态化跃迁发展的现实样态，生态生产力以兼顾生产发展和生态和谐为主要特征，强调在人与自然的对立统一关系中实现生产发展和生态保护，兼顾当前利益与长远利益，化解生产与生存、生产与生态之间的矛盾。生态生产力是对马克思生产力理论的原初再现，也是马克思生产力理论的最新样态，对正确处理人与自然的关系，满足人民美好生活需要，实现人与自然的和谐相处具有重要的理论价值和现实意义。

人民美好生活是人类社会发展过程中不断追求的高层级需要，在马克思看来，人类需要的满足与生态资源之间有着深层次的逻辑关联，人类需要必须通过生产力的发展来满足，而发展生产力则必须依赖生态资源的供给。在此意义上，资本主义生产方式催生的"虚假需要"看似促进了生产力的发展，实则是以生态资源过度浪费为代价的，更是导致生态问题的重要成因之一。这种以生态资源为增殖手段的发展逻辑事实上不可能真正实现人民的美好生活。马克思需要理论认为，人类"真实需要"的满足并不会与生态性要求产生背离，因为生产力发展的革命性效应会自发促动生产力的生态化跃迁发展。生产力生态化跃迁发展与人民美好生活需要满足是高度的辩证统一关系，一方面，人民美好生活需要的满足要求生产力生态化发展；另一方面，生产力生态化跃迁发展是人民美好生活需要满足的重要手段。客观来看，生产力生态化跃迁发展必须满足以下要求：以保护自然资源为底线；以解决社会主要矛盾为目标；以人的全面发展为价值旨归，这与资本逻辑主导下的生产力发展有本质区别。

资本主义生产方式在促成社会物质财富积累和社会生产力发展的同时，也终将面临社会生产力的发展桎梏与人的自由沦丧。追求剩余价值是资本主义的绝对规律，因而资本必然要不断突破时间和空间的限制，以实现其价值增殖的自由。为实现增殖的最大化，资本通过不断增加剩余劳动时间的方式事实上形成了"加速社会"。由资本逻辑所主导的"加速社会"造成了严重的社会问题，包括生态危机、技术异化和生存危机。这说明，资本在促成世界交往的同时，也将资本的消极影响扩散至全世界，影响世界的稳定与安全。而现代资本主义社会加速也终将面临增长的极限与资源的枯竭。因此，"资本的生产力"有其发展的边界，在追求资本利益的同时，无法兼顾社会利益和世界利益。事实上，资本主义生产方式遮蔽了人民的美好生活需要。

社会主义生产方式不仅正确处理了人与自然之间的关系，也科学统筹了经济发展与环境保护之间的关系，是对资本主义生产方式的超越。在此基础上，生态生产力的发展既具有历史性，又具有现实性。从发展生态生产力的践行路径来看，首先，需要通过生态文明的建设对劳动者进行引导培育；其次，需要通过生态科技的发展对劳动资料进行合理选择；最后，需要通过生态机制的健全对劳动对象进行有效保护，从而使生产力三要素之间优化配置、协同演进。从发展生态生产力的基本原则来看，应坚持以人民为中心的发展理念，坚持社会主义根本制度，在充分把握我国当前基本国情的基础上，发挥社会主义优越性，努力实现发展为了人民、发展依靠人民，进而满足人民对于生产发展、生活富裕、生态良好的美好追求。从发展生态生产力的现实意义来看，在宏观层面有利于推动实现人与自然、人与社会的协调统一，进而实现和谐社会的总体目标。在微观层面有利于构建良好的外部发展环境进而促进人的本质力量的发挥，最终实现人民的美好生活需要。

目录 CONTENTS

第一章　人民美好生活的理念创新与价值规定 ············· 001
　第一节　人民美好生活：对存在语境的政治表征 ··········· 001
　第二节　人民美好生活的三重规定 ······················· 016
　第三节　人民美好生活的现实条件 ······················· 030

第二章　生产力生态化发展的实践智慧与跃迁逻辑 ········· 042
　第一节　传统生产力与生态生产力的本质区别 ············· 042
　第二节　生态生产力对传统生产力的理论超越 ············· 059
　第三节　生态生产力对生产力发展潜力的高质释放 ········· 074

**第三章　生态生产力发展对人民美好生活需要的价值凸显与现实
　　　　满足** ··· 094
　第一节　马克思需要理论对生态问题成因的本质剖析 ······· 095
　第二节　马克思生产力理论对生产力生态化跃迁发展的规律揭示 ···· 106
　第三节　生产力生态化跃迁满足人民美好生活需要的内在旨因 ······ 118

**第四章　资本主义生产力发展对人民美好生活需要的价值遮蔽与实践
　　　　背离** ··· 135
　第一节　资本主义生产方式桎梏生产力的发展 ············· 135
　第二节　资本主义社会加速异化人的真实需要 ············· 153
　第三节　资本增殖逻辑背离人的生存发展逻辑 ············· 176

第五章　社会主义生产力生态化跃迁发展的文明形态探索 ··· 193
　第一节　社会主义生态生产力的发展路径 ················· 193

第二节　社会主义生态生产力的发展原则……………………204
　　第三节　社会主义生态生产力的发展意义……………………218

结　语……………………………………………………………………229

参考文献…………………………………………………………………232

后　记……………………………………………………………………241

第一章 人民美好生活的理念创新与价值规定

人民美好生活的生成是理念创新与价值规定的逻辑统一。"人民美好生活"思想不仅继承发展了马克思的美好生活观,而且蕴含了古今中外人类社会对真正美好幸福生活的价值旨归,更是习近平新时代中国特色社会主义思想的重要组成部分。从现实条件来看,人民美好生活的生成是以生产力的发展和社会主要矛盾变化为直接物质基础,是对新时代人民需求多样化的时代把握,更是对社会主义发展原则的坚持。作为新时代中国社会发展的价值规定,人民美好生活具有物质性、精神性、生态性三重内涵。实现人民美好生活,不仅要处理好人与自然的关系,而且要协调好生产与生活、生存与发展的关系,从而探索出一条人与自然和谐发展的生产力生态化跃迁之路。

第一节 人民美好生活:对存在语境的政治表征

2012年11月15日在十八届中央政治局常委同中外记者见面时,习近平总书记鲜明提出:"人民对美好生活的向往,就是我们的奋斗目标。"[①] 党的十九大报告指出,中国特色社会主义进入新时代,我国社会主要矛盾已经转化为人民日益增长的美好生活需要和不平衡不充分的发展之间的矛盾。"人民美好生活"思想的提出表征了社会主义社会中人的生存意义,把人的生产、生命、生活、发展统一起来,指明人类社会的发展方向,是党对社会历史发展方向的目的说明,也是中国共产党对中国人民生存发展的庄严承诺,体现了以人为本的思想。从思想渊源来看,中国共产党提出的中国

---

① 《十八大以来重要文献选编》(上),中央文献出版社,2014,第69页。

| 人民美好生活实践探索 |

特色社会主义美好生活思想正是对"人类应如何存在"这一问题的新时代社会主义回答。这一回答内在地包含三种因素，即传统文化的浸润、与西方思想文化的比较，以及对马克思主义的继承和发展。这三种思想潮流共同构成了新时代人民美好生活思想的理论基础。从现实发展条件来看，我党提出的"人民美好生活"思想本质上是对中国共产党初心和使命的继承，体现了党全心全意为人民服务的宗旨，是我国改革开放 40 多年社会物质生产力的巨大发展、主体需求的变化和对社会主义原则坚守的必然结果。

一　人民美好生活的存在语境

人类的思想史就是一部对"应然"社会和"理想"个体的追求史。在对理想社会的不断追求中改造不圆满的现实世界，从而创造自己理想、美好、完善、幸福的生活世界。从思想渊源来看，古今中外的思想家都基于本民族的文化生命对理想社会进行目的论假设，如中国古代的大同理想社会、"小康"思想、儒家对"道德人格"的尊崇、道家对"精神自由"的追求等；西方历史上苏格拉底的"至善生活"、柏拉图的"理想国"、亚里士多德的"沉思生活"、斯多亚派的"德性"生活、伊壁鸠鲁的"快乐主义"等，都提前预设了人的行为目的，把人的未来趋向统一于社会发展。虽然这种"目的假设"不统一且具有形而上学的特征，但是，从人类社会存在的意义来看，这种脱离现实的抽象理想社会和抽象个人假设为人的行为和社会历史发展提供了发展指向，确立了安身立命之本。

首先，"人民美好生活"思想包含中国传统文化对理想社会和理想个人的道德诉求。对美好生活的追求本质上反映了社会的不完满，表现为人民需要什么、成为什么、想做什么，即人在最完美的社会中最大程度地实现个人价值，社会不再是外在的强制对象，社会的外在条件性制约成为个人自由发展的内在条件，现实的人真正成为社会的主人，真正实现人向人的本质的复归，每个人真正实现自由而全面的发展。从人类社会整个思想史历程来看，中西方思想对"美好生活"的理解不一致，但都体现了人类对理想社会的追求。中国古人对"美好生活"的追求主要表现在两个方面，一个是对"理想社会"的追求，另一个是对"理想个人"的追求。

在"理想社会"的追求上，道家的社会理想是追求"小国寡民""无为而治"，但这在中国传统政治治理中并不占主流，儒家的"大同社会"和

"小康"思想则表达了古人对最高理想社会的向往。《礼记》中对大同社会做出了概括性理想描述,天下为公、选贤举能、讲信修睦、人得其所、各尽其力。这是儒家的社会理想状态。在这个社会状态中,人与人之间不再是赤裸裸的利害关系,而是充满友善;社会制度不再私有,而是权力公有;一切行为都是出于公共利益,为了造福全社会民众。天下大同的思想包含国家、社会、个人三个方面,国家应该体现公意,社会应该和谐,个人具有高度责任感,在这个理想社会状态下人人友爱,无处不均匀、无人不饱暖,从而真正实现天下太平。同样,"小康"思想也是古人对理想社会的向往,具体表现在中国传统农业社会中普通老百姓对富裕殷实的理想生活的向往。中国几千年来的农业社会发展过程,使风调雨顺、五谷丰登、家畜兴旺、生活富足、家庭和睦成为中国人最朴素的理想情结,也是中国古人理想社会的生动体现。因此,古代"小康"思想被用来表征我国第一个百年奋斗目标。可以看出,人民美好生活思想的提出并没有脱离中国优秀传统文化的坚实根基。对于中国人来说,美好生活并不是抽象的精神世界,中国人受儒家"入世"思想的影响,更多地关注现世生活。所以,中国古人美好生活思想具有"世俗性",这种"世俗性"体现为追求现世生活的幸福、个人幸福和家庭美满。然而"世俗性"不等于古人缺失"精神追求",中国传统文化的"精神性"追求主要体现在最高生活理想和个人理想的追求之上,同样是在世俗生活之中,不再是抽象的彼岸世界。

在"理想个人"的追求上,道家对"天人合一"的个人境界的追求成为中华文化"出世"精神的来源。甚至可以说,"天人合一"是道家的美好生活思想所追求的目标,最终追求个人之自在。儒家思想不同于道家思想,认为个人能够获得幸福关键在于"人格修养",求个人道德之完善,养天地浩然之正气,且每一个人都应该成为"君子",都应该"修身、齐家、治国、平天下"。在此意义上,儒家的个人修养目标是成为"道德君子",并把是否严格遵守世俗礼仪看成衡量个人生活是否有价值的标准。此外,在儒家看来,生活的意义在于"道德",有道德的生活才是最完满的生活,才是每一位读书人追求的生活。这种积极"入世"的思想深刻地影响了中国人对生活的价值判断,即如果一个人有"才"而无"德",他就不可能获得真正的幸福,物质享受和生理满足在儒家看来不是真正的个人理想,反而会败坏社会风气。在古代,儒家提倡人人行君子之风,通过完美人格的养

| 人民美好生活实践探索 |

成进而改造社会,最终实现"再使风俗淳"这一儒家社会政治理想。儒家注重个人道德,道家看重精神自由,这两种生活理想统一于中国人对美好生活和理想社会的追求中。所以,"美好生活"在中国传统文化中既有追求现世幸福的"物质性"的一面;也有超越物质追求个人道德完善和天人合一境界的"精神性"的一面。党的十九大报告将"美好生活"作为政治理想正式提出,真实地把握了中国人民对生活理想的追求和向往,是"物质性"和"精神性"的统一。正如习近平总书记在十八届中央政治局常委同中外记者见面时指出:"我们的人民热爱生活,期盼有更好的教育、更稳定的工作、更满意的收入、更可靠的社会保障、更高水平的医疗卫生服务、更舒适的居住条件、更优美的环境,期盼孩子们能成长得更好、工作得更好、生活得更好。"[①]

其次,"人民美好生活"思想一定程度上是在与西方古典哲学中关于美好生活追求的比较中发展形成的。"人民美好生活"思想的生成,既要看到中国传统思想文化的浸润,也要关注到西方社会思潮对当代中国社会发展的促进作用。正是在中西文化的相互借鉴中,新时代"美好生活"思想的内涵具有复杂性和多面性。人如何存在、人与现实生活的关系、人的存在的现实状况和作为主体性的自我的本质规定如何,是西方哲学史要回答的根本性问题。西方传统思辨哲学关于人的存在问题和社会理想问题具有深刻的理论研究。从思想史来看,西方思想文化肇始于古希腊,对于外在客观世界的本原追问构成前苏格拉底哲学的主要内容。这一时期的自然哲学更多具有朴素直观的特征,人们面对复杂多变的客观世界,企图通过人的思想把握整个世界,认识世界的本质。所以,客观世界成为人们关注分析的对象。智者学派把人的尺度提升为万物的尺度,把人从自然界、动物界中分离出来,强调了人的主体地位,把人的问题乃至人的生活问题引入思想讨论的领域。到苏格拉底时期,哲学真正地从天国被拉到人间,苏格拉底继承了智者学派的积极方面,注重社会和人生问题,推崇理性,贬斥感性,在对自然哲学的批判中把哲学引入对生活与道德的思考,去追问生活的意义、德性的定义、完美的人生。可以说,从苏格拉底开始,对生活世界意义的追问和对完美幸福人生的探求构成整个西方伦理学研究的主要内

[①] 《习近平谈治国理政》第1卷,外文出版社,2014,第4页。

容之一。苏格拉底的"至善生活"、柏拉图的"理想国"、亚里士多德的"沉思生活"、斯多亚派的"德性"生活、伊壁鸠鲁的"快乐主义"等贯穿了一个主题,即什么样的生活是最值得的生活,美好生活和幸福人生能否在现实生活中实现。在古希腊人看来,生活的最高意义在于达到伦理的完满、德性的生活,人的行为应该追求"善"和"正义",这样的人生才是快乐的、美好的人生,这样的生活才是美好生活。"如果他通过践行好人的所有美德,通过做最好的'人物',而成为一个彻底的好人……他在伦理上是完美的。伦理上的完美就是善和美的体现,如果一个人在伦理上完美,他就不会有任何不完美。"[1]

社会主义思想家们延续了古希腊思想家关于美好生活和幸福圆满人生的思考,具体表现为对人的自由和解放的问题的关注。在批判思想家看来,现实的世界是不圆满的世界,人处在剥削和压迫之中。因此,现实社会存在的不平等不可能使人类真正获得幸福,人在对"应然"的追求中需要改变"实然"的现实。空想社会主义发展前后经历三个阶段。第一阶段,16~17世纪的早期空想社会主义。1516年,空想社会主义鼻祖托马斯·莫尔发表了第一部社会主义思想著作《乌托邦》。书中对未来理想社会进行了具体形象的刻画,描绘了一个没有剥削,没有私有财产,没有城乡对立,计划生产,废除商品、货币和市场,按需分配的美好理想社会,表达了对现实剥削压迫世界的不满。从托马斯·莫尔,到著有《太阳城》的康帕内拉,早期空想社会主义思想家通过对现实世界的批判来构想美好的理想社会。但如何能够真正找到通往理想世界的现实路径,早期思想家并没有提出成熟的方案。第二阶段,18世纪的空想平均共产主义。这一时期的主要代表是法国的摩莱里和马布利,二人分别在《自然法典》和《论法制或法律的原则》中论述了从私有制到公有制过渡的必然性,并通过法律条文的形式阐述理想社会的原则和纲领。第三阶段,19世纪初期批判的空想社会主义。法国的圣西门、傅立叶,英国的欧文,在面对资本主义工业社会带来的新的阶级剥削,以及探求如何实现法国大革命所提倡的自由和平等的理念时,进行了力所能及的理论研究和实践探索。傅立叶提出以"和谐社会"代替资本主义,欧文在美洲从事共产主义实验,建立"新和谐公社"等都是对

---

[1] 〔匈〕阿格尼丝·赫勒:《现代性理论》,李瑞华译,商务印书馆,2005,第306页。

现实世界的批判和改造。正如恩格斯评价，19世纪三大空想社会主义者的学说虽然"含有十分虚幻和空想的性质，但他们终究是属于一切时代最伟大的智士之列的，他们天才地预示了我们现在已经科学地证明了其正确性的无数真理"①。空想社会主义学说在理论上对现实的资本主义制度展开辛辣批判，在对未来社会主义新制度的描绘中闪烁着天才的火花，反映了无产阶级迫切要求改变现存社会、建立理想新社会的愿望。

空想社会主义者同马克思的美好生活观的内在精神是一致的，二者都对于人类真正的美好生活具有崇高的向往和追求。不同之处是，马克思、恩格斯立足社会历史，在批判和继承德国古典哲学、英法古典政治经济学、空想社会主义的基础上创立了唯物史观和剩余价值学说，实现了社会主义从空想到科学的飞跃，把人类社会对美好生活的追求融入科学理论之中，而空想社会主义在理论上仍停留于超历史阶段。空想社会主义对现存社会的批判根源于对现存社会的不满，在他们看来，现存的社会依旧是人剥削人的社会，广大的无产者因为私有制的存在而一无所有，资产者凭借资本的力量可以无限度地支配工人的生命，工人在劳动中不是感到幸福，而是感到痛苦，这种劳动生活使人不再是人，人的生命被降格为劳动工具。因此，现实的资本主义社会一方面是财富的快速增加，一方面是工人的极端贫困，这种社会发展的讽刺画面，深刻地反映了资本主义社会的内在矛盾和资本主义内在的发展困境。空想社会主义揭露了资本主义社会正在展开的阶级矛盾，但"没有能够指出真正的出路。它既不会阐明资本主义制度下雇佣奴隶制的本质，又不会发现资本主义发展的规律，也不会找到成为新社会的创造者的社会力量"②。探寻美好生活实现路径的这一工作，是由马克思、恩格斯来接续的。马克思、恩格斯在对现实批判的同时主张改造现实社会，并找到了资本主义社会必然灭亡的根源，发现了变革现实社会的阶级力量，指明了人类实现美好生活的现实路径，最终实现了社会主义由空想到科学的发展。

最后，"人民美好生活"思想是对马克思美好生活观的继承和发展。马克思、恩格斯一生思想的主旨是求解人的自由而全面的发展之路。可以说，

---

① 《马克思恩格斯文集》第2卷，人民出版社，2009，第218页。
② 《列宁专题文集：论马克思主义》，人民出版社，2009，第71页。

第一章 人民美好生活的理念创新与价值规定

人的自由而全面的发展就是马克思美好生活观的最高理想状态,马克思的美好生活观立足于人的类存在,突出人的生命独特价值,把美好生活的理想定位于现实世界,在对物质生产资料、精神需要和物质需要、自由而全面的发展的论述中表征现实的人的生存状态。

(1) 马克思的美好生活观是对人的类存在的意义确证。人作为有意识的类生命存在,在对现实的批判改造中畅想理想的美好社会,这正是人不同于动物的地方。马克思指出:"动物和自己的生命活动是直接同一的。动物不把自己同自己的生命活动区别开来。它就是自己的生命活动。人则使自己的生命活动本身变成自己意志的和自己意识的对象。"[1] 人的意识或者说人作为理性动物可以为自己构建理想社会,而理想社会之所以被要求构建,就在于现实世界的不完满性。事实上,在古今中外思想家的研究视域中都蕴含一个终极问题:什么是人类最美好的生活?美好生活和美好社会是统一的,对美好生活的追求,本质上是对美好社会的追求。人自身的生活状态反映社会现实状况,有什么样的生活就有什么样的社会,社会是由人的生活组成的,不存在脱离人类生活的人类社会。动物只有生命活动,而人是类存在物,可以为自己构造一个自然界原本不存在的事物,这是人的主体能力的体现,也是人类社会的"天命"——永远追求更完美的生活。当然,理想社会不是空想社会,对美好社会、美好生活的追求应建立在现实的客观的物质条件基础之上,脱离现实社会生产力的发展状况只能是空想。因此,应在把握历史发展运动基础之上对未来社会发展做出合理的设想。在此意义上,理想社会是把握当下历史条件和历史大势的必然趋向。正如马克思立足历史唯物主义基本原理,在对现实资本主义社会矛盾运动进行深刻剖析的基础上,科学地设想了未来共产主义社会,从而真正实现社会主义由空想到科学。马克思的美好生活观立足于人类存在的生命本质,是共产主义理想的生活体现,二者的精神内核是一致的,都是对人类社会、人类生活的美好追求,即对"真""善""美"的向往。人决心以自己的能力改变现实,从而追求理想的生活状态。

(2) 马克思的美好生活观直接面向人的生活世界。"全部社会生活在本质上是实践的。凡是把理论引向神秘主义的神秘东西,都能在人的实践中

---

[1] 《马克思恩格斯文集》第1卷,人民出版社,2009,第162页。

以及对这种实践的理解中得到合理的解决。"① 马克思、恩格斯的理论不是纯粹的脱离社会工业历史的概念理论批判,而是立足现实的人的社会批判,是对现实的人的社会生活的直接考察。在马克思理论的指导下,社会主义本身就是无产阶级反抗资本主义剥削压迫的产物,其建立在扬弃现实资本主义社会的基础之上,是对更高阶段的理想社会的向往。总体来看,马克思的美好生活观是在对资本主义社会批判的前提下表述的,是在批判旧世界的过程中展望新世界,表现为以下几个方面。

首先,美好生活的基础是物质生活资料的极大丰富。"人民美好生活"思想反映的是现实的人的生活需要。在马克思看来,人的需要很多,但是对物质生活资料的需要是第一需要,是实现美好生活的基础和前提。马克思实现了哲学史上的革命,其理论基石是对"现实的人"的重新确认。马克思在《德意志意识形态》的第一章《费尔巴哈》中就开宗明义地指出:"我们开始要谈的前提不是任意提出的,不是教条,而是一些只有在臆想中才能撇开的现实前提。这是一些现实的个人,是他们的活动和他们的物质生活条件,包括他们已有的和由他们自己的活动创造出来的物质生活条件。"② 现实的人首先是感性的人,同样也是"有生命的个人的存在"③。现实的人不是离群索居的抽象的人,它需要生存,因为"第一个需要确认的事实就是这些个人的肉体组织以及由此产生的个人对其他自然的关系"④。正因为把握到了"现实的个人"这一核心概念,马克思在此基础上展开了他的整个哲学批判,所以恩格斯指出:"正像达尔文发现有机界的发展规律一样,马克思发现了人类历史的发展规律,即历来为繁芜丛杂的意识形态所掩盖着的一个简单事实:人们首先必须吃、喝、住、穿,然后才能从事政治、科学、艺术、宗教等等;所以,直接的物质的生活资料的生产,从而一个民族或一个时代的一定的经济发展阶段,便构成基础,人们的国家设施、法的观点、艺术以至宗教观念,就是从这个基础上发展起来的,因而,也必须由这个基础来解释,而不是像过去那样做得相反。"⑤ 因此,对

---

① 《马克思恩格斯文集》第1卷,人民出版社,2009,第501页。
② 《马克思恩格斯文集》第1卷,人民出版社,2009,第516~519页。
③ 《马克思恩格斯文集》第1卷,人民出版社,2009,第519页。
④ 《马克思恩格斯文集》第1卷,人民出版社,2009,第519页。
⑤ 《马克思恩格斯文集》第3卷,人民出版社,2009,第601页。

物质资料生产世界的重新审视使得马克思在哲学上超越了脱离社会生产的唯心主义，开始从实践的唯物主义出发解释整个人类历史，把人类历史的发展放置在生产力与生产关系发展的基础之上，从而科学地把握人类历史发展规律。

马克思、恩格斯认为，物质生活资料的极大丰富是人类社会进入共产主义社会的前提，贫穷不是社会主义，只有生产力的极大提高才能为人类美好生活提供物质前提。也就是说，现实的感性的人"不是处在某种虚幻的离群索居和固定不变状态中的人"①，而是有血有肉的人，首先需要解决吃、喝、住、穿等基本生活需要，在此基础上才能从事政治、科学、艺术、宗教等高层次的精神文化活动。马克思、恩格斯之所以非常重视物质生活资料的发展，在于"人类的物质生活是全部社会活动的基础和目的。正是在生产自己生活资料的同时，人类书写了自己物质生活乃至由物质生活决定的全部社会生活的生动历史"②。所以，马克思、恩格斯在《共产党宣言》中指出："把一切生产工具集中在国家即组织成为统治阶级的无产阶级手里，并且尽可能快地增加生产力的总量。"③ 只有解决生产力的问题，才能追求更高层次的需要。正如马克思所说："只会有贫穷、极端贫困的普遍化；而在极端贫困的情况下，必须重新开始争取必需品的斗争，全部陈腐污浊的东西又要死灰复燃。"④

其次，美好生活是物质需要和精神需要的统一，具有完整性与层次性。马克思的美好生活思想是和马克思的需要理论结合在一起的。在马克思看来，现实的感性的人的需要构成社会发展的内在动力，因此，合理地分析现实的人的需要维度可以更有效地把握历史发展的趋向。"美好生活"作为人类追求的目标，既是一种物质需要，也是一种精神需要。马克思注重"生活"概念，强调哲学的分析应该从人间到天国，传统唯心主义者和唯物主义者割裂了主客体之间的相互作用关系，不是把人看成抽象的人，就是把人看成纯粹自然属性的人。相反，感性的、社会性的、能动性的人被错

---

① 《马克思恩格斯文集》第1卷，人民出版社，2009，第525页。
② 王维平、纪超凡：《马克思〈《政治经济学批判》序言〉中的"四种生活"理论及其启迪》，《甘肃社会科学》2019年第2期。
③ 《马克思恩格斯文集》第2卷，人民出版社，2009，第52页。
④ 《马克思恩格斯文集》第1卷，人民出版社，2009，第538页。

误地看成自私自利的卑污个体。因此，马克思在哲学研究上重新定义人的本质，他指出："人的本质不是单个人所固有的抽象物，在其现实性上，它是一切社会关系的总和。"① 对人的本质的重新阐释，使得马克思把"人类解放"的宏伟目标放置在现实的生产力和生产关系的发展运动之上，从现实的人的痛苦生存状态出发，透视整个资本主义世界的否定因素。所以，现实的人的首要需求是物质生活资料的满足，这是实现美好生活的前提。但物质生活资料的满足不等于美好生活的实现，人的复杂性在于人的需求的完整性与层次性，"人们首先必须吃、喝、住、穿，然后才能从事政治、科学、艺术、宗教等等"②。马克思指出，人与动物的不同之处在于人是类存在物，动物与它的生命活动是同一的，而人不仅具有满足生理需要的生命活动，还有自己的生活活动，是物质需要与精神文化需要的统一。

马克思、恩格斯认为，美好生活需要具有完整性，单纯的物质享受只是人的"物化"，使人被"物质享受"所俘虏，造成人类的精神性矮化。所以马克思在《1844年经济学哲学手稿》（以下简称《手稿》）中批判资本主义社会是"异化"的社会，"工人创造的商品越多，他就越变成廉价的商品。物的世界的增值同人的世界的贬值成正比"③。同样，也不能把美好生活仅仅看成主观的价值评价，中国传统儒家思想重精神、轻物质，推崇道德人格，这是值得推崇的。但是如果只注重个人心灵的满足，探求无欲无求的精神境界，就割裂了精神需要和物质需要的相互关系。所以说，美好生活的完整性就是物质需要和文化需要的统一，但又不是同一，具有层次性，即精神需要是对物质需要的一种超越，意味着人在满足物质需要的基础上，展开对精神文化需要的追求，是对个人意义，对道德，对美，对善，对人的安身立命之本的一种精神确证。因此，"美好生活需要的物质维度即丰富的物质需要以及消费性和消遣性的文化需要。美好生活需要的精神维度即高品质的文化需要、公平正义的政治需要、有尊严的社会需要以及和谐美丽的生态需要"④。

---

① 《马克思恩格斯文集》第1卷，人民出版社，2009，第501页。
② 《马克思恩格斯文集》第3卷，人民出版社，2009，第601页。
③ 《马克思恩格斯文集》第1卷，人民出版社，2009，第156页。
④ 秦维红、张玉杰：《马克思需要理论视域中"美好生活需要"探析》，《马克思主义理论学科研究》2020年第4期。

第一章 人民美好生活的理念创新与价值规定

最后,美好生活的最终旨归是人的自由而全面的发展。马克思的美好生活观表征为"人类解放",甚至可以说,人的自由而全面的发展的生活状态是马克思、恩格斯的最高价值理想。美好生活是主体的生存状态,是主体对生活世界的价值评价和意义确证,同时也是一个动态的发展过程。马克思主义美好生活思想立足现实的人,把对人的生活世界的考察放置在历史唯物主义研究之上,而不是对抽象的孤立的人的考察,实现了美好生活和共产主义的内在统一。在《共产党宣言》中,马克思、恩格斯从现实的、具体的人出发,设想未来社会是在生产力高度发达的基础上组成的"自由人联合体",这种自由人的联合体体现为人的劳动自由、创造自由、人成为自然界的主人。所以马克思意义上的人的自由而全面发展的观念是与人的美好生活状态统一起来的,赋予人的生活世界以幸福美好的意义,从而把人的美好生存状态确立为社会历史发展的政治理想。马克思坚持人类进步史观,认为人的自由而全面的发展状态不是空想,而是社会历史的运动使然。古今中外关于人类美好、幸福的思想繁多,但贤哲的美好幸福观仅仅是美好期盼,并没有把理论的实现安置在对生产力发展的考察之上,只是诉诸人的观念的改变,所以这些美好思想仅仅是价值诉求,不具有现实性。马克思在《德意志意识形态》中鲜有对共产主义社会进行空想社会主义式的现实描绘,而是把共产主义定义为消灭现存状况的现实的运动。正如马克思所说:"共产主义对我们来说不是应当确立的状况,不是现实应当与之相适应的理想。"① 因此,共产主义的实现应被看成现实运动发展的产物,应从社会历史发展中看到阶级矛盾这一对抗性矛盾,同时从大工业发展中看到无产阶级这一最先进的历史革命动力,而不是像空想社会主义者描绘的虚幻蓝图。

社会主义由空想到科学,不是从理想推出现实,而是把对未来社会的理想确立为现实的历史运动,在现实存在的一切矛盾中把握未来社会的发展方向,在现实的矛盾对抗中找到变革旧世界的阶级力量。因此,从马克思的共产主义理论论述中,我们可以把握到马克思自身的理想诉求,就是对现实的资本主义世界的彻底批判,就是在对资本主义发展逻辑的扬弃中找到一条真正使整个人类社会和谐美好的现实道路。现实的世界,特别是

---

① 《马克思恩格斯文集》第 1 卷,人民出版社,2009,第 539 页。

在马克思所处的现实世界，是资本主义野蛮生长的原初阶段，"从头到脚带着血和肮脏的东西"。资本主义作为不同于传统封建农业社会的新的社会逻辑，在创造新的更大的生产力和工业文明的同时，也日益造成社会的两极分化——资产阶级和无产阶级的对立。更清楚的是，在马克思的时代，资本主义大工业虽然带来了生产力的巨大飞跃，但也同时为工人生产了贫困，生产了愚昧。作为启蒙理性的继承者，马克思接受启蒙运动倡导的自由、平等、民主等资产阶级权利观念。不仅如此，在作为《莱茵报》主编期间，他深刻地体会到工人、农民等社会底层劳动者的痛楚。在马克思看来，法国大革命和资本主义工业文明开辟的现代世界，并没有把启蒙原则彻底贯彻。现实的资本主义世界虽然在生产力上获得了巨大的飞跃，但在私有制条件下促使了两极分化的加剧。面对如此讽刺的资产阶级启蒙画面，工人、农民等广大劳动者并没有获得真正的资产阶级革命所许诺的经济权利和政治权利，现实的资本主义社会依旧是阶级压迫的社会，劳动人民依旧处在普遍贫穷、普遍被压迫的境遇。所以，黑格尔的法哲学国家原则并没有解决现实的经济利益问题。马克思对黑格尔的国家哲学进行了深刻的批判，由国家进入市民社会领域，由哲学进入政治经济学研究，从哲学批判和经济学批判的双重路径去把握整个资本主义现实世界的运行逻辑。在此意义上，贯穿马克思的哲学、政治经济学、科学社会主义的统一主题是对现实人类生存命运的关怀，马克思是站在人类性的立场去把握整个现实的历史运动，去求解整个人类性问题。

人民美好生活的生成具有深刻的理论背景，尤其是在我国向第二个百年奋斗目标进军的社会主义现代化建设的新时代，在中国正日益走近世界舞台中心的全球化时代，中国特色社会主义所追求的"人民美好生活"是对人类一切优秀思想的继承和发展，既坚持了社会主义原则，又立足本土实践，是对人类文明新形态做出的中国式解答。

二　人民美好生活的政治逻辑

对人民美好生活的追求贯穿中国共产党百年奋斗历程，一部近现代史不仅仅是民族救亡史，更是追求国家富强史、个人幸福史。家是最小的国，国是千万家，追求个人幸福美好生活与追求国家富强统一于中华民族伟大复兴的历史进程。从中国共产党成立之初起，为中国人民谋幸福，为中华民族谋复兴，始终是中国共产党人的初心和使命。习近平总书记带领十八届中共中央政治局常委同中外记者见面时郑重指出："人民对美好生活的向往，就是我们的奋斗目标。"①"人民美好生活"思想的提出是对我国社会发展状况和人民主体需要变化的深刻把握。追求和实现人民美好生活是中国共产党对中国人民的政治承诺，也是中国共产党的政治理想和政治实践。从人民美好生活生成的现实发展条件来看，我党提出的"人民美好生活"思想本质上是对中国共产党初心和使命的继承，体现了党全心全意为人民服务的宗旨，既是对马克思主义美好生活思想的继承，同时又坚持了群众史观，是我国改革开放 40 多年社会物质生产力的巨大发展、主体需求的变化以及对社会主义原则坚守的必然结果。

　　首先，"人民美好生活"思想的提出根源于物质生产力的巨大发展和社会主要矛盾的转化。美好生活的实现建立在物质生产力不断发展的基础之上，中国共产党百年奋斗历程都是在为人民的幸福生活奋斗。特别是改革开放 40 多年，我国社会生产力水平得到巨大增长，综合国力显著增强，在一些核心领域我国科学技术水平甚至领先世界，改革开放的伟大成就为我国实现人民美好幸福生活准备了强大的物质基础。但同时也要看到，我国仍然是世界上最大的发展中国家，仍然处于社会主义初级阶段，党的十九大报告指出："中国特色社会主义进入了新时代，这是我国发展新的历史方位。"② 新的历史条件下，我国社会主要矛盾发生变化，从人民日益增长的物质文化需要同落后的社会生产之间的矛盾转化为人民日益增长的美好生活需要和不平衡不充分的发展之间的矛盾。我国的主要矛盾发生了变化，说明人民的物质文化需要已经得到了基本的满足，但不平衡不充分的发展仍然是制约我国实现人民美好生活需要的主要因素。新时代的社会主要矛盾深刻反映了改革开放 40 多年来我国社会的整体变革，一是"我国社会生产力水平总体上显著提高，社会生产能力在很多方面进入世界前列，更加突出的问题是发展不平衡不充分，这已经成为满足人民日益增长的美好生活需要的主要制约因素"③。二是人民

---

① 《习近平谈治国理政》第 1 卷，外文出版社，2014，第 4 页。
② 习近平：《决胜全面建成小康社会 夺取新时代中国特色社会主义伟大胜利》，《人民日报》2017 年 10 月 28 日。
③ 习近平：《决胜全面建成小康社会 夺取新时代中国特色社会主义伟大胜利》，《人民日报》2017 年 10 月 28 日。

主体需要出现多样化、多层次变化,"人民美好生活需要日益广泛,不仅对物质文化生活提出了更高要求,而且在民主、法治、公平、正义、安全、环境等方面的要求日益增长"①。新时代生产力的发展和社会主要矛盾的变化,规定了人民美好生活需要的实质内容,特别是在全面建成小康社会之后,在全面建设社会主义现代化强国新阶段,实现人民美好生活需要必须"牢牢坚持党的基本路线这个党和国家的生命线、人民的幸福线,领导和团结全国各族人民,以经济建设为中心,坚持四项基本原则,坚持改革开放,自力更生,艰苦创业"②。

其次,"人民美好生活"思想立足主体需求的多层次、多样化。人总是力求改变现实,进而满足自己的需求,这是人类的本性,也是人类社会发展的内在动力。人类历史的每一次重大进步,都深深地扎根于人对现实的不满足,因为人类的上一个需要在生产力发展过程中得到满足后,新的需要就产生了,正如马克思指出:"已经得到满足的第一个需要本身、满足需要的活动和已经获得的为满足需要而用的工具又引起新的需要,而这种新的需要的产生是第一个历史活动。"③ 马克思的哲学变革正是在于他不着眼于抽象的孤立的人,而是从现实的人出发,从现实的人的需要出发、从现实的人的实践活动出发,进而求解整个人类历史之谜,在此基础上,真正找到人类历史的发展动力。改革开放之初,我国的整体状况是落后的社会生产力和人民对物质文化需要的普遍不满足,这一时期我国人民群众的需求还停留在温饱层面,首要解决的是贫困问题。所以,改革的目的就是解放和发展生产力,从而消除绝对贫困,满足人民群众对物质文化的需要,进而达到小康水平,乃至全面建成小康社会。改革开放 40 多年正是中国社会剧烈变革和转型的时期。从物质生产力来看,几十年的经济高速增长,生产力获得巨大飞跃,人民生活水平极大提高。但是从更深层次上来讲,人民群众的主体需求随着社会经济的发展也发生了变化,人们的思想观念、价值观念乃至生活方式、行为方式都发生了剧烈的变革。习近平在 2012 年

---

① 习近平:《决胜全面建成小康社会 夺取新时代中国特色社会主义伟大胜利》,《人民日报》2017 年 10 月 28 日。
② 习近平:《决胜全面建成小康社会 夺取新时代中国特色社会主义伟大胜利》,《人民日报》2017 年 10 月 28 日。
③ 《马克思恩格斯文集》第 1 卷,人民出版社,2009,第 531~532 页。

明确提出美好生活建设的命题:"我们的人民热爱生活,期盼有更好的教育、更稳定的工作、更满意的收入、更可靠的社会保障、更高水平的医疗卫生服务、更舒适的居住条件、更优美的环境,期盼孩子们能成长得更好、工作得更好、生活得更好。"① 人民需要的多样化反映了新时代人民需求的新特征。可以说,40年的发展成就,我们解决了"有没有"的问题,正在向"好不好"的问题阶段迈进。"好不好"不仅仅在于物质供给的质量,更是物质需要与精神需要的水平提升。我党提出的"人民美好生活"思想就是直面现实人民群众的社会生活需要,真正让老百姓感受到改革开放给人民群众生活带来的获得感、幸福感、安全感。因此,"人民美好生活"思想的现实背景就在于从人民群众的现实生活需要出发,把人民群众的真实需求作为党一切工作的出发点和落脚点,真正实现好、发展好、维护好最广大人民群众的根本利益。

最后,"人民美好生活"思想是对社会主义原则的坚守。我国作为社会主义国家,必须坚持社会主义基本原则,坚持人民群众的历史主体地位,坚持把人民群众对美好生活的向往作为自己的奋斗目标。"人民美好生活"思想的现实基础是中国共产党对社会主义原则的坚守,并力图走出一条不同于西方现代化的新路线。第一,坚持以人民为中心的发展思想。习近平总书记指出:"人民对美好生活的向往,就是我们的奋斗目标。"② 中国共产党把人民对美好生活的向往作为自己的奋斗目标,把为人民谋幸福,为中华民族谋复兴作为自己的初心和使命,是对马克思主义的群众史观的继承,也是坚持人民群众是历史的创造者的思想。美好生活思想不仅仅是中国共产党对人民生活现状的准确把握,更是一种政治性承诺。在党的十九大报告中,依据社会主要矛盾发生的变化,把美好生活的向往作为一种政治理想,进一步把中国梦、中华民族伟大复兴、人民美好幸福生活与社会主义统一起来,在情感上维系了党与人民群众血浓于水的关系;在政治上为中国共产党的执政合法性提供了人民基石;在社会上通过中国梦真正凝聚了社会共识,为实现中华民族伟大复兴提供强大的支撑力量。第二,坚持共同富裕原则,维护社会公平正义。"什么是社会主义,怎样建设社会主义"

---

① 《习近平谈治国理政》第1卷,外文出版社,2014,第4页。
② 《习近平谈治国理政》第1卷,外文出版社,2014,第4页。

这一问题曾一度困扰中国的社会主义建设。改革开放的总设计师邓小平指出："社会主义的本质是解放生产力、发展生产力，消灭剥削，消除两极分化，最终达到共同富裕。"① 共同富裕体现了社会主义原则，是对资本主义社会剥削逻辑的超越，体现了社会主义的优越性。当前，我国改革和发展进入关键期，经济、社会面临转型，社会主义市场经济深入发展，社会结构日趋复杂，人民利益诉求呈现多元化，社会的不同领域存在不同程度的发展不平衡现象。因此，推动实现人民美好生活，一个重要原则就是对共同富裕的追求，要正确处理效率和公平的关系，深化收入分配制度改革，真正让人民群众享受到改革开放的红利。第三，坚持人的自由而全面发展的共产主义理想。"人民美好生活"思想的一个重要特征就在于它的"自由性"，这种"自由性"体现人对自己主体性本质的确证。马克思在《共产党宣言》中指出，无产阶级的目的是打破资产阶级剥削制度，最终实现人的自由而全面的发展。在现实的资本主义社会，私有制的存在以及整个资本主义国家机器都体现了统治阶级的利益，法国大革命提出的"自由、民主、平等"原则不可能真正在资本主义社会中得到落实，所以马克思要做的就是探索一条真正的人的解放道路。而人的解放的自由性表现为人对人的本质的真正占有，人从被奴役的社会关系中解放出来，真正成为社会的主人，"必须推翻使人成为被侮辱、被奴役、被遗弃和被蔑视的东西的一切关系"②。中国特色社会主义制度的构建，为人民美好生活的实现提供了制度保障，"人民美好生活"思想坚持了人民当家做主的社会主义原则，坚持了人的自由而全面发展的目标。

第二节　人民美好生活的三重规定

人民美好生活反映的是人民群众的整体生存状态。由于历史条件不同，人民美好生活追求的内容、范围、层次也在不断变化。美好生活作为主体对现实社会和自我存在状态的价值确证，是人自身对生活世界的价值评价，也是人对生活世界应该如何存在的理想性追求。社会生活的主体确证生活

---

① 《邓小平文选》第 3 卷，人民出版社，1993，第 373 页。
② 《马克思恩格斯文集》第 1 卷，人民出版社，2009，第 11 页。

第一章 人民美好生活的理念创新与价值规定

世界的意义具有三重规定,即物质性、精神性和生态性。物质性表明人类社会不可能脱离物质需要和生产力的发展,人类社会的第一个需要是生存需要,在生存需要满足后才可能产生更高层次的需要,因此,人民美好生活的形成奠基于物质生产力的发展和对"现实的人"的承认基础之上。精神性表明生活世界存在的意义和价值,应该是"美"和"善"的,人类不仅追求自身生命的生存,更追求生活世界的意义。生态性是人及人类社会存在发展的前提性条件,没有良好的自然环境就不可能构建出良性发展的人类社会,没有良好的自然环境也不可能产生美好生活,人与自然的和谐是生活世界确证自身为"美好"的基础。

一 人民美好生活的物质性

人民美好生活的内涵和共产主义的精神内核是内在统一的,二者都是现实实践活动的产物,而不是被桎梏在思想中的抽象概念。人在追求美好生活的过程中不仅实现自身生理层面的满足,还能够得到主体生命意义的确认,从而实现人与自身、人与社会、人与自然的和谐统一。这种统一建立在生产力高度发达的基础上,也建立在人的精神世界、道德艺术修养不断发展的基础上。"是对私有财产即人的自我异化的积极的扬弃,因而是通过人并且为了人而对人的本质的真正占有;因此,它是人向自身、也就是向社会的即合乎人性的人的复归,这种复归是完全的复归,是自觉实现并在以往发展的全部财富的范围内实现的复归。"[①] 因此,人民美好生活的首要特征在于它的"物质性",主要表现为两个方面。

(1) 人民美好生活的主体是"现实的人",是社会存在和自然存在的统一,具有"物质性"的物质生产为第一个历史前提。首先,美好生活的主体是"现实的人"。在马克思看来,所谓"现实的人"不是费尔巴哈语义中孤立的抽象的人,也不是生物意义上的人,而是自然存在和社会存在的统一,即感性存在。在此基础上,马克思批判了旧唯物主义和唯心主义对人及其实践的错误理解:"从前的一切唯物主义——包括费尔巴哈的唯物主义——的主要缺点是:对对象、现实、感性,只是从客体的或者直观的形式去理解,而不是把它们当做人的感性活动,当做实践去理解,不是从主

---

① 《马克思恩格斯文集》第 1 卷,人民出版社,2009,第 185 页。

体方面去理解。因此,结果竟是这样,和唯物主义相反,唯心主义却把能动的方面发展了,但只是抽象地发展了,因为唯心主义当然是不知道现实的、感性的活动本身的。"① 由此看见,马克思并不否定个人的现实的自然属性,也不否认人的社会属性。马克思认为人的社会属性是人超越动物性的体现,是人的本质,也是人真正生成的地方。当我们把人这个主体看成现实的人的时候,就是确证人是实践的主体。因为人的本质是社会关系的总和,人在生产实践中,在生活活动中,创造并发展自己的社会关系,体现自己的社会性。主体在生活中、在劳动中去感悟生命、体验生活,也就是说在交往当中去确证自己是生活的存在主体,而不仅仅是生命的存在,进而在劳动的基础上创造的交往关系、社会关系,构成了人的真正的本质。简言之,人是社会存在,也是实践存在。

其次,美好生活的主体又是能够确证人是美好生活的主体。在现实的生产关系和劳动过程中,人必须能够感受到自己是幸福的,能够对自己的生活加以主体价值评价,确认这个生活是美好的。在旧的生产关系当中,特别是在资本主义生产关系当中,由于私有制和旧式分工的存在,人的劳动并不是自由自觉的劳动,而是谋生的劳动。所以谋生劳动就是把人的本质的劳动当成一种谋生手段,而不是在劳动中实现人的本质,创造人的价值。由此,在这种私有制条件下的生产关系当中,"劳动对工人来说是外在的东西,也就是说,不属于他的本质;因此,他在自己的劳动中不是肯定自己,而是否定自己,不是感到幸福,而是感到不幸,不是自由地发挥自己的体力和智力,而是使自己的肉体受折磨、精神遭摧残"②。在资本主义生产关系中,劳动只是谋生的手段,是束缚人的个性的枷锁。工人在这个生产关系当中是痛苦的,是不幸福的,更不是美好生活的真正主体。然而在共产主义社会中,私有制和旧式分工的束缚彻底被消除,人真正成为创造性的劳动主体,并能够真正确证劳动是自由自觉的劳动。这个时候,劳动不再是谋生手段,而是个人实现自己真正价值归宿的途径,劳动此时才是人的本质的实现。但是,在共产主义社会中人并不是完全脱离于外在条件的抽象存在,依然面临肉体组织的需要,依旧面临物质、文化的需要,

---

① 《马克思恩格斯选集》第 1 卷,人民出版社,2012,第 137 页。
② 《马克思恩格斯文集》第 1 卷,人民出版社,2009,第 159 页。

但此时的劳动已不再仅仅是谋生的手段,物质资料的丰富为人的精神的富足创造了超越性的条件,此时的劳动带给主体的是快乐。主体在自主性、自由性、自觉性的劳动中实现人的真正的解放。所以说,在共产主义社会中,人的劳动是创造性的劳动,此时的主体在自由自觉的劳动中能够真正确证自己是社会的主体,是美好生活的主体,并且能够真正确定自己的生活是真正的、幸福的美好生活。

最后,"现实的人"是自然存在和社会存在的产物。人作为自然存在和自然界是统一的,人不能脱离自然界独立存在。但是,自然界作为客观的存在,并不会主动地去改造自己来满足人的需要。当人开始意识到自己存在的时候,人和客观的自然世界就发生了分离,主体和客体的分离就出现了,人的主体自我意识形成。现实的感性的人首先需要满足生理需求,即活下去,所以物质资料的生产是人类的第一个历史性活动,通过改造客观世界来满足主体的需要,就是主体客体化与客体主体化的过程。劳动创造美好生活的前提是人认识到了客体的客观性存在,人决定以自己的主体能力来改造客观世界。劳动是人的劳动,因为劳动主体是有意识的人。人和动物的区别就在于人不仅按照自己的尺度,而且按照整个所有类的尺度,同时按照自己内在的尺度去改造客观的自然界来满足自身的需要。在马克思看来,动物的生活不是有意识的生活,而只是生命活动,动物和自然界是一致的,人作为自然存在与自然界一致,但人又是有意识的社会存在,因此人能够超越自然,从而改造自然,使自然符合自己的内在目的。所以,人作为自然存在,不能够脱离自然而独立生活,必须通过自己的意识和能力,通过物质中介来改造自然,使自然满足自己的需要,因而劳动是人区别于动物的关键所在。人不能脱离自然而存在,人通过劳动改造自然,创造人生活的物质基础,是人实现美好生活的前提。但是人作为社会存在,作为意识到自身主体的理性存在物,它又高于动物性、生理性的生存本能,而能够按照一种超越物质的精神需要来给自己进行规定。

(2) 人民美好生活的实现以物质生产为第一个历史前提,人的劳动实践赋予美好生活"物质意义"。首先,人在物质劳动中实现对生活世界意义的构造。人及其自身的主体活动构成生活世界的发展动力,可以说,主客体之间的矛盾,主体对客体世界的自我意识,使得主体能够自我确证自身所在世界的真实意义和价值。换言之,人作为有意识的主体存在,不是被动消极地顺应自然，而是应该积极主动地改造自然，通过人的劳动实践把外在客观的自然世界变为人所需要的人化自然世界。所以，自然不会主动满足人，人决心以自己的内在尺度使自然符合人的目的。这一改造的过程是主体客体化与客体主体化的过程，纯粹自然在人参与后不复存在，一切的人的现实生活对人来说应具有生活的意义，而不只是生存的意义。生活的本质就是人自身主体性的生成过程，人在生活世界中获得属人的社会关系，从而确证自己是现实的人，而不是抽象的自然人。现实的人的第一个历史活动就是满足人自身的需要，旧的需要的满足又会产生新的需要。于是，人类历史在人为了满足自身需要的实践活动中不断前进，这是人类历史的发展动力所在，也是人类历史的本质维度。动物只有生存活动，而人不仅有生存活动，更有生命和生活活动，人有意识地通过主体实践能力改造客观世界，从而把人的主体性高扬，给自然世界深深地打上人的烙印，这是人与动物不同的地方，这也是生活世界自身运转的动力。正如马克思在《手稿》中所说："动物只是按照它所属的那个种的尺度和需要来构造，而人却懂得按照任何一个种的尺度来进行生产，并且懂得处处都把固有的尺度运用于对象；因此，人也按照美的规律来构造。"[1]

其次，劳动是美好生活实现的基石。劳动的幸福在于劳动创造，在于劳动主体在劳动过程当中能够确证自己是创造性的存在，感受到自己存在的意义和价值，并且能从这种劳动当中获得创造性的快乐和幸福。因此，劳动者本质的自我确证，创造性的劳动是人的本质的真正实现，也是美好生活的主体能够拥有美好生活的前提条件。现实世界作为客观世界是自在的存在、客观的存在，并不具有主体性特征，不会主动地满足人的需要。但人生活的世界又是历史生成的而被改造的客观的自然世界。世界是人在历史的发展过程中，通过人的主体性能力改造过的现实世界。现实的人在继承了历史遗留下来的一切人类性成果的同时，又通过自己能力的外化实现对现实客观世界的改造，使之满足人的目的。因此，现实世界作为客体，与人作为主体之间的矛盾性，通过实践（劳动）这一中介实现两者的统一。因此，劳动作为沟通主体与客体的中介，使客体被主体改造而满足主体的需要。当然，主体作为社会历史生成的主体，是社会关系总和的产物，而

---

[1] 《马克思恩格斯文集》第1卷，人民出版社，2009，第163页。

人的主体性则表现为劳动。劳动使现实世界和人自身沟通起来,从而达到自然与社会的和谐统一,即劳动是现实世界或者说人的美好生活实现的物质基石,社会性的自由劳动创造美好生活,劳动是美好生活的物质基础,人的美好生活不能脱离劳动而独立存在。在传统哲学当中,把美好生活完全等同于精神性的存在,等同于没有任何实现可能性的天国的理想幻想,只能是一种虚幻的想象。相反,现实的物质生活基础被抽象掉了,美好生活成为一种精神的思辨,而且这种抽象的精神的思辨是没有现实基础的。

最后,美好生活是建立在生态性基础上的物质性与精神性的统一。很多人把美好生活需要仅仅理解为精神需要,而把物质需要或者说对物质享受的需要理解为消费主义和享乐主义。这种观点在一定程度上具有积极的意义,因为他反对沉溺享乐,但是精神需要不能够脱离物质的满足,精神需要建立在物质需要满足的基础之上,不能因为强调精神需要,而轻视甚至否定物质需要,从而割裂美好生活需要的完整性。

二 人民美好生活的精神性

(1)人民美好生活的"精神性"根源于人的主体性。主体性指人自身是理想存在和现实存在的统一。一方面,人是现实的存在,正如马克思指出"人是现实的人",人不可能脱离自然而独立存在,人成为人的首要前提是生活在被改造后的文化自然世界之中。在《德意志意识形态》中马克思明确指出:"因此我们首先应当确定一切人类生存的第一个前提,也就是一切历史的第一个前提,这个前提是:人们为了能够'创造历史',必须能够生活。但是为了生活,首先就需要吃喝住穿以及其他一些东西。因此第一个历史活动就是生产满足这些需要的资料,即生产物质生活本身,而且,这是人们从几千年前直到今天单是为了维持生活就必须每日每时从事的历史活动,是一切历史的基本条件。"① 人只有先"活着",即生存下去,才能在此基础上展开人类一切文明创造。纯粹意义上的孤立抽象的人只能是思想的产物,在现实的世界中不可能存在。现实的人有需求、有欲望,不可能像神一样无所不能、无所不知,神的无限性存在正是人类对自身有限性的确证,这种有限性的确证使人真切意识到自己的不足。所以,现实的物

---

① 《马克思恩格斯文集》第1卷,人民出版社,2009,第531页。

质生活是人的现实世界，有限性的存在必然是不完善的、不完美的，即现实存在就是有限存在。

另一方面，人又是理想性的存在，人作为现实的人不能超越现实的物质生活条件，不可能摆脱肉体需要而上升至精神天国。人与动物的不同在于人是思想和理性的存在，可以对自己的生活世界进行价值意义评判。人能够意识到自己的存在，动物则不能，动物的生命活动和生存活动是同一的，而人的生命活动不完全等同于生存活动，而是生活活动。也就是说，人能够凭借主体意识为自己的生存环境构筑一个理想美好的生活意义世界。这一构筑过程是一个无限指向的过程，因为人的历史和人的自身发展是无限的，人为了更好地满足自身的需要，必然按照自己所期望的理想世界来改造现实世界，从而实现主体与客体的双向改造。因此，人作为理想存在和现实存在的统一体，总是不会满足于已经获得的成就，总是在对未来的期许中不断改造现实，从而不断创造更加美好的未来。马克思、恩格斯坚持从物质生产力出发来阐释整个人类社会，因此，"生活"概念在马克思、恩格斯的思想中具有哲学本体的地位，只有从感性的人的现实生活出发，而不是从人的思想意识出发，才能准确把握人类历史发展的真正动力。在这里，马克思、恩格斯从人的现实生活概念展开对整个人类社会历史的考察，把人类历史理解为人类生活的发展史。因此，"物质生活"对于人类社会来说永远是第一位的，人不可能摆脱自然必然性的客观制约，虽然人的精神可以超越物质而达到精神的自足。但是，对于整个人类社会来说，人不仅要活着，而且还要活得更好，活得更幸福。这意味着"活着的问题"或者"生存问题"出现了"如何活着"的主观选择和价值评价，即人不仅要满足活着的状态，更追求如何活着、更好活着的理想状态。因此，人民美好生活需要不仅仅具有"物质性"特征，更具有"精神性"因素，生活不是目的，如何生活才是关键。可见，"美好生活"的"美好"字眼就包含主体对生活对象的价值评价，体现了人的主体性和自由性。

（2）人民美好生活的"精神性"是对"物质性"的内在超越。我们对美好生活的认识首先是一种感性的具体，即美好生活被当作一种现实的事物而追求，但是这种认识还停留在感性直观基础之上。进一步说，我们认识的最终目的是要达到理性的具体，也就是说在思维中达到对美好生活这一具体事物的理性把握，这是马克思所认为的人类认识要经过的两个过程。

"在第一条道路上,完整的表象蒸发为抽象的规定;在第二条道路上,抽象的规定在思维行程中导致具体的再现。"[①] 因此,对美好生活的"精神性"的把握要求我们超越对生活的简单"物质性"描述,而去挖掘"美好生活"背后的主体性因素。如上文所述,美好生活不能脱离物质生活资料,但如果仅仅把美好生活等同于商品的购买、消费,那我们生活的意义和价值就被物化和符号化了。在消费主义社会中,人被商品所异化,仍服从于商品,似乎人的存在意义和价值只有在购买和消费商品的过程中才能得到确证,也就是说,人处在异化的世界当中,生命存在的价值和意义被人制造的商品所规定。但是,人民美好生活需要不能仅仅地理解为物质欲望的满足。物质欲望的满足,仅仅停留于动物的层面,只是满足人的纯粹的自然需要和生理需要。改革开放40多年来,我国人民生活水平和消费水平得到极大提高,商品的数量、种类、功能等都发生了明显变化。然而,美好生活不等于消费主义充斥下的生存状态,人在满足基本物质生活需要的同时应该有更高层次的精神追求。美好生活的"精神性"体现了人的价值追求,应该从人民生活的总体需求来把握。因此,物质的匮乏不可能带来幸福,精神的匮乏也不可能带来真正的幸福。同时也要看到,美好生活的"精神性"在于超越单纯物质享乐主义的"持久性"和"精神满足"。当物质需求得到满足的时候,这种幸福的快感是不可持续的,因为它需要其他物质的满足而得以持续。而精神的充裕却是真正的幸福,而且是持久的、永恒的。因为精神的充裕,是人作为主体对自己人生意义和价值的确证,他通过精神实现对生活和生命价值意义的理解,从而找到了幸福和快乐的源泉。美好生活的意义和价值是在物质需要得到满足的基础上对真善美的追求,对人生意义的确证,对人的自由而全面发展的理想价值的追寻。所以,单纯物质享受的生活不是真正的美好生活,而只是消费主义时代资本对人的异化。当人把自己生命存在的意义和价值全部寄托在物质享受和消费的基础之上时,人的安身立命之本就失去了精神的寄托而成为虚无,人真正的幸福感、真正的德性和善的价值便无法确证。所以,新时代美好生活不能割裂物质和精神的完整性,其体现为物质文明和精神文明的统一,物质是精神得以幸福的基础,精神是物质不沦为享乐主义的内在超越,超越消费异化而追

---

① 《马克思恩格斯选集》第2卷,人民出版社,2012,第701页。

求精神幸福对于我们正确理解美好生活具有指导意义。

（3）人民美好生活的"精神性"表现为多层次的主体需要。主体对客体的评价使得人的生活世界具有多层次意义，即生活世界不仅仅是满足人或主体自身需要的质料物质世界，更是满足主体精神需要的意义价值世界，也就是美的世界。因此，美好生活的"精神性"体现在人需求的多层次中。

首先，马克思的美好生活观从需要这第一个历史活动出发，把自在自然纳入人的生活世界，最终指向人对真善美的追求，从而展现生活世界的丰富性。人的历史活动深刻地揭示了主体的自身价值，即人不仅是自然存在，也是社会存在，更是价值存在、意义存在和美的存在。人在满足自身物质需要的基础上为自己的存在确定安身立命之本，从而构造出意义世界和美的世界——精神世界，这就是美好生活的存在之基。人民群众的美好生活是一个动态的、不断展开的、不断改变的历史过程。因此，对人民美好生活的理解需要坚持过程的观点，反对形而上学的抽象理性定义。美好生活的生成过程和人的自我改造是统一的。人民群众通过对自身和对世界的改造来实现对美好生活的追求，在这一主客体相互作用的过程中，主体不仅打破具体历史条件对主体活动的制约，而且在具体实践活动中不断地提升主体自身的实践能力和认识水平，从而塑造新的生活的主体。

其次，从生产力与生产关系之间的矛盾运动过程理解人的精神需要。在马克思对历史唯物主义的经典表述中，马克思指出："人们在自己生活的社会生产中发生一定的、必然的、不以他们的意志为转移的关系，即同他们的物质生产力的一定发展阶段相适合的生产关系。这些生产关系的总和构成社会的经济结构，即有法律的和政治的上层建筑竖立其上并有一定的社会意识形式与之相适应的现实基础。物质生活的生产方式制约着整个社会生活、政治生活和精神生活的过程。不是人们的意识决定人们的存在，相反，是人们的社会存在决定人们的意识。"① 对人来说，生存是首要的，生存即人维持自身存在的不可遏制的需求，这种生存需求是非理性的，基于人自身的生理特性。所以，为了维持生存，满足人的生存需要，就需要生产。但人不同于动物的地方在于人是有生命意识的存在，人能够自我确证自己的生命意义和生活价值，所以人的生存不仅仅是生命的生产活动，

---

① 《马克思恩格斯选集》第2卷，人民出版社，2012，第2页。

第一章 人民美好生活的理念创新与价值规定

更重要的是有生命和生活的意义和价值。这种对生存需要、生活世界、生产活动的主体确证,使人能够建构起属人的世界,能够把人的生存需要拔高为精神需要,使人的存在具有丰富性和层次性。所以马克思认为,物质需要的生产是人的其他一切需要的基础,没有物质生产力的高速发展,一切更高层次的需求只能是头脑的空想,不可能真正推动人类历史的进步,相反,"生产力的这种发展(随着这种发展,人们的世界历史性的而不是地域性的存在同时已经是经验的存在了)之所以是绝对必需的实际前提,还因为如果没有这种发展,那就只会有贫穷、极端贫困的普遍化;而在极端贫困的情况下,必须重新开始争取必需品的斗争,全部陈腐污浊的东西又要死灰复燃"①。因此,马克思把对社会历史的研究定格在生产力发展的基础之上,着眼于生产力和生产关系、经济基础和上层建筑之间的相互关系来阐述生活世界,不仅看到了生产力发展在生活世界中的现实基础意义,同时也看到了物质生活之上的社会生活、政治生活、精神生活,从而展开对整个人类社会的历史唯物主义阐释。

最后,坚持生存需要、生产需要、生活需要三者的统一。马克思意义上的人是现实的人,是生活世界意义上的人,不是头脑中构造出来的抽象意义上的人。现实的人是生存和生活的统一体,是物质生活、社会生活、政治生活和精神生活的统一体。所以,现实的人是复合体,人的生产是无限发展的,人的生活世界必然是无限发展的。那么,人在生活世界中寻求终极价值必然是无限的过程,这种过程的思想正是马克思的辩证法的内在要求,即"辩证法在对现存事物的肯定的理解中同时包含对现存事物的否定的理解,即对现存事物的必然灭亡的理解;辩证法对每一种既成的形式都是从不断的运动中,因而也是从它的暂时性方面去理解;辩证法不崇拜任何东西,按其本质来说,它是批判的和革命的"②。

人民美好生活需要是物质性与精神性的统一。党的十九大报告中把人民美好生活定性为"日益增长的",正反映了美好生活的过程性。在对美好生活正确认识的前提下,党中央根据变化了的实际提出主要矛盾的变化,一方面,我国生产力总体的巨大提升,已不再是落后的生产力状况,人民

---

① 《马克思恩格斯文集》第1卷,人民出版社,2009,第538页。
② 《马克思恩格斯选集》第2卷,人民出版社,2012,第94页。

群众的基本物质文化需要能够得到满足,困扰中国社会几千年"有没有"的问题基本得到解决。另一方面,人民群众在物质需要得到基本满足后,有了更加广泛的需求。正是对美好生活的不断追求构成了中国特色社会主义发展的无限动力,同时,美好生活作为一种新的生活状态内在的包含了人的自由而全面发展的思想。所以,中国特色社会主义的不断发展既是对马克思主义的继承,又是对人的自由而全面发展的社会理想的现实推进,是理想与现实、理论与实践的统一。

三　人民美好生活的生态性

人民美好生活不仅具有物质性和精神性,也具有生态性。人民美好生活的生态性包含人类对自身生存状态的认知,是对"生态危机"和"生存危机"的理论表征,特别是在当代全球性生态危机加剧的情况下,提出"美好生活"的生态性对中国生态文明建设具有重要的理论指导意义。马克思、恩格斯认为,自然界是人的无机身体,人类社会是自然界长期演化的结果。但人类社会的超越性在于人又是精神性的存在,这种精神性的存在使人能够超越"动物式"的人与自然的关系,能够重新审视人与自然的关系。动物与自然界是统一的,动物的生命被自然界的必然性所规定。而人相较于动物而言,具有自由性,它可以确证自己与自然的关系不是完全受自然所决定的。人民美好生活的生态性的提出表明人类开始重新审视人与自然的关系、工业革命以来对自然的工具主义态度以及自然对人类生存的意义和价值。

首先,人民美好生活的"生态性"是对人的生存本质的重新确证。"生态性"本质上反映了人与自然的关系,美好生活作为人实现自身幸福追求的理想目标,不可能脱离人的生存环境而空谈,进一步说,对美好生活的"生态性"的关注涉及"人的问题"。"人的问题"在马克思主义思想中一直占据核心地位,对人的生存问题的关注一直是马克思关注的主要对象。事实上,人的超越性的地方正在于人有意识,人可以对自己的肉体生活和精神生活进行价值确证,从而判定自我应该拥有什么样的生活。人作为现实的感性的人,"肉体存在"是第一性的,人不可能脱离自然界单独存在,而且"自然界"介入人类社会生活的部分在马克思、恩格斯看来也是"人化自然","自在自然"对人来说是存在着的"无"。在马克思、恩格斯的视域中，人依靠自然而生存，不可能脱离自然界和生产力的发展而生存，这表现了人的双重属性，即自然属性和社会属性的统一。马克思、恩格斯的思想之所以能实现哲学史上的革命，关键在于对"人"的重新解释。唯物主义和唯心主义在哲学发展史上都没有正确地理解人的真正存在，不是把人看成动物式的自然人，就是抽象掉人的感性一面，把人看成孤立的抽象存在。这种二元对立的思维方式硬生生地把现实的人分解开来，没有看到人是自然属性和社会属性的统一体。正如马克思所说："人的本质不是单个人所固有的抽象物，在其现实性上，它是一切社会关系的总和。"① 作为自然人，基本的物质生活如衣、食、住、行必须得到满足，否则人既不可能存活下去，更不可能实现精神的自由，进行文明的创造。所以，"人是肉体的、有自然力的、有生命的、现实的、感性的、对象性的存在物"。② 因此，人的生存问题在逻辑上高于人的其他一切行动。然而，对于人来说，问题不在于"生存"，而在于如何"生存"。对如何生存问题的关注既涉及人与社会、人与人的关系问题，也涉及人与自然的关系问题。马克思主义通过唯物史观和剩余价值学说的发现在理论上论证了资本主义必然灭亡，然而，在现实世界中，特别是西方资本主义国家，依旧是资本主导的世界，因为资本尚未完成其历史使命。资本主义在全世界范围内依然呈现扩张的趋势，日益加剧的经济危机也在一定程度上转化为生存危机。事实上，严峻的环境问题表明人与自然的关系出现了巨大的裂隙，对生存危机、生态问题的关注与解决成为整个人类社会必须直面的难题。因此，"生态性"在中国共产党所提出的美好生活思想中表达为对人类性问题的求解，是对人类社会发展与自然环境关系的重新反思，既坚持了对人的生活问题的关注，也把人的生存问题考虑在内，是对人的生存本质的重新确证。

其次，人民美好生活的"生态性"是对资本逻辑的超越。美好生活是有条件的，从生存的自然条件来看，一个良好的生态环境是实现美好生活的外部条件。人与动物不同，动物完全受制于自然界，遵循自然法则，所以自在自然内部就有一套和谐的生态秩序。人作为理性的动物在基本生存需求的基础上，还有精神需要、理想，自然界不会主动地满足人的需要，

---

① 《马克思恩格斯文集》第 1 卷，人民出版社，2009，第 501 页。
② 《马克思恩格斯文集》第 1 卷，人民出版社，2009，第 209~210 页。

所以人需要发挥自身的主观能动性，在尊重客观规律的基础上去利用、改造自然，以此实现自己的要求，满足自身的需要。因此，人和自然界的关系不完全等同于动物和自然界的关系，人和自然界的关系是被人的劳动所改造过的关系，甚至可以说，自然被纳入人类社会之中，人与自然呈现相互交融的关系。因此，这种人与自然的被改造的关系就具有了不确定性，表现为什么人以什么样的理念和方式来改造自然。纵观整个人类社会发展，在原始社会、奴隶社会和封建社会，由于社会生产力水平较低、对自然的改造能力不强，加上认识水平的局限，使人对自然崇拜、依赖，所以人与自然的关系整体和谐。但是，随着资本主义生产关系的产生，特别是工业革命的开展，人类社会对自然的改造能力极大提高。科技的发展在对自然法则"祛魅"的同时，使人对自然不再带有崇敬感，自然成为人类满足自身需要的储物间，人与自然的关系完全被"理性化"和"工具化"，似乎人对自然的征服表明人类社会真正把握了自然的一切规律。在资本主义生产关系下，自然不再具有神圣性，只是生产对象被纳入"可计算"的规则之中。资本主义生产逻辑的本质是对剩余价值的追求，这也成为作为资本人格化的资本家的唯一目标，否则他就要破产，就要重新加入无产者大军。在这种生产逻辑之下，人类社会的一切美好东西（包括自然生态环境）都成为资本增殖的手段，所以"资产阶级在它已经取得了统治的地方把一切封建的、宗法的和田园诗般的关系都破坏了。它无情地斩断了把人们束缚于天然尊长的形形色色的封建羁绊，它使人和人之间除了赤裸裸的利害关系，除了冷酷无情的'现金交易'，就再也没有任何别的联系了。它把宗教虔诚、骑士热忱、小市民伤感这些情感的神圣发作，淹没在利己主义打算的冰水之中。它把人的尊严变成了交换价值，用一种没有良心的贸易自由代替了无数特许的和自力挣得的自由。总而言之，它用公开的、无耻的、直接的、露骨的剥削代替了由宗教幻想和政治幻想掩盖着的剥削"[①]。资本主义生产逻辑把自然看成占有和支配的对象，使服务于人的生活的一切行动都围绕着剩余价值来展开。在资本主义竞争关系中人彻底被异化，为了生产而生产，人的价值意义丧失。因此，资本主义生产逻辑必然导致生态环境问题的产生，自然也就导致人在劳动中自我价值的丧失。人民美好生

---

① 《马克思恩格斯文集》第 2 卷，人民出版社，2009，第 33~34 页。

活思想,把生态建设纳入美好生活构建的一环,在理论上是对资本逻辑的超越,在此基础上,探索出一条能够超越资本主义生产关系的人与自然和谐发展共生的社会主义现代化新道路。

最后,人民美好生活的"生态性"是对中国特色社会主义生态文明建设的理论表征。何为美好生活?这是一个亘古常新的话题。从个体来看,美好生活是主体的价值判断,当主体把自己的生活世界判定为美好的时候,本身就是具有主观性的。生活世界是客观存在的,但生活在何种条件下被判定为"美好",人们的价值标准不同,评价的情况必然存在差异。特别是在中国特色社会主义迈进新时代之后,生态环境问题在美好生活评价中愈发占有重要位置,如何正确评价当今生态环境与美好生活的关系成为理论热点。现实的中国已不再是封建社会时期儒释道的本土文化完全占主导地位的中国。一部近代史就是中国向西方学习的历史,我们可以说,在这一过程中,我们学习了西方的器物、制度,甚至文化。中国近代史开辟出来的现代中国社会,既无法摆脱中国传统文化对中国社会以及中国人民现实生活的影响,又不能脱离西方民主、科学、自由、法治、权利等思想在这一百多年间对中国文化甚至是对中国人民的精神塑造。在这一民族复兴历程中,我们坚持马克思主义思想指导,从实际出发走中国特色社会主义道路,比以往历史上任何时代都更接近于中华民族伟大复兴。改革开放40多年,我们取得了举世瞩目的发展成就,人民生活水平极大提高,但在高速发展的同时也积累了诸多发展难题,其中生态环境问题在新时代民族复兴背景下更加突出。生态环境问题的本质就是人类向自然索取资源的速度超过资源本身及其替代品的再生速度,自然界本身有自我更新的生态能力,但随着人类自身改造环境能力的增强,不受限制的人类欲求在资本逻辑的挟持下不断扩大,可以说,环境问题的本质是人类自身的矛盾外化,人与自然关系的不和谐关键在于人与人之间关系的异化。人类只有一个地球,也只有一个生存环境,人类的现代化问题是发展问题,但发展不等于无限制地向自然索取,高于人自身欲求的限制性力量就是对自然环境的破坏。自20世纪60年代以来,对生态环境保护的关注逐渐成为国际社会的焦点,如何在发展的同时兼顾生态环境的保护,成为探索人与自然和谐发展的新的现代化道路。传统西方现代化走的是"先污染、后治理"的道路,但是,资源约束力和发展压力不可能也不允许中国走西方现代化道路。因此,中国提出生态文明建设,把实现人与自然的和谐作为社会发展的目标,达到发展与保护共生的目的,成为新时代中国美好生活建设的应有之义。生态环境问题客观存在,不能回避,但是如何运用一系列政策工具处理生态问题关乎美好生活构建的前景。美好生活的"生态性"是构建五位一体总体布局的重要内容,也是新发展理念"绿色"的核心要义。正如习近平总书记在十九大报告中指出:"我们要建设的现代化是人与自然和谐共生的现代化,既要创造更多物质财富和精神财富以满足人民日益增长的美好生活需要,也要提供更多优质生态产品以满足人民日益增长的优美生态环境需要。"[1]

第三节 人民美好生活的现实条件

生活世界何以美好不是纯粹的主观价值评价,而是具有客观物质基础的,是主观评价和客观物质生活条件的统一。实现美好生活必须把握美好生活实现的现实条件。首先,协调人与自然的关系,为美好生活的实现提供良好的生态环境,满足人民对美好生活的生态需要。其次,协调生产与生活的关系,生活富足安乐不能脱离生产发展,生产发展是生活幸福美好的物质条件,同时对何种美好生活的追求又调节生产方向,为生产确立发展红线。最后,坚持生产力生态化跃迁,走人与自然和谐统一的人民美好生活发展之路。

一 重建人类与自然的关系

人类社会是一个动态的发展过程,对美好生活的追求必然要求我们以更加科学的态度对待现实的生存环境。然而,由于人类生产方式和生产理念的错位,现实中人与自然的关系呈现紧张状态,这就要求我们重新审视人与自然的关系,在理论上正确把握人与自然关系的走向。

一方面,要正确认识人与自然的辩证统一关系。人类社会不可能脱离自然界而单独存在,这是一个基本问题。但是对于有意识有需求的现实感性个体来说,如何处理人与自然的关系受到个体主观价值和社会道德法规

---

[1] 习近平:《决胜全面建成小康社会 夺取新时代中国特色社会主义伟大胜利》,《人民日报》2017年10月28日。

的约束。生态危机的本质是人与自然的关系出现了尖锐矛盾,人自身的需求发展速度超过了自然界可成长的速度。生态危机不是与生俱来的,根源在于人自身活动的不合理,因此,生态危机的解决取决于人类自身。马克思认为:"自然界,就它自身不是人的身体而言,是人的无机的身体。人靠自然界生活,这就是说,自然界是人为了不致死亡而必须与之处于持续不断的交互作用过程的、人的身体。所谓人的肉体生活和精神生活同自然界相联系,不外是说自然界同自身相联系,因为人是自然界的一部分。"① 由此,人作为自然界的一部分,要想人类不出现生存危机,就必须协调好人与自然的关系。

马克思认为,人类社会存在规律,虽然人类社会的规律并不完全等同于自然科学规律,但作为人类社会行为的普遍性存在,在认识和改造自然的过程中必须以尊重规律为前提,把自然规律和人类社会规律统一起来,把尊重客观规律和发挥人的主观能动性统一起来。这意味着人要使自己的思想切中现实,把握人类社会和自然界的客观规律,从而达到人与自然的和谐状态。在马克思、恩格斯生活的时代,生态环境问题并不突出,废除剥削、领导工人运动、实现人类的解放是马克思、恩格斯关注的焦点。但马克思、恩格斯畅想过一种和谐的生态生活:"社会化的人,联合起来的生产者,将合理地调节他们和自然之间的物质变换,把它置于他们的共同控制之下……靠消耗最小的力量,在最无愧于和最适合于他们的人类本性的条件下来进行这种物质变换。"② 这种生活既表现为人与自然关系上的和谐共生,同时又能够为人的价值的实现创造良好的生态环境。因此,人与自然的关系如何取决于人对自然的态度,取决于人对待自然的方式。人离不开自然界,同时还改造自然界。但人的行为如果超出自然的合理限度,就会破坏自然生态环境,从而对人的生存构成威胁,所以人与自然的辩证关系在于和谐共生。

从我国生态文明建设总体思路来看,把生态文明建设纳入五位一体总体布局,突出了生态环境在美好生活建设中的基础地位。改革开放以来,我国经济高速增长,但粗放式的经济发展模式给生态环境带来了巨大的压

---

① 《马克思恩格斯文集》第 1 卷,人民出版社,2009,第 161 页。
② 《马克思恩格斯文集》第 7 卷,人民出版社,2009,第 928~929 页。

力。人民美好生活的实现不仅仅是物质生活水平的提高,优美的自然环境也是美好生活实现的必要条件,所以和谐人与自然的关系,在现实的生活中具体表现为"让老百姓呼吸上新鲜的空气、喝上干净的水、吃上放心的食物、生活在宜居的环境中,切实感受到经济发展带来的实实在在的环境效益,让中华大地天更蓝、山更绿、水更清、环境更优美,走向生态文明新时代"[1]。

另一方面,要正确处理好经济发展与生态保护的关系。经济发展和生态保护是辩证统一的。经济发展是解决我国发展问题的治本之策,没有经济的发展繁荣,就没有民生的改善,更不会有中国社会的进步。所以,发展是党执政兴国的第一要务,只有中国发展起来了,才能显示社会主义的优越性,才能真正实现共同富裕。改革开放40多年来,在坚持四项基本原则下,我国实现了经济社会的快速发展,综合国力得到巨大提升,用几十年的时间走过了西方国家工业化几百年的发展历程,成长为世界第二大经济体。经济的快速发展带来民生水平的巨大提高,我国不仅解决了温饱问题,而且全面建成了小康社会。当前我国正处在全面建设社会主义现代化强国的新阶段,但由于我国以往经济发展方式较为粗放,人们的生态保护意识比较淡薄,加上一些地区因政绩考核的"唯GDP论",环境污染、生态破坏等问题日益突出,严重制约人民美好生活的实现。习近平总书记指出:"要保持加强生态文明建设的战略定力。保护生态环境和发展经济从根本上讲是有机统一、相辅相成的。不能因为经济发展遇到一点困难,就开始动铺摊子上项目、以牺牲环境换取经济增长的念头,甚至想方设法突破生态保护红线。"[2]

经济增长不等于经济发展,更不等于社会发展,如果只关注经济的增长而忽视经济发展环境的改善,那么这种发展只能是竭泽而渔式的发展,不是可持续的发展。如何处理好经济发展与生态保护的关系呢?习近平生态文明思想做出了明确回答,要牢固树立"绿水青山就是金山银山""保护生态环境就是保护生产力""改善生态环境就是发展生产力"等理念。经济发展不等于要破坏生态环境,经济发展与生态环境保护是统一的,绿水青

---

[1] 《习近平谈治国理政》第2卷,外文出版社,2017,第210页。
[2] 新华社:《习近平在参加内蒙古代表团审议时强调 保持加强生态文明建设的战略定力 守护好祖国北疆这道亮丽风景线》,《实践》(思想理论版)2019年第4期。

山就是金山银山。我国传统经济发展粗放,虽然取得了经济发展的重大成就,但是是以牺牲生态环境为代价的。"粗放型经济发展方式曾经在我国发挥了很大作用,大兵团作战加快了我国经济发展步伐,但现在再按照过去那种粗放型发展方式来做,不仅国内条件不支持,国际条件也不支持,是不可持续的,不抓紧转变,总有一天会走进死胡同。"[1] 进入新时代,我国经济社会发展进入新常态,改革进入深水区,以往经济高速增长的局面不复存在。同时,社会主要矛盾发生深刻变化,人民对美好生活有了更多更高层次的期盼。如何顺应民意,反映民情,真正把经济发展与生态保护统一起来,是新时代我国经济社会高质量发展的关键所在。因此,必须坚持经济发展与生态保护的辩证关系,将生态保护融入经济发展之中,在经济发展中坚持生态保护的原则,做到经济发展与生态保护的统一。

二 重释生产与生活的意义

人是什么、人应该是什么与何为美好生活、美好生活应该如何在本质上是同一的,都根源于人的自我意识。问题不在于"生活",而是如何"生活"。"生活"对于人自身来说是动态的理想追求目标,所以,理想性是美好生活的特征,指引每一个有意识的主体去实现自我价值。美好生活是主体对生存状态的价值评价,使得现实生活中存在的问题成为主体批判的对象,尤其是现实的生态环境问题,已成为新时代人民群众最关心的利益问题之一。生态环境是人类生存和发展的基石,解决生态环境问题需要解决人的生活意义问题,而人的生活意义问题又与生产问题紧密相连。

(1) 生产是生活的基础。人民美好生活思想的最大现实性就是直接把握了人的现实需要,党的十九大报告指出:"我国稳定解决了十几亿人的温饱问题,总体上实现小康,不久将全面建成小康社会,人民美好生活需要日益广泛,不仅对物质文化生活提出了更高要求,而且在民主、法治、公平、正义、安全、环境等方面的要求日益增长。"[2] 我国社会主要矛盾发生了转变,人民需求从对"物质文化需要"转变为"人民美好生活需要"。面

---

[1] 《习近平谈治国理政》第2卷,外文出版社,2017,第239~240页。
[2] 习近平:《决胜全面建成小康社会 夺取新时代中国特色社会主义伟大胜利》,《人民日报》2017年10月28日。

对新时代新的需求变化，坚持以经济建设为中心，大力发展生产力是满足人民新需求的唯一路径。生产是生活的基础，强调生产的重要性是对"现实的人"这一哲学思考逻辑的把握。历史是人自身活动的产物，对于人来说，生活最大的现实性就是生存，只有满足了生存才可以进行其他领域的活动，所以马克思哲学的出发点就是"现实的感性的人"，从现实的人的需要出发去展开整个人类历史。

马克思、恩格斯特别重视物质资料的生产。"生产力的这种发展（随着这种发展，人们的世界历史性的而不是地域性的存在同时已经是经验的存在了）之所以是绝对必需的实际前提，还因为如果没有这种发展，那就只会有贫穷、极端贫困的普遍化；而在极端贫困的情况下，必须重新开始争取必需品的斗争，全部陈腐污浊的东西又要死灰复燃。"[1] 在现实的生活中，物质利益是最现实的社会关系，它是非理性的，直接影响一个人的生存状态，影响一个人对自身生活的价值评价。青年马克思在《莱茵报》工作期间，针对"林木盗窃法"与莱茵省议会展开激烈辩论，马克思站在广大贫苦农民的立场上，维护农民的利益。此外，马克思进一步看到物质利益在社会生活中的重大作用，看到普鲁士国家成为林木占有者的工具。于是，"物质利益的难事"开始困扰马克思，对物质利益的考察推动马克思向市民社会和政治经济学转向，开始进行政治经济学研究。

因此，生产是人类存在的基础，生产决定整个人类社会的走向。马克思、恩格斯在《共产党宣言》中指出："资产阶级在它的不到一百年的阶级统治中所创造的生产力，比过去一切世代创造的全部生产力还要多，还要大。"[2] 但是资产阶级的生产本质是私有制前提下的剥削制度，是资产者占据生产资料，无产者只能出卖自己的劳动力，获得只能够满足自身及家人生存的可怜的工资。虽然资本主义生产关系解放和发展了生产力，但这种生产力发展基础上的生产资料的占有和分配是不公平的、是有阶级差别的。对此，马克思、恩格斯指出，社会主义应该是对社会生产力的全民占有，而不是个人私有，无产阶级革命应该是消灭私有制。因此，"工人革命的第一步就是使无产阶级上升为统治阶级，争得民主。无产阶级将利用自己的

---

[1] 《马克思恩格斯文集》第1卷，人民出版社，2009，第538页。
[2] 《马克思恩格斯文集》第2卷，人民出版社，2009，第36页。

第一章 人民美好生活的理念创新与价值规定

政治统治,一步一步地夺取资产阶级的全部资本,把一切生产工具集中在国家即组织成为统治阶级的无产阶级手里,并且尽可能快地增加生产力的总量"[1]。因此,马克思不仅强调生产对生活的基础作用,要求大力发展社会生产力,而且强调在发展社会生产力的基础上坚持社会主义原则,即坚持共同富裕的发展取向。

(2)生活是生产的目的。生产的目的是满足人们自身的需要,但人作为理想性的存在把生命活动变成生活活动,赋予生命活动文化意义,从而使人自身超越动物式的生存状态,进入追求自由发展的领域。人民美好生活需要就是人的理想性存在的确证,是人对自己生活状态的期许。因此,生活是被人规定的,人的一切生产活动都是为了人的生活目的,有什么样的生活追求,就有什么样的生产活动,生产力的发展为人的美好生活的实现提供物质基础。从人自身的自然属性来看,人不可能脱离自然界而存在,人需要自然界提供的各种原始资料来供养自己,所以人必须占有物质生产资料。但人不是直接使用原始资料,而是通过劳动这一中介对自然物质进行改造,最终创造出自然界根本不存在的事物。因此,人的生活和生产都打上了人的烙印,具有了人的类本质的意义,凸显了人自身存在的独特性。

人通过生活理想调节生产活动。马克思主义的主旨就是对人类理想社会的探寻。不可否认,在以往人类历史长河中,不同阶级地位的思想家对人类的理想社会做出了不同的设计,这些理想设计之所以最终沦为幻想,而没有真正成为改变现实世界的现实行动,就在于他们只是在对现实的不满中做纯粹的思想实验,只是在以不同的方式解释世界,而根本没有以现实的感性实践活动触动世界。马克思、恩格斯创立的唯物史观就是以改变世界为使命的。社会主义之所以能由空想到科学,根本在于唯物史观对人类历史的现实揭示,从现实的人出发去把握整个人类历史发展,用生产力和生产关系的变革解释人类历史发展的动力,而不是像唯心史观那样把社会历史发展的动力归结为人们的思想动机或精神力量。马克思主义从社会生活的各种领域中划分出经济领域,从一切社会关系中划分出生产关系,并把它当作决定其余一切关系的基本的、原始的关系,进而将一切社会关

---

[1] 《马克思恩格斯选集》第1卷,人民出版社,2012,第421页。

系归结于生产关系,从而将社会形态的发展看作自然历史过程,破解了"历史之谜",揭示了人类社会发展的规律。从生产力的发展理解整个人类历史,从现实的感性的人的存在理解人的生活,生产与生活的辩证关系被把握为生产力的发展和美好生活需要的统一。

(3)坚持生产与生活的辩证统一。既要看到生产对生活的基础性作用,也要看到生活对生产的引领性作用。首先,人类社会的第一需要是生存,所以人类社会必然要把生产力的发展放在基础地位。马克思主义认为,人类社会是不断进步的,生产力的发展随着科学技术的进步得到不断提升。马克思、恩格斯之所以特别强调生产力的基础性作用,一是在马克思、恩格斯所处的时代,生产力普遍不发达,贫穷饥饿始终困扰着人类社会,特别是私有制下社会出现两极分化,广大劳动人民生活在无尽的痛苦之中,因此,生产力的发展可以提升普通民众的生活水平。二是生产力的高度发达是进入共产主义社会的前提条件。马克思通过唯物史观和剩余价值学说的发现,实现了社会主义由空想到科学,论证了共产主义实现的可能性。生产力的高度发达是共产主义社会实现的标志,到共产主义社会时期,"三大差别"消失,战争不复存在,人们的精神境界极大提高,人类真正实现自由而全面的发展。所以,共产主义的实现意味着人类摆脱物质匮乏的局面,每个人不再限定于单一职业,可以凭借自己的兴趣发挥才能,人们可以自由地从事科学艺术的创造。人类面临的问题并不是要不要发展的问题,而是如何发展的问题。如果人类生产力的发展最终导致的结果是社会的两极分化,是一个阶级压迫另一个阶级,那么这种生产力增长将必然产生桎梏。因此,生产力的发展和人类社会的进步是一致的,坚持共同富裕的原则,坚持以人为本,坚持人与自然和谐统一,要让人民群众在生产力的发展中有更多的获得感、幸福感和安全感。

其次,人民群众的美好生活需要引领生产的发展方向。生产服务于生活,生活是生产的目的。中国特色社会主义的发展逻辑就是坚持问题导向,坚持从人民群众最关心、最直接、最现实的利益问题出发,通过解决人民群众身边的小事来提升人民群众的幸福感。美好生活不是脱离社会生活的纯粹精神世界,正如习近平总书记所说:"我们的人民热爱生活,期盼有更好的教育、更稳定的工作、更满意的收入、更可靠的社会保障、更高水平的医疗卫生服务、更舒适的居住条件、更优美的环境,期盼孩子们能成长得更好、工作得更好、生活得更好。"① 生活对生产的引领作用表现为生活作为理想目标要求生产不断改进,如美好生活对人的自由而全面发展的理想条件的追求,就为生产力的不断发展提出了更高的要求。

三 重构生产力发展的内涵

人类的历史在一定程度上就是生产力的发展史,生产力的发展从根本意义上能够推动人类社会的进步,满足人类社会历史发展的物质和精神需要。总体来看,人类生产力是不断发展进步的,但在具体的历史条件下生产力如何发展成为事关人类生存利益的重要问题,如果发展理念不科学、发展手段不合理,单纯的生产力增长并不能推动人类社会进步,相反会破坏人与自然的关系,破坏人类社会发展的历史环境,最终阻碍人类社会发展。事实上,当代生态危机和环境破坏问题的全球化蔓延直接反映了人类社会发展方式的畸形,当然也包括一些非生态化的人类中心主义发展思想。但归根到底在于生产力发展道路的非生态化,片面强调经济增长,尤其是将经济增长等同于生产力发展的错误思想,事实上忽视了生产力发展中人与自然关系和谐发展的维度。

(1) 协调人与自然的关系是生产力生态化跃迁发展的必然要求。生产力的发展程度本质上反映了人与自然的关系,生产力水平的高低反映人改造自然能力的大小。可以说,生产力的发展推动社会形态的进步,社会形态的更替不仅根源于生产力的发展,还内含人与自然关系的和谐统一。马克思指出:"手推磨产生的是封建主的社会,蒸汽磨产生的是工业资本家的社会。"② 生产力的发展在人类历史上的巨大推动作用成为人类历史进步的标志,甚至可以说,生产力决定生产关系的性质,进而决定其他社会关系的基本面貌,决定世界发展的历史进程。"17 世纪和 18 世纪从事制造蒸汽机的人们也没有料到,他们所制作的工具,比其他任何东西都更能使全世界的社会状态发生革命"③,生产力的发展打破了各民族相互孤立的状态,"历史也就越是成为世界历史"④。

---

① 《习近平谈治国理政》第 1 卷,外文出版社,2014,第 4 页。
② 《马克思恩格斯文集》第 1 卷,人民出版社,2009,第 602 页。
③ 《马克思恩格斯文集》第 9 卷,人民出版社,2009,第 561 页。
④ 《马克思恩格斯文集》第 1 卷,人民出版社,2009,第 541 页。

人类社会在两次工业革命过程中不断被重塑，生产力获得了极大的提高，人类的物质生活资料得到极大的丰富，人类社会由农业社会进入工业社会。人类社会的工业化意味着人类依靠科学技术增强了自身改造自然的能力，可以说，近代科学技术发展史就是人类利用理性改造自然、服务人类的历史。人类历史经验表明，以工业革命为代表的生产力极大地创造了人类的物质精神财富，完全变革了传统农业社会人与自然的关系。但是，随着人类改造自然能力的增强，生产力的发展所带来的负面作用——生态问题，正日益成为全世界关注的焦点。

生态问题的本质是人类对自然的索取超过了自然可承受的限度。马克思、恩格斯所处的时代，生态环境问题并不是时代的焦点，而且当时由于人类生产力水平不高，对自然的整体破坏影响不大，所以对生产力发展的关注超过对生态问题的关注。但是，这并不意味着马克思、恩格斯的思想中缺少生态维度，事实上，马克思、恩格斯也不是"普罗米修斯主义"者，马克思、恩格斯的思想中从不缺乏对生态的关注。马克思认为，自然是人的无机身体，自然界和人类是统一的。马克思从来不是孤立地考察人自身，而是运用辩证法，把自然和人类历史联系起来一起考察。由此，马克思指出："环境的改变和人的活动或自我改变的一致，只能被看做是并合理地理解为革命的实践。"①

人类社会的生产力发展与自然环境是统一的，人类社会不能脱离自然界单独存在，更不能为了人类的无止境贪欲而破坏环境，否则必然导致人类社会的灭亡。恩格斯指出："我们不要过分陶醉于我们人类对自然界的胜利，对于每一次这样的胜利，自然界都对我们进行报复。"② 因此，当今社会出现的各类生态环境问题，本质上就是没有协调好经济社会发展和自然环境之间的关系，甚至有些人类行为不考虑生态破坏，公然把利润追求放在至高无上的位置。人类社会生态危机表明，不改变人类社会生产力的发展方式，不积极调整人与自然的关系，人类社会的生态环境问题最终会演化为人类的生存危机，一切文明进步都将为生态破坏买单。因此，生产力生态化跃迁发展是解决人与自然矛盾关系的现实途径，更是人类可持续发

---

① 《马克思恩格斯文集》第1卷，人民出版社，2009，第500页。
② 《马克思恩格斯文集》第9卷，人民出版社，2009，第559~560页。

展的必然选择。这就要求我们不仅要重视生产力、发展生产力,更要把人与自然的协调关系纳入生产力发展一维,真正为美好幸福生活奠定生态环境之基。

(2)满足人民美好生活需要必须走生产力生态化跃迁发展之路。生产力作为人类改造自然的能力,在价值取向上不仅仅是为了使人的肉体生存,更重要的是通过生产力的进步,为人类自身创造更加幸福美好的生活世界。但是,如果生产力的发展并不能带来人类社会的和谐美好,那么生产力发展自身的合法性就受到了前提质疑。在马克思看来,生产力是人类从事生活资料生产的能力。"当人开始生产自己的生活资料,即迈出由他们的肉体组织所决定的这一步的时候,人本身就开始把自己和动物区别开来。人们生产自己的生活资料,同时间接地生产着自己的物质生活本身。"① 生产力的基础作用取决于人自身的肉体组织,只有先满足人生存下去的第一需要,才可能发展出人类灿烂的历史文明。"社会结构和国家总是从一定的个人的生活过程中产生的。"② 因此,马克思生产力理论着重强调了生产力在人类历史发展中的基础作用,强调了生产力在促进人类社会进步方面的作用。然而,现实的生态环境恶化已经严重威胁到人类的生存,环境恶化和美好生活需要之间出现了错位,其根源在于人类生产力的非生态化。生产力的非生态化忽视了对自然环境的保护,用工具理性价值观念对待自然界,没有看到人类与自然界的共生关系,仅仅把自然看成资源索取的宝库。这种工具理性态度扭曲了人与自然的关系,视自然为征服对象,必然导致生态的被破坏。问题的解决包含在问题的提出之中,人类社会要想生活得更美好,必然要改变不合理的发展方式,走生产力生态化跃迁发展之路,从而满足人民美好生活的生态环境需要。

人民美好生活作为一个动态的概念源于人自身对生活世界的评价。不同时代的人对美好生活理想的评价标准并不相同,今日的美好生活标准和古代的美好生活标准必然有不一致的地方。但是,人作为"实然"和"应然"的统一,总是把自己对理想世界的追求作为一种评价标准来衡量现实的生活世界。或者说,人作为理想的存在者必然不满足于现实的生活世界,

---

① 《马克思恩格斯文集》第1卷,人民出版社,2009,第519页。
② 《马克思恩格斯文集》第1卷,人民出版社,2009,第524页。

必然会为了追求理想世界而去改造现实世界。人作为自我意识主体生活在客观世界中，人的一切思想和行为都被赋予存在意义，因此，人的生命内在要求人为自身的生命存在寻找安身立命之本，即人使人自身成为自我的主人，人为自身的生存与发展确立存在意义，在对生命的终极关怀中达到个体与类的统一。所以，人民对美好生活的需要表征了新时代中国人民的生活态度和生活理性。从个体来看，人民美好生活作为人的主观感受具有不同的类型，不同人的主观价值原则不同，同一生活条件会被赋予不同的价值评价。但人民美好生活不完全等同于个体主观感受。从现实条件来看，匮乏的物质生活和荒芜的精神家园不能够称之为美好生活，人民美好生活是"物质性"与"精神性"的统一，是人自身在把握物质生活条件的基础上对生活状态的整体性评价。"人民美好生活"思想正是在对人及人类自身发展的终极关怀下提出来的，既反映了我国社会主要矛盾变化之后的物质发展条件，又表征了新时代社会主义条件下人民生活的新状态。可以说，"人民美好生活"思想表达了中国特色社会主义对真正人的生活的追求，赋予中国人的生活世界以文化生命，为中国特色社会主义现代化发展确立以人民为中心的价值原则，其中对美好生活环境的追求是人民美好生活的应有之义。

从人民现实需求来看，人民美好生活与良好的生态环境是统一的，生态良好构成美好生活的基础。马克思认为，人类作为不同于动物的社会存在物，具有主体理性和自由意志，能够超越动物式的存在而生活，能够自我评价生活的意义。相比于动物，马克思认为人是类存在物，这意味着人并不是直接地去占有自然界提供的各种资料，不是被自然界的尺度所规定，而是通过劳动去改造自然，从而使自然界及其一切存在物按照人类的目的发生变化，最终满足人类自身的物质或精神需要。因此，人的生命活动本身就包含自然维度，进行生活资料的生产不仅使人存活下来，而且通过劳动把人的生活和动物的生命活动区分开来，从而创造一个人化的世界。这意味着，人类开始对自己的生活世界"提要求"，不仅要活下去，而且要活得更好、活得更幸福。同样，人民美好生活需要就是中国人民对幸福生活的理性表达，正如习近平总书记指出："我们的人民热爱生活，期盼有更好的教育、更稳定的工作、更满意的收入、更可靠的社会保障、更高水平的医疗卫生服务、更舒适的居住条件、更优美的环境，期盼孩子们能成长得更好、工作得更好、生活得更好。"① 优美的生活环境是实现幸福生活的基本前提，良好的生态环境是最普惠的民生福祉。因此，生态环境问题就是民生问题，必须通过解决现实的生态环境问题来实现人民美好生活需要，而这条道路正是生态文明建设之路，即生产力生态化跃迁发展之路。

---

① 《习近平谈治国理政》第1卷，外文出版社，2014，第4页。

第二章　生产力生态化发展的实践智慧与跃迁逻辑

生产力是历史唯物主义的核心概念之一，它表征了人类需要发展的历史状态以及人类满足自身需要的能力和方式，构成了马克思主义理论的基础性概念。马克思对生产力范畴的分析不仅提供了正确处理人与自然关系的原则，也提供了科学把握人类社会历史发展奥秘的方法论。传统生产力强调人对自然的征服与改造，割裂了人与自然的关系，造成了严重的生态问题。而生态生产力则科学统筹人与自然的"生命共同体"关系，并在此基础上实现生产与生态、当前与长远的统一，是对马克思生产力思想的继承、丰富和实践。生态生产力是马克思生产力理论的最新样态和呈现，是对传统生产力的超越。

第一节　传统生产力与生态生产力的本质区别

"人是靠自然界来生活的，离开自然，人就失去了获得物质生活资料的可能性，从而无法生存下去。"[1] 因此，自然在人类获取物质资料、实现个体生存与发展的历史进程中扮演着重要的角色。同时，"劳动是整个人类生活的第一个基本条件"[2]，因此人的生存与发展也离不开人的主体对象性活动的支撑。马克思的生产力理论不仅强调了人类主体的重要作用，也强调了作为劳动对象的自然的重要性。但是，传统生产力将人类主体凌驾于自然之上，单纯强调人类生产活动和物质财富的重要性，忽视了人与自然的

---

[1] 俞吾金：《重新理解马克思：对马克思哲学的基础理论和当代意义的反思》，北京师范大学出版社，2005，第334页。

[2] 《马克思恩格斯文集》第9卷，人民出版社，2009，第550页。

内在一致性，这一错误的方法论虽然在短期内实现了经济的增长，却造成了不可避免的环境问题。因此，必须要重新思考人与自然的关系，在马克思生产力理论的指导下重新建构人与自然的关系，实现人与自然的和谐统一。传统生产力以人与自然相互对立作为其显著特征，而生态生产力则以人与自然和谐统一作为其主要标志。

一 人与自然相互对立的传统生产力

人类社会出现后，人与自然的矛盾关系始终是人类生存发展面临的主要问题。虽然在人与自然这对矛盾关系中，人作为具有能动性的社会主体对自然客体具有关键的主导作用。但是，人的主体能动性不等同于人与自然的绝对对立，也不等同于人对自然的征服和奴役。传统生产力过于强调生产力的重要性，导致"唯生产力论"，割裂了人与自然之间的统一关系，在现实中造成了严重的生态问题。

1. 传统生产力的具体内涵

生产力是人类生存和历史发展的重要依托，生产力发展水平决定着自然和人类的最终发展方向。但不同时期，人类以何种方式考察人与自然的关系并作用于自然对象是具有显著差异的。传统生产力是生产力的一种具体样态，具有特定的内涵，其内涵主要体现在两方面：其一，传统生产力否认人与自然的内在一致性，主张"征服论"以满足人类需要，忽视自在自然的客观性、整体性和系统性；其二，传统生产力过于重视生产力的发展，走向"生产力决定论"，忽视了生产力增长的生态性和连续性。

一方面，传统生产力夸大了人的主体性，忽视了人的主体性对象化过程对自然的依赖，造成人与自然之间的二元对立。"人最初是从自然的进化中产生的，自然是人类生成的初始来源。"[①] 人从自然之中进化而来，人与自然在人类初始阶段是高度统一的。人类高度依赖于其生存环境，借助自然本身提供的物质资料满足自身的生存所需。可以这样说，在人类初期如果没有自然界提供的各种食物，人类就无法进一步发展。因此，在前资本主义社会，人与自然的关系一直处于相对和谐状态。虽然人类部分活动会

---

① 高清海：《哲学与主体的自我意识：论马克思实践观点的思维方式》，北京师范大学出版社，2017，第94页。

对自然造成一定的影响，但是人对自然的破坏处在其自然恢复周期的范围内，没有对自然造成实质上的损害。但是，随着人类生产水平的提升以及人口数量的增加，人与自然的关系逐渐发生变化，尤其是资本主义社会的出现极大地改变了人与自然之间的关系。

从意识形态的领域来看，人类理性的解放为人们全面认识和把握外在对象提供了思想基础。人类不再将自然作为神秘的对象来理解，而是将自然作为人类的认识对象进行把握。人类的理性越发展，越将自身与自然分离开来，将自然作为人类认识的客体。同时，启蒙运动以"自由""平等""天赋人权"为旗帜，将人从封建束缚和宗教统治中解放出来，人真正被置于历史的中心。每个个体都成为自由、平等的个体，不再受到宗教统治和封建政权的压迫，能够将自身理性运用到现实生产活动中去。从社会实践的领域来看，人类理性在现实经济生活中的应用越来越广泛。随着人类理性觉醒以及运用理性的工具的发展，自然逐渐被人类社会所认识和把握。人们对自然的了解和把握越深入，自然越转化为外在于人的外部世界。人与自然逐渐被二分化，人成为主体，自然成为人类认识和改造的对象。个人的独立性建立在对自然征服的基础上，人类活动能力越强，自然被纳入属人世界的范围越大，自然界被人类改造的程度也就越深。人的主体性随着人的实践能力提升而得以不断提升，自然的地位也就相应被贬低。自此，人与自然二元对立的意识形态就被确立起来，成为社会的主导。"它们在今天仍然在我们的思维方式中占据主导地位，并进而在理论上和实践上都制约着我们对待自然的态度。"[1]

另一方面，传统生产力过于重视生产力的作用，忽视了生产力增长对自然生态的依赖。生产力是历史唯物主义的基础和核心概念，生产力的发展最终决定人类历史的最终走向。但是，生产力的基础作用不等于盲目追求生产力发展。对于苏联领导人和学者来说，过于强调生产力的作用加剧了人与自然之间的二元对立。在马克思的生产力思想发展史上，斯大林发挥了重要的作用，他在其著作《论辩证唯物主义和历史唯物主义》中，对生产力概念做出了较为权威的解读："生产力还只是生产的一个方面……人

---

[1] 〔美〕詹姆斯·奥康纳：《自然的理由——生态学马克思主义研究》，唐正东、臧佩洪译，南京大学出版社，2003，第37页。

们同自然界作斗争以及利用自然界来生产物质资料"[①]。苏联的著名学者普列汉诺夫在马克思主义哲学史上具有重要的地位。"普列汉诺夫是明确提出并系统阐释历史唯物主义的决定论原理的第一人,其实质就在于确立物质生产和生产力对于社会存在和历史发展的一元决定性地位和作用。"[②] 普列汉诺夫强调生产力对经济发展和社会进步的重要作用,其观点深刻影响到了苏联、中国以及其他国家马克思主义理论的发展。在这样的思想影响下,追求生产力发展一度成为社会主义国家追求的重要目标,导致其严重曲解了马克思生产力理论。因而,在广大社会主义国家中,追求生产力的加速增长,追求短时间内追赶上发达资本主义国家的发展步伐,实现共产主义成为它们的重要目标。这种发展生产力的方式虽然在短时间内取得了一定的成效,却造成了对环境的破坏和经济增长的不可持续性。"生产力决定论"这一理念在当前世界仍存在于部分欠发达国家,他们依旧企图通过牺牲环境来实现生产力的增长。过分强调生产力的唯一性,是对马克思生产力思想最严重的误读,必然结果就是经济增长的非生态性和不可持续性。

传统生产力虽然表现为人与自然之间的二元对立和"生产力决定论",但这两方面的内涵本质上具有一致性,都忽视了自然相对于人类生存和发展的重要性。传统生产力以人与自然的绝对对立作为其核心,强调人的绝对主体地位,将人们征服和改造自然的能力作为评判社会生产力的重要标准,因此自然越来越沦为人类征服的对象。

2. 传统生产力的实践样态

传统生产力发展过度重视人对自然的征服和改造,将生产力水平作为社会经济发展的评价尺度,传统生产力的具体内涵在实践中得到了进一步贯彻。传统生产力的实践样态表现为两个维度:一是机器大工业对自然的大规模征服和改造;二是粗放型的经济增长模式。

传统生产力的实践样态一方面表现为机器大工业对自然更大规模的征服和改造。机器的应用极大改变了人们作用于劳动对象的方式,是生产力实现飞跃发展的重要依托。正是因为机器的应用以及机器大工业的出现才使得自然在更大的范围被改造和征服。机器大工业对自然的大规模开发和

[①] 《斯大林选集》下卷,人民出版社,1979,第442页。
[②] 王峰明:《对生产力一元决定论的反思与新释》,《马克思主义研究》2012年第10期。

利用根源于资本主义社会生产方式的变革。机器的使用不仅提供了人类征服和改造自然的新工具，使人类能够在更大范围获取生产资料，同时也加速了对自然资源的消耗。机器最初应用于纺织部门，后来逐渐扩大其影响范围，最终实现了机器大工业。"推动力一旦产生，它就扩展到工业活动的一切部门，而许多和前面提到的情况毫无联系的发明，也由于它们正好出现在工业普遍高涨的时候而获得了双倍的意义。"① 随着工业化进程的不断加速，人与自然的关系也加速被改变。在机器应用之前，人对自然的应用既受劳动工具的限制，也受人类自然身体的限制，因而人与自然的对立只是有限的对立。但是，机器的应用使得人类的物质生产过程不再受制于劳动者的生产技能和物理身体，而是可以通过不断运转的机器实现连续的生产，进而加剧了人与自然之间的对立。

机器的使用在促成生产加速的同时，也加大了人类社会对燃料、原料的需要。机器出现之前，煤炭、石油等化石燃料应用的范围很小，同时受制于地形等因素的影响，人类没有能力对自然资源进行广泛的开采。但是，机器的应用改变了这一点，促使更大储量的自然资源被发现和利用。英国作为最早进行工业革命的国家，其技术发展和机器应用带来了显著的社会效应，促成了英国自然资源的开发与利用。"英国藏铁丰富的矿山过去很少开采"②，而机器大工业的发展则改变了这一点。人类之所以能够不断开发自然为人类所使用，其根本原因在于机器的出现促进了生产力的发展。在英国，资本主义生产规模的不断扩大，不仅破坏了土地的正常使用，同时也导致自然资源越来越少。"熔炼铁矿石总是用木炭，而由于土地耕作的改良和森林砍伐殆尽，木炭越来越贵，产量越来越少。"③ 人类越改造自然，越能够从中获益，也就越加速对自然的征服和改造，从而形成人类不断加大征服自然力度的恶性循环。机器大工业对社会的统治使得自然被更大范围地改造和征服。

传统生产力的实践样态另一方面表现为粗放型的经济增长模式。"唯生产力论"和"生产力决定论"必然导致不合理的社会倾向，进而加剧人对

---

① 《马克思恩格斯文集》第1卷，人民出版社，2009，第398页。
② 《马克思恩格斯文集》第1卷，人民出版社，2009，第398页。
③ 《马克思恩格斯文集》第1卷，人民出版社，2009，第398页。

第二章 生产力生态化发展的实践智慧与跃迁逻辑

自然的过度开发和不合理利用,从而导致不合理的经济增长模式。苏联就是传统生产力的重要代表。苏联是一个地域广阔、资源丰富的国家,丰富的自然资源为其提供了得天独厚的生产优势。在马克思、恩格斯的理论架构中,共产主义的顺利实现必然要有高度发达的生产力基础,因而社会主义必然要通过生产力的发展来实现对资本主义国家的超越。苏联作为第一个社会主义国家,必然要大力发展生产力,在此背景之下,苏联迅速开展社会生产。然而,苏联的生产技术基础相对薄弱,其生产过程中资源的利用效率相对较低,因而必然造成自然资源浪费的现象。苏联拥有丰富的自然资源,所以在短时期内并没有显示出其发展过程中的短板,在短时期内实现了经济增长、工业发展以及社会财富增加,这进一步激发了社会大众的生产热情和劳动积极性。但是,粗放型的经济增长方式是无法保证经济长期稳定发展的,有限的自然资源必然在这一经济增长方式下面临越来越多的问题。自然资源越开发,其储量越少,就必然会出现自然逐渐枯竭的问题。与此同时,不断扩大的生产,在加速资源开发的同时,也进一步加剧了环境的污染和破坏。尽管苏联在面临环境问题时,主动进行过相应的调整和改善,但是没有从根本上改变人与自然对立的关系和对生产力发展的渴求。粗放的经济发展方式虽然在短期促成了生产力的发展,但为生态环境埋下了隐患。苏联出于生产需要、政治需要和安全需要,一味对自然进行征服和攫取,忽视了人对自然的持续、稳定和高效应用,通过人对自然的开发、征服和改造实现其生产力短期追赶的目标,造成了苏联严重的生态问题。不可否认,生产力发展的确是通向共产主义的必经之路,但是忽视自然规律而强制性地将自然资源在短时间内盲目地为经济目标服务,就会导致生产力发展目标的歪曲,自然必然受到人类的伤害,造成生产力发展的不可持续性。

传统生产力重视生产力的发展本身没有问题,因为生产力不发展,人的自由解放就无法实现。但是如果单纯强调人类的主体地位,否认人与自然之间内在的一致性,就必然导致人与自然间的线性征服关系。建立在征服和改造关系基础上的生产力形态虽然在短时期内能够实现经济的增长,却面临着严重的生态威胁。传统生产力在实践中具体表现为机器大工业的发展和粗放型的经济增长模式,进一步凸显人与自然之间不可调和的矛盾。

3. 传统生产力对马克思生产力思想的歪曲及局限

在马克思看来，人作用于自然的目的是获取生存和发展所需要的物质资料，而不是为了征服自然和奴役自然。传统生产力单纯强调人的主体性以及对自然的征服改造，弱化甚至忽视了自然的客观性，是对马克思生产力思想的扭曲和误解。传统生产力改变了人与自然有机统一的关系，强调人类对自然征服的主观随意性，造成了严重的社会后果，因而在实践中具有愈发明显的局限性。

传统生产力是对马克思生产力思想的误读和歪曲。在马克思看来，生产力的本质是人类的劳动能力，即人们通过劳动引起协调和控制人与自然的物质变换的现实力量。生产力对人类个体的生存、繁衍以及社会的发展具有重要的决定意义。生产力发展所具有的基础性和决定性作用不代表人类发展生产力的盲目性。应该明确的是，人类改造自然，推动自然朝着符合人类需要的方向发展，并不意味着要将自然视为敌对异己的存在和征服对象。相反，符合人类本性的需要的实现恰恰要建立在良好生态的基础之上。人类作为集自然性与社会性为一体的能动存在物，能够在实践活动中展现人类的本质力量。但是，人类的主导角色并非意味着可以对自然为所欲为，因为自然有其内在的客观规律。一旦违背自然的正常运转，生产力发展就无法实现。客观来看，马克思始终是在人与自然辩证统一、人与自然内在一致性的理论框架中讨论生产力发展和社会财富增加问题。

任何一种生产力样态都有其产生的历史背景，应该将其放置在历史思维方式下进行把握。传统生产力样态的呈现有其产生的历史必然性和合理性。一方面，如果人类自我意识不能觉醒，不能将自我与外在和人类的自在自然分离开来，人类就只能处在与自然的原始统一阶段，慑服于自然对人类社会的统治。这样既无法获得足够的生存资料满足人类需要，也无法充分对象化自身并在对象中透视自身。因此，人类将自身与自然分离，将有利于人类认识世界和改造世界能力的提升。从人类的自我意识角度和人类社会发展的角度来看，强调人对自然的征服有一定的合理性。另一方面，工业社会的高歌猛进为人类对自然的改造提供了现实的可能。新技术的出现与发展为劳动工具的完善提供了驱动力，人们不仅能够进一步认识世界，还能将认识成果作用于外在对象，用来满足人类的社会需要。随着科技的

第二章 生产力生态化发展的实践智慧与跃迁逻辑

发展劳动资料在不断进步，人作用于对象的方式也随之发生变化。这使得劳动资料与人类作用自然的方式形成了相互促进的圆环。生产资料越变革，人类作用于劳动对象的方式越先进，也就越赋予人类更大的自信去改造自然、改造世界。久而久之就造成了人类自我意识的加速膨胀并且被不当应用于人类对自然作用的过程之中。人类主体性的过度放大必然导致自然地位的贬低和人与自然关系的扭曲。自然界有其自我修复的时间周期和界限，人对自然造成的伤害不一定会马上带来自然对人的惩罚，而是会通过时间的积累不断恶化。在人类改造自然初期，对自然的破坏相对较小，这种破坏所造成的影响尚在自然的恢复周期内，因而人类并没有遭受自然破坏和环境恶化的苦果。但是，对自然的破坏必然会到达一个点后，使人类无法挽救对自然的破坏，进而危及人类自身的生存。

传统生产力在其占据统治地位的过程中，逐渐显示出局限性。传统生产力过度强调人类中心主义，只提及人对自然的片面征服和改造关系，而忽视了人与自然之间相互依存、相互依赖的统一关系，按照人类的主观意愿将人与自然的关系对立起来，显示出明显的局限性。一方面，传统生产力扭曲了人与自然之间的正常关系。传统生产力忽视了人与自然之间的内在一致性，将人与自然关系的建构建立在无视自然规律客观性的基础之上。人类各项活动的开展只有建立在对自然规律充分认知的基础上才能最大限度利用自然满足人类生产和发展所需。传统生产力只看到了人类对自然的征服和改造对劳动生产力的促动效应，却忽视了人科学、合理地利用自然对提升生产力的重要作用。对自然的绿色应用不仅能够维持生产的稳定性，同时也能提升生产力。但是传统生产力以短视的目光对待自然界，造成了人与自然关系的扭曲。另一方面，强调"征服论"非常容易导致生产目的的扭曲。对于人类社会而言，改造自然的物质生产活动从根本上来说是为了满足人类的基本生存和发展所需，而不是为了满足人类各种不合理的自我欲望。但是传统生产力单纯为了生产力而过度追求人类改造自然的能力，这就导致人类的生产活动偏离了既定目的，扭曲了生产目的。因此，在人类作用于自然的过程中造成了截然相反的结果，正如恩格斯所说："面对自然界和社会，人们注意的主要只是最初的最明显的成果，可是后来人们又感到惊讶的是：取得上述成果的行为所产生的较远的后果，竟完全是另外一回事，在大多数情况下甚至是完全相反的。"①

传统生产力不仅误读了马克思生产力思想中对人与自然关系的科学说明,在现实应用中也导致了严重的生态危机。在马克思看来,人与自然之间是相互作用的有机整体,自然具有相对于人的先在性,是人类主体性外投的物质对象,人对自然的改造是实现生产力发展必不可少的要素。但是,单纯强调人对自然的征服和改造,虽然满足了人类短时间的物质利益,却损害了人类的长远利益,这种生产力必然无法成为人类追求社会历史发展和自由解放的物质基础。因此,必须要重新思考人与自然之间的关系,在马克思生产力思想的指导下,建构人与自然和谐统一的生命共同体关系。生态生产力是对马克思生产力思想的继承和发展,是马克思生产力思想的最新样态,其必将逐渐消除传统生产力的消极影响,推动人类社会的长远发展。

二 人与自然和谐统一的生态生产力

人与自然的二元对立观念导致人们在实践中藐视自然系统本身的内在有机性,造成人与自然关系日益紧张。传统生产力在其实践中愈发显示出其局限性和弊端。一方面,人类生产技术越发展,意味着人类塑造自然形态的能力越强,自然可以以更好的形态回馈人类社会。但是这种对自然的改造并不是建立在生态原则基础上的,而是由人的主观欲望决定的,这就导致人对自然的无序利用和严重的生态问题。另一方面,生产力的发展从根本上来说是为人类社会的进步服务的,而人对自然的过度破坏必然导致生产力发展的不可持续性和自然修复的不可逆性。以牺牲生态环境为代价换来的经济的短期增长注定无法满足人们的现实生活需要和发展诉求。因此,扭转人与自然的关系,实现人与自然的和谐相处就成为人们的共同选择。马克思生产力思想蕴含着丰富的生态思想,因而必须立足马克思的经典论述,以马克思生产力思想为指引,建构生态生产力,才能统筹人与自然、生产与生态、改造与保护的合理关系。

1. 生态生产力的具体内涵

传统生产力虽然造成了严重的生态问题,加剧了人与自然之间的紧张

---

① 《马克思恩格斯文集》第9卷,人民出版社,2009,第563页。

态势，但不代表人类要退回到人与自然的原始统一时期。面对日益严重的生态问题，我们既不能单纯依靠自然的修复系统，对问题置之不理，也不能沉醉于对自然界的浪漫主义和伤感式的关注，将生态问题的批判停留在思想领域。人类必须要做出实质性的努力，才能解决突出的生态问题。作为人与自然关系的主动建构者，人类必须要把握环境问题的深层根源，在马克思生产力思想的指导下，建立人与自然之间和谐的对立统一关系。生态生产力以马克思生产力思想为理论基础，统筹生产科学性与生态性的关系，是马克思生产力思想的原初再现和最新样态。

生态生产力既不是单纯强调人类的主体性对社会历史发展的重要性，也不是单方面强调自然生态环境对人类基本生存和社会进阶发展的重要性，而是主张人与自然在持续、稳定、和谐的交互关系中实现人的发展与自然的可持续利用。生态生产力科学把握了人与自然交互的内在一致性，兼顾了生产效率与生态公平间的关系，更权衡了当前利益与长远利益的关系，具有十分丰富的内涵。对生态生产力的解读，主要从人与自然、生态与生产、生产发展与生态良好这三组关系入手进行分析。

首先，生态生产力建立在人与自然之间对立统一关系的基础上。生态生产力作为生产力发展的最新样态，其回答的最基础也是最关键的问题就是人与自然的关系问题。在实践唯物主义的视域下，对自然界的分析不是单纯从客体或直观的角度进行反映，也不是从主观感觉出发对自然进行主观臆断，而是将其纳入"感性的人的活动"的范围进行把握。只有将自然纳入人的实践领域才能脱离纯粹的主体角度和纯粹的客体角度，进而以主客体统一的方式去深入把握人与自然的关系，真正理清、把握和践行人与自然和谐的生态价值观。人与自然的关系建立在人对自然的改造基础之上，这种改造意味着对自然的否定和对自然规律的把握。人们改造世界的能力越强，对自然的认识能力和把握能力越高，也就越能够将"自在自然"转化为"属人世界"。不可否认，在人与自然的关系中，自然具有时间先在性，人是自然进化的产物，因而在这一点上自然具有不可否认的"第一性"。同时，自然作为客观有机体，其运转有自身的客观规律，但自然没有自觉自身并按照自身的意志直接改变自身形态的能力。人类是自然不断发展的产物，具有其他生物所没有的自觉意识，能够将人与自然作为自身思维的对象进行思考。人类不仅可以将自然作为思维的对象，也能作为实践的对象。单纯强调人类的主体性或者单纯强调自然的客观性都只看到了人与自然关系中对立的一方面,而没有把握到人与自然的统一关系。因此,发展生产力既要考察人对自然的改造,也要考察自然对人的重要意义,在实践中把握二者的辩证关系。人类虽然具有自身的特殊属性,但又需要依赖自然提供的各种要素进行生存和活动。自然虽然有其自在的运转规律,却无法自觉自身。因此,人与自然必然相互依存。生态生产力在强调人能动改造自然获取自身所需的物质资料的同时,主张人们对自然的尊重和有序利用,实现人与自然之间的良性互动。

其次,生态生产力是在生态中开展生产,在生产中保护生态。在《现代汉语词典》中,"生态"一词主要是指"生物在一定的自然环境下生存和发展的状态","生产"一词主要是指"人们使用生产工具来创造各种生产资料和生活资料"。从生产概念出发,人们进行物质生产必然离不开一定的自然环境,离开自然环境,人类的生产本身就不会存在。此外,人们的生产必然要根据自然环境的内在规律进行,无法超越特定的自然规律进行生产。但是,人生存于自然生态环境之中的同时,必然要改变自然环境才能满足自身需要,每一次改变都重新创造新的对象。人要进行生产,不仅离不开生态,还会使生态发生改变,即人再生产自然界。由此看来,自然生态与人类生产在漫长的历史演进过程中形成了一个相互影响、相互制约的动态系统。当人类生产与自然生态相协调时,人类社会就会发展与进步。当人类生产与自然生态不相协调时,人类社会就会面临诸多问题或遭遇各种灾难,从而影响人类社会的发展与进步。可见,生态是生产的前提,离开生态,生产就无法进行,人类也将不复存在。生产是对生态的改变,但这种改变不能破坏生态平衡,更不能违背自然规律,否则人类会受到来自生态的"报复"。因此,只有处理好生态与生产的关系,人类才能科学生产、绿色生产和可持续生产。生态生产力合理把握了生态与生产间的关系,生产是在一定的生态环境中进行的,需要依赖一定的生态环境才能保证正常的生产活动,否则人类的生产活动则无法持续。同时,自然环境也离不开人类主体的社会化生产生活,否则自然生态就只能是盲目的自在存在,无法满足人类的生产和生活需要。

最后,生态生产力全面把握了生态良好与生产发展之间的相互关系。"生态良好"是一个内涵十分丰富的概念,主要是指人与自然和谐并存、

第二章 生产力生态化发展的实践智慧与跃迁逻辑

共生共荣、互惠互利的状态,它是保护生态及其所取得的成果。"生产发展"则是量(即数量或增长)和质(即结构、体制等)的统一,它是经济发展及其所取得的成果。一般而言,生态良好是生产发展的前提,生产发展是生态良好的基础;生态良好决定着生产发展的水平,生产发展影响着生态良好的程度。因此,生态良好与生产发展是相互影响、相互制约的。但是,在人类社会发展的不同历史阶段,生态良好与生产发展关系的具体表现却是大不相同的。在农业社会时期,生态情况基本是良好的,但这种良好是原生态的、低水平的,生产发展是缓慢的,科技含量是较低的。到了工业社会,生产因科技进步获得了巨大发展,生态却没有变得更好,反而遭到更严重的破坏,人类陷入了生态危机之中。随着对工业文明的反思,人们逐渐认识到生态良好的重要性,开始探寻一条既保护环境又发展经济的现代文明之路,以实现生态良好与生产发展的良性循环。对于人类社会而言,人作为超越性和否定性的存在,其需要的满足需要生产力的不断发展才能实现。因此,人们越想实现自由发展就越需要经济的发展和社会的进步,就越需要生产发展。如果不能保证人类社会的生产发展,通过退回到农业社会时期实现人与自然的和谐,那么对人类社会而言是没有意义的。人类必须在生态良好的基础上实现生产发展,在生产发展的过程中保证生态良好。因此,对于生态生产力而言,不仅代表着人与自然之间的和谐统一关系,更在于科学、合理地解决了生产发展和生态良好之间的矛盾问题。

"一切生产都是个人在一定社会形式中并借这种社会形式而进行的对自然的占有。"[1] 因而人类社会的物质生产从根本上离不开自然,没有自然提供的物质基础,人类的任何"社会形式"都不会存在,人类也无法生存。人类在不同的历史阶段,生产的技术基础和组织形式是不同的,因而人们对自然的占有能力和改造水平也是不同的。但是,无论人类社会的技术水平如何发展,都不能从根本上否定自然的重要性。生态生产力主张通过构建人与自然的和谐关系,在生产发展的同时,兼顾自然生态的可持续利用。生态生产力是对马克思生产力思想的继承和发展,解决了人类社会生产发展与生态保护之间的冲突问题,是指导人们在新的技术水平下正确利用自

---

[1] 《马克思恩格斯文集》第 8 卷,人民出版社,2009,第 11 页。

然、改造自然和维护自然的科学指南。

2. 生态生产力的整体特征

生态生产力作为生产力的最新样态，具有传统生产力不可比拟的优越性，是对传统生产力的超越。生态生产力并不是主张回归到人对自然的慑服和依附状态，而是建立在既有工业文明成果的基础上，通过科学把握人与自然之间的辩证关系，在不损害自然运转的基础上，实现更高阶段的发展。生态生产力吸收科技发展成果并将之运用于人对自然的改造，克服科技成果使用的盲目性，更好地满足人类的多重需要，更好地保护、利用和改造自然。生态生产力的整体特征主要表现在生产前的生产资源的可再生性、生产中的生产过程的科学循环性以及生产后的生产产品的生态性上。

生态生产力强调人与自然的和谐统一，这一辩证关系体现在生产资源、生产过程和最终产品上。生产过程首先需要解决的最根本问题就是生产资源的可再生性。自然资源的储量是有限的，一旦没有自然资源的持续、稳定供给，那么整个生产过程就无法连续进行。因此，必须要在高效利用自然资源的同时寻找可再生资源。生产资源的可再生性从根本上维系了生产过程的连续性，保证了人类最基本的物质需要。生产资源的可再生性促成了生产过程的循环性，可再生资源不仅能够满足人类生产需要，而且对生态环境造成的危害相对较小，能够稳定正常的生产秩序。生产过程的最终结果是劳动产品，如果劳动产品不能具有生态属性，那么生产资源的可再生性和生产过程的循环性都是无用功。因此，必须要保证劳动产品的生态性。生产资源的可再生性、生产过程的科学循环性，以及最终产品的生态性，共同构成生态生产力的整体特征。

生产资源的可再生性是生态生产力的第一大特征。人类发展生产的活动离不开自然的参与，如果没有自然提供的物质支撑，人类无法完成改造世界的活动。自然资源在人类的物质生产过程中发挥着重要的作用。如果近代生产方式的变革不依赖于自然提供的生产资源，那么人类就不可能实现生产力的发展。近代机器的出现不仅改变了人类作用于自然的劳动方式，也改变了自然资源的消费种类、消费方式和消费速度。越来越多的自然资源在机器的作用下为人类的生产和生活提供助力。人类生存和发展生产所需要的绝大多数原料都来自自然界的供给，如果不能保证生产资源的可再生性，那么生产力的增长就只是追求短期效益的结果。传统生产力通过更大规模的资源消耗来实现经济的增长,事实证明了这种增长的有限性和不可持续性。因而如果现代科技的大规模使用只是为了更快挖掘不可再生资源,以更快速度消耗自然资源,那么自然资源加速消耗的背后必然隐藏着不可挽救的生态危机。如果生产力的发展依旧需要借助对不可再生自然资源的大规模开发和利用,那么这种生产力必然遭到抵制。生态生产力主张在追求对自然资源适度开发的同时,保证自然资源供给的持续性和稳定性,为人类社会的生产秩序提供可靠保证。同时,生态生产力通过科学技术不断提升资源利用效率的同时,不断寻找可替代的可再生资源。替代性的可再生资源满足了现代大规模生产的需要,对自然的破坏降至最低。生态生产力的发展寻求对可再生资源的大规模使用和对不可再生资源的节约,可再生资源的利用在提升生产效率的同时保护了生态环境,实现了发展生产保护对生态环境的统一。生态生产力以生产资源的可再生性为生产发展的重要依托。

生产过程的科学循环性是生态生产力的第二大特征。生产过程是生产力得以实现的中间环节,没有生产过程的开展,就没有生产力的实现。生产力发展的持续性要依托生产过程的循环性,而生产过程的循环性又离不开科学性。因为,现代社会越发展,对现代科技的依赖性越强。生产过程的循环性需要综合考量各方面因素,同时需要对生产技术进行创新。虽然在传统的工业生产模式下,生产过程将科学性放置在了重要的位置,通过劳动、土地、资本等要素的结合,极大提升了生产效率,但是忽视了生产过程的生态性和可循环性。在传统工业模式下,从自然资源的获取到最终生产结束就代表着生产过程的完成,生产过程中产生的废料和垃圾并不被纳入生产过程进行考察。"以是否遵循生态系统的运行规律来衡量,传统的工业生产模式是一个未闭合的环型模式,从生产的原料端到产品端,中间有无数的流程,但缺乏一个回路,因为生产过程的废弃物是自然生态系统无法吸收消化的。"[1] 这就意味着在传统的生产模式中存在一个漏洞,使生产过程无法形成一个绿色、可循环的闭环,这必然导致生产过程所产生的废物被直接放置和暴露在自然环境之中,而自然生态系统无法自我消化生产废料就造成生态问题。生产过程的科学循环性意味着生产所产生的废物

---

[1] 王鲁娜:《生态生产力:一种先进的生产力形态》,《学术论坛》2008年第9期。

能够被技术处理而对自然无害,或者能够被其他生产过程所利用,使得生产过程不会产生对自然有害的废物和废料,从而实现生产过程的循环性。当然,强调生产过程的循环性不代表否认生产过程的科学性,因为生产过程越科学意味着生产力越发达。但是,如果将生产过程的科学性仅仅局限在如何高效开发和利用不可再生资源而忽视自然资源的可持续性和循环性,就必然导致生产过程科学性和循环性之间的矛盾。生态生产力强调生产过程的科学循环性,一方面通过新技术的使用提升对自然资源的利用效率,保证生产过程的可持续性;另一方面则通过生产系统的完善,建立封闭的生产过程系统,降低生产过程对自然环境的破坏和生态资源的浪费。

最终生产产品的生态性是生态生产力的第三大特征。生产过程只是生产的环节,而不意味着生产的结束。生产过程的最终结果必然以最终的劳动产品呈现出来。在现代生产系统中,社会分化为不同的生产部门,每一生产部门与其他部门的产品都是相互联系的。某一生产部门的最终产品可能是另一生产部门的原料,因此最终产品的属性直接关涉甚至决定整个社会生产过程的生态属性。最终产品的生态属性体现在两个方面:一方面,作为人类劳动的结果,任何产品都是来满足人类需要的,否则不会出现,因此最终产品的生态属性就在于对人类包括生态需要在内的各类需要的满足;另一方面,生产产品的生态属性强调产品本身的无污染性,即不会造成对自然的污染和破坏。传统工业社会生产的产品就没有将生态属性充分考虑进产品的属性之中,忽视了最终产品的非生态性对环境造成的危害。如果劳动产品包含着大量的污染和有害物质,不仅无法满足社会个体的现实需要,甚至会威胁到人类的生命健康。比如,化学制剂的使用在危害农业自然肥力的同时,更威胁了生态系统的秩序,造成农业发展稳定性降低和生物多样性减少等问题。工业对自然生态的破坏进一步加剧了环境恶化,威胁了人们的现实生活。随着科技的发展,即使是最高级的电子产品,也会对环境造成极大的污染与破坏。因此,如果不能保证最终产品的生态属性,那么无论生产过程如何顺畅、如何科学都无法解决生态问题。生产产品的生态属性会伴随生产过程影响社会整体生产,进而促成生态资源的可再生性和生产过程的循环性。

生态生产力的整体特征体现在生态资源的使用、生产过程以及最终产品上。通过生产资料的生态化、生产过程的生态化以及最终产品的生态化实现生产力发展的生态化。生态生产力以人与自然和谐相处为重要依托，在发展生产的同时保护生态环境，实现了经济发展与环境保护的有机统一，在现实中被广泛应用。

3. 生态生产力的实践样态

传统生产力所造成的生态问题日益影响人们的正常生活和生命安全，如果不能及时解决这一问题必将导致严重后果。生态生产力具有丰富的内涵和特征，为人们正确处理人与自然之间、生产发展与生态良好之间以及经济发展与环境保护之间的关系提供了科学的指导。生态生产力的实践样态表现在三个方面：第一，建构人与自然的和谐关系；第二，更加关注生产力发展的质量；第三，更加重视生产力功能的多元性。这三方面的具体表现下文分别论述。

第一，生态生产力在实践中的落实表现在建立人与自然的和谐关系。传统生产力在实践中强调人对自然的征服和改造，造成人与自然之间的对立。生态生产力虽然强调人与自然的和谐，但是这种和谐不是保存自然生态的原始面貌不做任何改动。生态生产力主张以全面的观点考察人与自然的关系，这种关系既不是传统生产力阶段人与自然的绝对对立，将自然作为人类征服、发泄和奴役的对象，也不是原始社会时期人类完全消极被动地顺从自然，而不发挥任何主观能动性。人与自然的和谐建立在人对自然的改造基础上，自然作为人类生存的外部条件，首先就是人类主观目的和主观意图的对象，因而人类必然要对自然进行一定形式的改造。可以这样说，人对自然的改造是人类本质体现的重要途径，"世界不会满足人，人决心以自己的行动来改变世界"①。同时自然本身的运转是客观的，不能随时根据人类的主观意图而进行随意改造，但是"到目前为止的一切生产方式，都仅仅以取得劳动的最近的、最直接的效益为目的"②。人们对直接的经济效益的渴望，造成了人类直接将自然划定为征服的对象，人类短视的经济行为和功利行为造成了对人与自然关系的片面考察，忽视了自然的重要性。生态生产力所主张的人与自然的和谐是一种自觉的和谐，即人类全面自觉到人与自然的辩证关系，开始重视自然对人类生存和发展的重要意义。如

---

① 《列宁全集》第55卷，人民出版社，2017，第183页。
② 《马克思恩格斯文集》第9卷，人民出版社，2009，第562页。

果人类当前还依旧沉醉于征服自然带来的喜悦,而自然已经无法协同人类不断扩大的欲望,人类再不采取实质行动,必然会自取灭亡。生态生产力在实践中表现为人类在自觉遵守自然规律的基础上对自然的科学利用和合理改造。"自由不在于幻想中摆脱自然规律而独立,而在于认识这些规律,从而能够有计划地使自然规律为一定的目的服务。"① 通过对自然的科学把握,人类才能真正通过人与自然的和谐相处实现人类社会的进步。

第二,生态生产力在实践中表现为更加关注生产力发展的质量。在传统生产力看来,经济的增长是生产力发展追求的核心目标,如果不能通过生产创造更多的商品,那就意味着生产萎靡,经济增长放缓甚至倒退。因此,传统生产力通过不断扩大生产规模来实现更多的产出和更大的效益。因此,效率成为评价生产力的重要指标,如果不能通过对生产过程的科学管理实现高效率的产出,那这一生产过程显然是存在问题的。这就导致了在一定时期内对经济增长的狂热,忽视了盲目追求经济增长背后隐藏的危机。在一定时期,既定的科技水平下,只有通过不断增加对自然资源的开发才能有更多的产能和更快的增长率,这种增长在短期来看弊端并没有显现,但是长此以往必然造成经济增长率降低甚至是负增长。传统生产力追求的是量的增加和经济的增长,忽视的是经济发展的持续性和生态性,通过对自然的征服不断从广度和深度上占有自然资源以满足经济的增长,很明显这是一种极端盲目的经济评价标准,忽视了经济发展的品质。传统生产力希望通过利用科技不断突破自然的限制和生态的边界来实现经济增长,然而这种经济增长模式注定遇到不可逾越的阻碍。经济增长的持续性依赖于对自然资源的合理利用,如果不能保证人与自然和谐相处就无法实现经济的发展。生态生产力更加注重生产力发展的质量,呈现在数字上的生产力的增加不一定代表着合理的和可持续的经济发展模式,如果不将自然生态限制考虑在生产函数和经济发展模式之中,就必然造成生态危机。生态生产力建立科学、全面、绿色的生产力发展标准,将自然生态因素作为经济发展的重要尺度,不能因为片面追求经济增长而忽略自然的客观系统性。对当前各国而言,经济发展的评价尺度不再局限于简单的经济增长,而是将生态良好和经济增长的持续性、生态性也纳入其中。随着生态生产

---

① 《马克思恩格斯文集》第9卷,人民出版社,2009,第120页。

力形态的确立,生产过程、经济增长模式以及人与自然的相处样态都得到了改变。

第三,生态生产力的实践表现为更加注重生产力功能的多元性。传统生产力强调生产力发展单纯是为满足人们的物质需要而未能关注包括生态需要在内的人类主体的多元需要。从历史唯物主义的视角来看,人类的生存依赖于人类的物质生产活动,没有充足的物质产出,人类无法保证自身的生存与发展。因此人类社会就在不断的实践探索中提升物质生产能力和物质生产水平。现代科技的发展以及劳动资料变革的出现为人类改造自然能力的提升提供了强大的技术基础,人类也因此能够以更大的规模向自然进发,创造满足人类生存所需的基本物质资料。在人类生产水平尚不发达的阶段,基本的物质需要是其追求的主要目标,其劳动收入也主要用于个人及家庭的物质资料消费。可以这样说,如果没有足够且丰富的生存资料,人类只能停留在基本的物质需要领域,既不能拥有自由闲暇的时间,也无法满足其他多元需要。工业文明不仅为人类提供了满足基本物质需要的条件,也促成了人类其他需要的满足。一方面,随着机器的使用和劳动条件的变革,人类用于生产基本物质资料的时间越来越短,不再将全部时间局限于物质生产领域,解放了部分时间,为人类其他需要的出现提供可能性;另一方面,时间解放使得人类能够将时间投入到其他领域,从事相关活动,提供了满足新的需要的场所和条件。人的需要是历史性范畴,并随人类社会生产的发展而不断丰富并得到满足。人类渴求正常的自然环境以满足人类的生态需要,但是传统生产力威胁着这一需要的满足,因为传统生产力重视的是人的物质需要而非包括生态需要在内的更高阶的需要,这就造成了人类需要的单一化,阻碍人类的全面发展。生态生产力在肯定人类物质生存需要的同时,主张通过发展生产力满足人类多重需要。在现实的实践中,不仅重视人对自然的改造,还重视人类发展的持续性,进而实现生产力发展真正造福人类社会。

第二节 生态生产力对传统生产力的理论超越

传统生产力是人类社会历史发展进程中出现的一种生产力样态,其对经济增长的狂热导致人们忽视了自然的客观性,完全按照主观随意性的目的改造自然界。传统生产力以线性思维方式考察人与自然的关系，以经济效率作为评判生产力的唯一标准，以物质需要主导人类其他社会需要，造成了严重的社会问题和生态后果。因此，人们亟须新的生产力形态。生态生产力就是人类这一诉求的集中体现，具有传统生产力无法比拟的超越性。

一 传统生产力的弊端与生态生产力的优势比较

传统生产力观具有不同的表现形态，或"征服"，或"利用"，或"控制"。尽管形态各异，却都存在相同或相似的"弊病"，即以人与自然的二元对立作为其理论基点。毫无疑问，这一错误观点的指导，造成了消极向度的实践结果——生态危机。传统生产力严重背离了马克思的生产力思想，是对马克思生产力思想的曲解。传统生产力导致人与自然关系不断恶化，生态问题日益加剧，其弊端越来越明显。生态生产力强调人与自然的和谐相处，是对传统生产力的超越，具有明显的优势。

1. 传统生产力的现实困境

人类越是通过二元对立的思维方式考察人与自然的关系，就越容易陷入"唯生产力论"，进而导致生产力发展的后劲不足、持续性难以维系。传统生产力虽然在一定的历史阶段发挥过积极的作用，促成了经济在短时期内迅速增长，却忽视了生产力的绿色发展，导致一系列威胁人类现实生存的事件出现。传统生产力的现实困境主要表现在三个维度：科学技术的不当应用引发的生存危机；自然资源的不当利用引发的生态危机；经济增长的不当理解引发的发展危机。

首先，在传统生产力理论的指导下，科学技术的应用偏离了其最初的作用，导致人类面临严重的生存危机。工业时代的到来极大促进了科学技术的发展以及科技成果的现实应用。无论是工业还是农业部门都从现代科技的发展中获益颇丰。大批自然资源被开采出来并被运进工厂用于生产制造，五花八门的商品被制造出来运往不同的市场，满足人们的不同需要。传统的农业发展依赖劳动者数量的增加，但是技术的加入改变了传统的耕作方式和经营方式，使农业产出大幅度提升。工业和农业的科技应用极大地刺激了人们的生产积极性，似乎只要人们不断扩大对自然的开发，不断扩大生产规模就可以实现经济的持久增长。因此，科学技术就被转化为人们追求经济增长的重要手段甚至是决定性力量。科学技术越发展，自然就

第二章 生产力生态化发展的实践智慧与跃迁逻辑

越被纳入人们的生产过程，创造出来的最终产品也就越多。科学技术与经济增长之间形成了一个相互推动的闭环，似乎会推动人类社会经济一直增长下去。然而，科技如果只被当作人类盲目追求经济效益的工具，就不可避免造成科技对自然的统治和科技的异化。马克思曾指出，在工业文明时代，科技的不合理利用在"破坏着人和土地之间的物质变换"①的同时，也破坏了自然界的自然规律。工业废料通过各种途径进入人体内并无法被消化，农业使用大量农药、化肥等带有化学成分的物质，虽提高了生产率，却破坏了生态平衡，并且威胁着人类的身体健康。科技的不合理利用不可避免地导致人类陷入生存困境。

其次，在传统生产力理论的指导下，对自然资源的不合理利用会造成严重的生态问题，导致人类面临严重的生态危机。工业文明时代，在科技助力下，人类发现、挖掘和使用自然资源的能力不断提升，这就造成了一个假象：自然资源是无限的。这一假象不仅助推了生产的盲目性，也使人们丧失了对自然的敬畏之心。工业文明时代，主要依赖于自然资源来实现生产原材料和燃料的提供，某一区域自然资源的枯竭并不会导致人们反思生产过程存在的问题，而是会转向新的区域发现新的资源，以保证生产过程不被干扰。同时，工业时代对自然资源的利用水平和利用效率只是在既有的技术基础之上，因而如何提高资源的利用效率并将对自然环境有害的物质降至最低并不是技术解决的主要问题。因此，一方面，工业生产规模不断扩大，对自然资源的使用也就越多，越来越多的区域成为开发自然资源的有利区域，人口的集中必然导致原有的生态系统遭到破坏，一旦自然资源储量被开发殆尽，就会被放弃，这片区域就面临着更为严重的生态问题；另一方面，传统经济增长模式以高能耗和低效率为显著特征，造成大量自然资源被无效利用。自然资源被大量消费的产物一般包含大量对自然环境有害的物质，直接投放到自然环境中必然影响自然环境和生态系统。因此，自然资源就在此背景下被不断消耗并投放到自然环境之中，造成自然自身的净化系统失效。对自然资源的不合理利用和低效率使用必然导致不可再生资源被大量消耗，严重威胁自然生态的稳定性。

最后，在传统生产力理论的指导下，混淆经济增长与社会发展两个概

---

① 《资本论（纪念版）》第1卷，人民出版社，2018，第579页。

念导致人类面临着严重的发展危机。在传统生产力看来，经济增长率是社会发展的根本衡量指标，以确定的数字衡量经济的总体情况和发展趋势，甚至将经济增长等同于社会发展，因而经济增长在工业社会就成为其追求的终极目标。此种将经济增长等同于人类社会发展的观点是纯粹的经济主义发展观，完全混淆了经济增长和社会发展的概念。人类社会的发展不应该仅仅从经济增长这一个角度来进行评价，还应该从价值的尺度即人的发展和人的需要满足的角度来进行分析，将经济增长的客观历史尺度与人的全面发展的价值尺度综合起来进行考察。诚然，经济增长意味着人类拥有更丰富的物质资料和更强大的改造自然的能力，但如果将经济增长作为人类发展的根本目标，那么人类主体就完全沦为经济增长的工具从而被湮灭在人类狂热的经济增长进程中。在传统生产力模式下，通过不断增加自然资源的投入所实现的经济产出呈现出边际递减效应，已无法支撑长期的经济增长。同时，对经济增长的重视导致人本身的各项社会需要被忽视，人们要想享受自由和实现更全面的发展并没有合理的途径，尤其是传统生产力模式所造成的生态问题，严重威胁人们的正常生产和生活，如果不能解决困扰人类基本生存的生态困境，人类就无法从根本上实现全面发展。传统生产力在限制社会经济发展的同时也限制了人的发展，使得人类社会陷入发展困境，如果不能解决传统生产力所造成的消极影响，人类社会必将反受其害。

总体来看，传统生产力存在严重的局限，导致了严重的生存危机、生态危机和发展危机。如果不能从根本上改变传统生产力的样态，确立新的生态生产力，那么困扰人类社会的将不仅仅是经济增长的持续性问题，更重要的是人类最基本的生存问题。因此，传统生产力如果依旧是生产力的主流样态，那么其所导致的生存危机、生态危机和发展危机必将导致人类的灭亡。生态生产力作为对传统生产力的超越，具有显著的优越性。

2. 生态生产力对传统生产力的超越

传统生产力虽然通过人对自然的征服和改造实现了经济的增长和物质财富的积累，但是这种生产力增长的方式未将自然限制考虑在内，注定无法实现经济发展的稳定性和连续性。严重的生态问题在威胁经济发展的同时，也危害人类的正常生存。生态生产力具有传统生产力不可比拟的优越性，生态生产力运用更合理的思维方式考察人与自然之间的关系，以更科

第二章 生产力生态化发展的实践智慧与跃迁逻辑

学的发展理念指导经济发展,更加注重人们的多元生态需要。

第一,生态生产力更科学、更全面、更客观地考察人与自然之间的关系。生态生产力超越传统生产力最重要的一点就是克服传统生产力所造成的人与自然的不和谐状态。在马克思的生产力思想看来,人与自然之间既不是纯粹的依赖关系,也不是纯粹的征服和奴役关系,而是对立统一的关系。但是传统生产力以主客二元对立的思维来考察人与自然,只看到了人类的主体作用以及经济增长的重要性,忽视了自然运转的客观性和规律性。传统生产力以片面的观点考察人与自然的关系,只把握了人与自然关系本质的一个部分并将其夸大,这正是传统生产力的弊端。生态生产力则以更全面、更客观和更科学的观点来考察人与自然的关系,这一生产力样态不是单纯强调人与自然之间的自在和谐,而是在二者的对立中把握统一,并充分将人与自然的有机关系作为统一的整体进行考察,不再将自然作为异己物和敌对物,而是以共同体思维来考察人与自然的关系,进而把握人与自然关系的本质。生态环境不仅给人类提供生产和生活所需要的物质资源,还提供丰富自身精神境界的要素,为实现人的全面发展提供基础。因此,生态生产力更全面、客观和科学地考察了人与自然之间的关系。

第二,生态生产力以更先进的发展理念指导经济建设。如何实现更科学、更具有持续性的发展,是现代社会面临的重要挑战和难题,因为发展问题事关人类社会生活的方方面面。将社会的发展直接等同于人的物质生活的丰富,直接造成了对经济增长的迷恋,把人类发展的立体图景降维为片面化的经济维度,忽略了人类发展的全面内涵。传统生产力在工业社会的主导使得人类混淆了经济增长与社会发展,将经济增长等同于社会发展,因而无论是科技的应用还是理性的运用都严重偏离了正常的轨道,造成了严重的社会后果。即使在当下社会,传统生产力在许多发展中国家仍旧占据主导地位,通过对自然资源的大规模开发和利用来实现短期内的经济增长。对西方现代化道路的模仿注定导致经济建设的片面性,以牺牲自然环境为代价实现的物质财富增加和生产方式变革只意味着经济的量的增长而非质的飞跃,依旧无法超越传统经济增长模式。对生态生产力而言,经济发展的衡量标准不仅仅是量的累积,更重要的是经济发展的质量和对人类全面发展的促动效应,否则就无法实现高质量的发展。生态生产力是在更先进的发展理念指导下进行社会建设,注重经济建设过程中质与量的统一,实现发展的科学性、全面性和可持续性。

第三，生态生产力更加重视满足人们的生态需要。"人具有自然的和社会的双重属性，或者说，人性是人的自然属性与社会属性的统一，而且首先在于自然属性。"[①] 人具有双重属性决定了人类拥有双重需要，即自然需要和社会需要。自然需要是人类第一性的需要，如果基本的物质生存需要无法得到满足，人类的社会需要就是"空中楼阁"。人的自然需要离不开自然界提供的各种物质资料，如果没有自然资源的供给和补充，人类社会的基本生存需要就无法满足。现代工业为人类提供了满足基本物质需要的方式，因而人类的其他社会需要也一并生发出来，包括精神需要、文化需要以及政治需要等。同时，随着生产方式的不断变革，人类越发重视自然生态需要。良好的生态环境不仅为人类提供了丰富的物质财富，同时也提供了精神愉悦的场所和空间。被严重破坏的生态环境不仅无法满足人类更高阶的社会需要，甚至连人的存在都面临严重威胁。生态生产力一方面强调人类的自然需要，通过利用科技等现代方式发展生产力的同时，实现人与自然的和睦相处，保证人的物质需要；另一方面也强调人类包括生态需要在内的其他社会需要。

相较于以征服和改造自然为主要特征的传统生产力而言，生态生产力具有显著的优越性和超越性。生态生产力突破了主客二元对立的思维方式，以更加合理的发展理念指导社会经济建设，更加强调通过协调人与自然的关系来满足人的物质需要、精神需要和生态需要。生态生产力正确处理了人与自然之间的关系，权衡经济发展和生态保护，是对马克思生产力思想的继承和发展，在指导人们的现实实践中发挥了巨大的积极作用。

二　生态生产力是马克思生产力理论的原初再现

生产力是社会发展的最终决定力量，这是马克思主义哲学的基本观点之一。客观来看，生产力理论是历史唯物主义学说的核心构成理论，是解释社会历史发展阶段、社会主要矛盾转变、人类社会进步的基础性理论。对于生产力理论的相关表述，散见于马克思思想不同发展阶段的具体文本

[①] 裴德海：《马克思"需要理论"的价值向度》，《安徽大学学报》（哲学社会科学版）2009年第1期。

第二章 生产力生态化发展的实践智慧与跃迁逻辑

中。从马克思关于生产力的相关论述来看,马克思的经典生产力理论本身就蕴含着系统完备的生态思想,尤其是其对于生产力运行机制的界定和发展趋势的预判实际上就已经展现出了生态生产力的理论样态。

1. 马克思生产力思想的文本逻辑

生态生产力思想不是凭空产生的,而是对马克思主义关于自然生产力思想的原初再现。在马克思主义的经典著作中,生产力有广义和狭义之分。广义的生产力,又可称为"一般生产力",其又可分为直接生产力和潜在生产力、物质生产力和精神生产力、现实生产力和可能生产力等。狭义的生产力主要有三层含义:一是指具有特定性质的生产资料和特定劳动者在生产过程中结合而成的直接生产力,即有用的具体的劳动生产力;二是指通过劳动者的社会结合而产生和增加的生产力,即"社会劳动生产力"①;三是指劳动者的体力和智力,即"个人生产力"。除此之外,马克思还谈到了自然生产力与社会生产力,认为两者在资本主义生产方式下都现实地表现为"资本的生产力"。正如马克思所言:"劳动的自然生产力,即劳动在无机界发现的生产力,和劳动的社会生产力一样,表现为资本的生产力。"②可见,生产力是一个复杂系统,可以从不同的角度理解和阐释。但是这句话至少表明,马克思是承认自然生产力的重要地位与作用的。在马克思看来,自然生产力即"在无机界发现的生产力",主要是指自然力量、自然条件和自然资源。自然力量是自然界在长期演化过程中所形成的风、雨、雷、电、水、火等自然力,这些自然力对人和人类社会的生存发展至关重要。自然条件是一个国家或民族所在地域经过大自然漫长的演变而形成的地质地貌、水文气候、生态资源等方面的总和,自然条件对人类社会的影响非常大。自然资源是自然生成的且可以为人类利用的各种物质与能量的总称,它可分为用于生活的和用于生产的两大类,前者如肥沃的土壤、各种各样的动植物等,后者如树木、金属、石油、太阳能、海洋能等。无论是用于生活的还是用于生产的自然资源,都是人和人类社会不可或缺的。因此,言简意赅地说,自然生产力就是指自然生态系统的生产能力,它是社会生产力、资本生产力等其他形式的生产力形成的前提和基础。

---

① 《马克思恩格斯全集》第 47 卷,人民出版社,1979,第 297 页。
② 《马克思恩格斯全集》第 26 卷,人民出版社,1974,第 122 页。

2. 马克思生产力思想的科学内涵

马克思的生产力理论蕴含着对于历史发展阶段、历史发展现实、历史现实需要等基础性的观念表达、概括和提升。对于这一重要理论的逻辑生成，马克思广泛汲取了英国古典政治经济学家亚当·斯密（Adam Smith）、德国社会主义者莫泽斯·赫斯（Moses Hess）以及德国经济学家弗里德里希·李斯特（Friedrich List）等多位学者的理论贡献。马克思的生产力理论散见于其不同时期的文献之中。在《手稿》《神圣家族》《评弗里德里希·李斯特的著作〈政治经济学的国民体系〉》等著作中，马克思都对生产力进行了大量阐释。其中，最为集中且最为系统的阐述是在《德意志意识形态》这一成熟著作之中。在马克思看来，首先，生产力区别于自然科学意义上的"力"的范畴，它所表征的是人类改造世界的本质力量，其直接表现是人类在社会生产中的生产能力整合，"受分工制约的不同个人的共同活动产生了一种社会力量，即成倍增长的生产力"[1]。其次，生产力的产生和发展嵌入人类的社会交往和相互联系之中。马克思指出："生产力表现为一种完全不依赖于各个人并与他们分离的东西……而另一方面，这些力量只有在这些个人的交往和相互联系中才是真正的力量。"[2] 再次，生产力的发展水平直接表征的是人类社会发展的当前历史阶段，"一定的生产方式或一定的工业阶段始终是与一定的共同活动方式或一定的社会阶段联系着的，而这种共同活动方式本身就是'生产力'"[3]。最后，马克思认为生产力有着自然生产力和社会生产力两种存在样态，同时存在于人类社会和自然界的交互作用过程之中。在《德意志意识形态》中，马克思指出，"组织共同的家庭经济的前提是发展机器，利用自然力和许多其他的生产力"[4]。除此之外，马克思在《资本论》第一卷中还指出："劳动生产力是由多种情况决定的，其中包括：工人的平均熟练程度，科学的发展水平和它在工艺上应用的程度，生产过程的社会结合，生产资料的规模和效能，以及自然条件。"[5] 马克思在这段话最后一部分提到的"自然条件"所涉及的事实上就是自然生产力

---

[1] 《马克思恩格斯文集》第1卷，人民出版社，2009，第537~538页。
[2] 《马克思恩格斯文集》第1卷，人民出版社，2009，第580页。
[3] 《马克思恩格斯文集》第1卷，人民出版社，2009，第532~533页。
[4] 《马克思恩格斯文集》第1卷，人民出版社，2009，第568页。
[5] 《马克思恩格斯文集》第5卷，人民出版社，2009，第53页。

的物质内容。从马克思的上述论述不难看出,马克思明显将"自然力"视作众多生产力类型中的一种。应该明确的是,这里我们提到的"自然力"与后文我们重点论及的生态生产力虽然都以自然资源为前提,但是,"自然力"却在本质上区别于生态生产力。对于前者而言,自然力是一种既成的生产力,"它们就越是像我们在上面说过的自然力如水、蒸汽、空气"①,"首先应该归功于一种自然力,瀑布的推动力"。②而对于生态生产力而言,它是自然生产力与社会生产力耦合作用下的结果,具有自然层面和社会层面的总体范畴。此外,生产力具有一定程度的历史继承性和社会革命性。根据生产力发展的"破坏效应"和"促动效应",马克思认为,"生产力在其发展的过程中达到这样的阶段,在这个阶段上产生出来的生产力和交往手段在现存关系下只能造成灾难,这种生产力已经不是生产的力量,而是破坏的力量"③。在这种背景下,就必然呼唤生产力的全新样态,在破坏的过程中完成建构。综上所述,笔者认为,在历史唯物主义的理论语境下,生产力是集体的人与自然之间通过劳动媒介而产生的综合力量,这种力量包含精神层面与物质层面,存在于自然界与人类社会之中,具有延续性与毁灭性。

3. 生态生产力是马克思生产力思想的原初再现

客观来说,历史唯物主义生产力理论的科学性为生态生产力的研究提供了丰富的理论资源。当前,学术界在历史唯物主义生产力理论的基础上,从以下几个方面对生态生产力这一全新范畴进行了界定考察。其一,一部分学者认为,生态生产力推动生产力朝向生态化的方向发展,是区别于传统工业生产力的全新的生产力发展样态。生态生产力是以兼顾生态环境保护和经济社会发展为原则,主张生态优先、绿色发展的生产力形式。其二,一部分学者认为,就生态生产力这一范畴而言,"生态"本身就是生产力。这一观点将自然界的丰富生态资源视为一种可利用的生产力,尤其是经过人类实践活动合理干预后,生态资源自然就会呈现生态生产力的发展样态。其三,还有一部分学者认为,生态生产力的发展是建立在人类对自然规律

---

① 《马克思恩格斯文集》第 5 卷,人民出版社,2009,第 702 页。
② 《马克思恩格斯文集》第 7 卷,人民出版社,2009,第 724 页。
③ 《马克思恩格斯文集》第 1 卷,人民出版社,2009,第 542 页。

的认识更加科学、深刻的基础之上,它以现代科学技术发展为载体,在尊重自然系统内部运行规律的前提下,人类实践能力与自然运动规律有机组合、共同作用的结果。

但是,在笔者看来,上述三种观点皆未从本质上反映出生态生产力的理论内涵。从语义学视角来看,当"生态生产力"一词中的"生态"作为名词时,在语词结构上类似于"科技是生产力",即"科技能够转化为生产力"的提法。在此意义上,生态资源本身就是一种生产力,这与马克思的"自然力"观点相类似。或者更进一步说,生态资源经过人类实践介入可以转化为生产力。对于这一点,马克思曾深刻指出,人"只能改变物质的形式。不仅如此,他在这种改变形态的劳动本身中还要经常依靠自然力的帮助"。[①] 从这里我们也能看出,马克思虽然是一个彻底的生产中心主义者,或者说是一个生产力论者,但是其对于表征人的本质力量的生产力范畴的论述并非像一部分绿色批评家所认为的那样,是一味地改造自然和征服自然。

有些西方学者认为,当今出现的生态环境问题归根结底是生产力过度发展造成的,并将之归咎于马克思。理由是马克思极力提倡追求生产力的发展,并认为人可以有意识地改变自然,而以往的许多学者也将生产力单纯地理解为人类征服自然、改造自然的能力。如"生产力……是人类改造自然使其适应社会需要的物质力量"[②],"生产力表现在社会对自然的积极关系;它的发展水平是人控制自然的尺度"[③] 等。部分西方学者认为马克思高估了人的能力而忽视了自然规律以及人与自然的关系,而这恰恰是对马克思生产力理论的曲解。马克思从未否认过自然之于人的重要意义,相反一直在强调自然以及自然规律的重要性,"人靠自然界生活。这就是说,自然界是人为了不致死亡而必须与之不断交往的、人的身体"[④]。马克思不止一次对生产力进行了条件限定,"生产力……是人类改造自然使其适应社会需要的物质力量"[⑤],"生产力表现在社会对自然的积极关系;它的发展水平是

[①] 《马克思恩格斯文集》第5卷,人民出版社,2009,第58页。
[②] 张建映、张跃滨:《马克思主义哲学读本》,清华大学出版社,2005,第122页。
[③] 〔德〕阿·科辛:《马克思列宁主义哲学词典》,郭官义等译,东方出版社,1991,第341页。
[④] 《马克思恩格斯全集》第42卷,人民出版社,1979,第95页。
[⑤] 张建映、张跃滨:《马克思主义哲学读本》,清华大学出版社,2005,第122页。

第二章 生产力生态化发展的实践智慧与跃迁逻辑

人控制自然的尺度"①,等等。所以,西方绿色批评家对于历史唯物主义生产力理论的生态批评恰恰是对这一种理论的误解。只不过在生态问题尚未成为主要社会问题的19世纪,马克思对于生产力与生态化发展没有给予过多的理论关注,但这并非意味着马克思的生产力理论在生态性维度的缺失。因此,在笔者看来,生态生产力并非对历史唯物主义生产力理论的扬弃和超越,而是对马克思所批判的资本主义制度条件下由资本逻辑主导的工业生产力的扬弃和超越。

对于生产力发展的目的,马克思从人类需要方面进行了揭示。在马克思看来,没有需要,就没有生产;有什么类型的需要,就会出现与之相匹配的生产力形式样态。因此,生产力的形式样态并非是一成不变、始终如一的,它会伴随着人类需要的转变而发生样态转换。在马克思所生活的19世纪,人类社会刚刚实现从农业文明向工业文明的跃升,劳动者基本的物质生活需要尚未满足,所以马克思重点关注的是工人基本生存需要的满足问题。而随着人类社会的发展进步,人类需要也在持续变化,生产力的发展样态也必须进行相应转变。马克思在其著作中还多次提到了"新的生产力"范畴,比如任何新的生产力"只要它不是迄今已知的生产力单纯的量的扩大(例如,开垦土地),都会引起分工的进一步发展"②,"没有这些条件,共同的经济本身将不会再成为新生产力"③。在《不列颠在印度统治的未来结果》一文的最后,马克思再次提到了世界市场与现代生产力。由此可见,在历史唯物主义理论语境下,生产力的发展样态并非始终如一,当历史发展的客观需要成熟之际,新的生产力发展的出现便是一种逻辑必然。因此,在笔者看来,生态生产力可视为现时代对生产力的解放和发展方式,解放在于生态生产力理念使人类更加明确生产力得以更好发展的首先要素,即先在的生态资源基质,解放的同时也为发展提供了更良好的依据保证,因而成熟的生产力发展理念其最终目的也必然包含为人类提供更优质的生态环境。形式上的改变并不妨碍本质上的统一,生产力一直伴随满足人类需要的运动发展。

---

① 〔德〕阿·科辛:《马克思列宁主义哲学词典》,郭官义等译,东方出版社,1991,第341页。
② 《马克思恩格斯文集》第1卷,人民出版社,2009,第520页。
③ 《马克思恩格斯文集》第1卷,人民出版社,2009,第568~569页。

三　生态生产力是马克思生产力理论的新型样态

生态生产力是马克思生产力理论的新型样态，是对中国特色社会主义探索生态文明建设和先进生产力发展的全新理论表征。因此，对生态生产力进行系统性把握既要回归马克思的文本之中，思考马克思生产力理论的内涵延展，并分析马克思生产力理论与"传统生产力"的区别，又要在此基础之上梳理生态生产力与马克思生产力理论的逻辑关系，从而在理论视角上完整地诠释生态生产力是马克思生产力理论的新型样态。对于这一问题，应该从如下两个方面进行理解。

1. 生产力发展的重要价值之一在于满足人类的生态需要

在马克思的理论语境下，生产力发展的根本目的是为了满足人类不断增长的需要。其中，生态需要恰恰是众多人类需要中的基础性需要，这一点赋予了马克思生产力理论的生态化向度，构成了生态生产力思想的原初发生逻辑。

从需要的层次看，马克思把人的需要分为基本需要与欲求，进而提出了"真""假"需要的概念。人类的真实需要代表着他们确实需要的事物，而人类的假的需要则意味着他们错以为自己所需要的事物。"每个人都指望使别人产生某种新的需要，以便迫使他作出新的牺牲"①。在马克思描绘的共产主义社会，即指一种"按需分配"的社会模式中，生产力高度发达，生产效率大幅提高，人类不再无限制地获取生产资料，得到前所未有的身体解放。即是说，生产力的发展目的就是实现人类需要的满足。马克思的需要理论不仅向我们解释了人类需要的不同类别与递进层级，而且在一定程度上预示了人类生态需要的必然性与历史性。

1843年，马克思在《德意志意识形态》中从哲学的视角指出了人类需要的本质："在任何情况下，个人总是'从自己出发的'，但由于从他们彼此不需要发生任何联系这个意义上来说他们不是唯一的，由于他们的需要即他们的本性，以及他们需求的满足的方式，把他们联系起来（两性关系、交换、分工），所以他们必然要发生相互关系。"② 这表明需要对于人的重要

---

① 《马克思恩格斯文集》第1卷，人民出版社，2009，第223页。
② 《马克思恩格斯全集》第3卷，人民出版社，1960，第514页。

第二章 生产力生态化发展的实践智慧与跃迁逻辑

性,在某种程度上人的本质即需要。按照马克思的观点可将人类需要进行层次划分,即生理、社会、精神和发展四个阶段,现代人类的生态需要正是以上四种需要的凝结。首先,需要作为人体的原始动力来源,支配着人的一切行为活动。人类最基本的衣食住行,也是人类最根本最强烈的需要,若任由生态状况继续恶化,终将危及人类的基本生存。因此,生态需要首先是生理需要,在生理需要被满足之前,人类无法进行其他需求活动。马克思认为,生理需要是人类生存的第一前提,更是人类历史的第一前提,人类的第一个历史活动必然关乎满足其生理需要的活动。其次,需要作为人类历史不断向前发展的动力牵引,推动人类历史不断进步。社会历史进步的主体是人,其过程由人有意识的行为活动来贯穿,人受某种需要的牵引,必然为实现这种需要而运动。马克思认为,"整个历史也无非是人类本性的不断改变而已"①。人类在社会实践活动中逐步形成生态意识,因此,生态需要也是社会进步的需要。再次,人的需要意识是区别于其他物种的本质属性。在满足前两个需要前提之后,人类会追求满足自身的精神需要,这是人类自我价值的体现与社会认同的需求。这源自人的基本属性,即物质与意识的统一体。除了人体自身的物质组成外,人类还具有思想意识,因此,健全的人的精神需要必不可少。美丽的风景、清新的空气、纯净的水源,不仅在某种程度上可以满足人类的生理需要,更可为人类带来愉悦的精神体验。因此,生态需要还是一种精神需要。最后,需要是人类发展不间断的力量源泉。人们通过自身不断的实践活动,挖掘自身潜能,使其向更优、更善、更美的方向进步,这也是人类整体文明程度不断提高的写照。因此,生态需要更是一种发展需要。"全部历史是为了使'人'成为感性意识的对象和使'人作为人'的需要成为需要而作准备的历史(发展的历史)。"②总之,需要的满足即为生产力的动力源泉,它源自人类自身的物种特性,且不仅对个人的活动有影响,更影响着整个人类社会。生产力发展的目的是为了满足人类的需要,而生态生产力作为马克思生产力理论的新型样态,为现代人类的生态需要满足找到了可能路径,即发展生态生产力。正是由于生态需要为现时代人类最为迫切、最为关键的真实需要,因

---

① 《马克思恩格斯文集》第 8 卷,人民出版社,2009,第 11 页。
② 《马克思恩格斯文集》第 1 卷,人民出版社,2009,第 194 页。

此现代社会生态生产力发展具有历史必然性,旨在满足人类的生存需要与发展需要,而生态需要则包含于这两种需要之中。但仍需注意的是,在马克思的思想论域下,人类的需要不能完全决定生产力发展的走向。因为需要和生产力毕竟是两个问题,人类的能动性不等同于决定性。人类的需要本身不会从事任何生产活动,只有当这种需要带动劳动者从事生产活动时,生产力才有可能得到发展。同样,新时代中国有着强烈的生态需要,但生态需要本身无法改变环境现状,必须依靠其带动生态生产力的发展,生态需要才可能得到满足。因此,想从根本上解决生态问题,生态生产力发展势在必行,这也是新时代中国特色社会主义发展生态生产力的必然逻辑。

2. 生态生产力是实现人的全面发展的重要条件

马克思起初认为:"一切生产都是个人在一定社会形式中并借这种社会形式而进行的对自然的占有。"[①] 人类对自然或自然资源的占有意在实现需要的满足,在此过程中生产活动本身可理解为一种手段或媒介。"劳动……这种生产生活本身对人来说不过是满足一种需要即维持肉体生存的需要的一种手段。"[②] 到了《资本论》时期,马克思对于生产力的研究与人的全面发展密不可分,人的全面发展过程客观来看是一个需要不断被满足的过程。因此,生产力的发展目的离不开人的全面发展,而人的全面发展是一种最为高级的需要范畴。人类作为劳动实践过程中的主体,也是最无可替代的生产要素。从哲学的层面可以这样理解,我们首先将生产活动视为某种行为,而这种行为的产生源于人类的需要,需要也即生产的目的。马克思认为,生产的目的不是生产本身,而在于发起生产活动的人类本身。生产活动正是为了满足社会中不同层级的人的需求而不断进行的生产与再生产。比如人类为了解放双手且实现更文明的吃饭方式发明了筷子和刀叉,并进行生产。生产筷子和刀叉的目的不是生产这些产品本身,而是为了使人类的需要获得满足。需要注意的是,几千年以前的人类几乎无法产生乘坐飞机、使用移动电话等现代性需要,这是因为人类的需要既存在个体差异,但又必须符合社会发展整体现状,符合历史进程的客观规律。因此,我们有理由认为生产活动的出现是为了满足人类不断丰富的需求,生产力代表

[①] 《马克思恩格斯文集》第 8 卷,人民出版社,2009,第 11 页。
[②] 《马克思恩格斯文集》第 1 卷,人民出版社,2009,第 162 页。

人类进行生产活动的能力，其发展的根本目的也是为了满足人类的需要。在生产力发展过程中，人类的需要又扮演着推动者的角色。人类有了某种需要，才会出现相应的生产活动。人类的需要是生产力发展的根本推动力，并由其需要的丰富多样性，导致了生产活动内容的复杂多变。马克思说："他们的需要即他们的本性。"① 从历史的发展轨迹来看，人类的需要并非一成不变，而是在现有生产力发展基础上不断变化和丰富的。归根结底，人的能动性是生产力发展的潜在动力之源，人的需要是生产力发展的现实动力推手，一切生产活动实践都源于人的需要，而人的最高层级的需要就是人的全面发展需要。人的全面发展需要作为一种历史的、现实的、实践的需要，必然要在能够体现人的本质力量的生产活动中得到满足。同时，人的全面发展需要不是一种抽象性的、理想性的彼岸世界范畴，而是一种发展性的、历史性的现实世界范畴。所以，人的全面发展需要并不会无序的变化扩张，而会依托现阶段生产力发展水平而有限的变化扩张。人的全面发展需要的范畴，实质上是一个涵盖物质需要、精神需要、社会需要、生态需要等多种类型需要的总体范畴。因而，在马克思的理论语境下，社会历史进程中生产力发展的生态性要求正是人类需要内容逻辑递升的内在体现。也就是说，人的需要的满足一方面要建立在自身物质生产活动的基础之上，另一方面也随着生产的发展而发展，随着社会的进步而进步。正是在人类需要与生产力发展的互构逻辑中，生产力跃迁发展衍生出了内在的生态逻辑。因此，我们要正确面对人类不断变化、不断提升的需要，发挥劳动者自身需要的潜能动力源，不断创新满足这种需要的方式手段，从而推动生产力呈螺旋上升式良性循环发展，进而实现人的全面发展的价值目标。

整体来看，在马克思的理论语境下，生产力发展、人的真实需要满足和人的全面发展构成了一个相互运动、相互促进的辩证统一关系。马克思对于人的真实需要的满足和人的全面发展，以及对生产力功能、目的的论述和界定，间接地预示着生态生产力的理论必然，直接地预示着生态生产力的实践必然。正是在上述意义上，我们说生态生产力是马克思生产力理论的新型样态。

---

① 《马克思恩格斯全集》第3卷，人民出版社，1974，第514页。

第三节　生态生产力对生产力发展潜力的高质释放

在历史唯物主义的理论语境下，生产力运行的内在逻辑是一个不断运动、发展、跃迁的动态过程。尤其是历史唯物主义对于生产力发展革命性效应的阐释表明，马克思思想论域下的生产力范畴应该是在现有历史水平发展基础上持续变化的实践样态，而现有的历史发展水平直接决定了生产力发展潜力高质释放的呈现结果。生态生产力这一全新生产力发展样态的出现，既是建立在现有历史发展水平基础上的人类实践结果，也是生产力运行内在逻辑的跃迁递升结果。具体来说，生态生产力对生产力发展潜力的高质释放主要体现在以下几个方面：发展生态生产力符合满足人类需要的可持续性；发展生态生产力符合人类生存与发展的和谐性；发展生态生产力符合人类社会进步的本质需要。

一　发展生态生产力符合满足人类需要的可持续性

在历史唯物主义理论语境下，马克思的需要理论与国民经济学需要理论的典型区别在于，马克思是在强调人类需要满足的基础上界定"需要"范畴的，而国民经济学则是在抑制人类需要满足的基础上界定"需要"范畴的。需要注意的是，马克思虽然强调人类需要的满足，但是人类需要的满足并非没有限制的，而是以"真实需要"进行了附加限制。很大一部分西方学者从马克思的部分片段论述入手，尤其是抓住马克思设想共产主义阶段物质财富极大丰富的观点，认为马克思的生产力理论具有生态破坏性。然而，马克思是在生产力发展水平极大提高的基础上设想物质财富极大丰富的。一方面，生产力发展水平极大提高，尤其是生态生产力样态下更少的自然资源投入能产出更多的物质产品；另一方面，技术的生态化发展会带来生态友好型的生产模式，并且这种生产模式在现实中已经产生。除此之外，从人的自然属性来看，人类的物质需要毕竟是有限的。人类真实的物质需要满足并非对自然资源的无限索取，而是相较于资本主义社会条件下工人需要的匮乏所提出的。正是在上述意义上，发展生态生产力符合满足人类需要的可持续性。其具体表现在以下几个方面：生态生产力坚持自然对于人的先在性地位；生态生产力重视自然生产力基础作用；生态生力强调"人化自然"与人类社会的辩证统一关系。

1. 人类需要的可持续性

客观来看,"可持续性"这一范畴描述的是人类社会存在发展的实践过程和具体状态。总体而言,可持续性主要涵盖生态、经济、社会三大层面,实际上都共同指向人类需要的可持续性,这是由人类需要内涵的丰富性和外延的广泛性共同决定的。发展的目的本身在于人这一主体,即为了满足人类不断丰富的需要。为了持续满足这种需要,发展就必须在一定的限度、框架内进行。所以,为了实现发展与需要的历史统一,不仅应该对发展进行价值规约和科学限定,更应该对需要进行符合社会发展水平的历史限定。

面对工业革命以来人类生产实践活动造成的生态困境,环境问题早在20世纪就已经成为世界范围普遍关注的共同议题。2003年,《里约环境与发展宣言》正式提出了可持续发展概念:"为了实现可持续发展,环境保护工作应是发展进程的一个整体组成部分,不能脱离这一进程来考虑。"[①] 所以,可持续发展的基本要求就是在环境保护基础上满足生态可持续性,生态可持续性是可持续发展的底线和前提。自"可持续性"概念提出以来,可持续发展的核心问题就是在可持续性的结果导向下解决人类需要的满足问题。如果说发展是人的基本权利之一,那么人的需要的满足作为发展的核心动力要素同样也构成了人的基本权利范畴。可持续发展的核心逻辑同样是强调发展,只不过这种发展必须是绿色的、可持续的。对于人类社会进步需要而言,发展是基础的、必需的;对于人类生存发展需要而言,可持续性又是一个首要前提。在这个意义上,随着人类文明进步,无论是对于发达国家还是发展中国家而言,发展与可持续性都必然构成了一个互为前提、互为条件的统一体。当前,发展中国家正面临着社会贫困和环境恶化的双重困境。在资本全球权力化的宰制下,社会贫困导致了环境恶化,环境恶化又进一步加剧了社会贫困。所以,对于发展中国家而言,可持续发展不仅仅只是一种理想的发展状态,也是一种切实的社会实际所需。只有可持续发展才能在解决社会贫困问题的同时解决环境恶化问题,只有可持续发展才能既满足人的生存需求,又能满足人的发展需求。

客观来看,在马克思主义的理论语境下,人类需要是丰富的、充盈的,

---

① 《里约环境与发展宣言》,《环境保护》1992年第8期。

但需要并非意味着对自然资源无限度的索取,需要是丰富的、充盈的,同时也必须是适度的、真实的。丰富充盈的需要不仅局限于自然层面的物质需要,在更深刻的意义上,人类作为一种社会性存在物,更加渴望的是自我实现、社会承认和自然能力、精神能力不断发展的需要。其中,自然层面的物质需要为社会层面的发展需要奠定了物质基础,社会层面的发展需要为自然层面的物质需要提供了价值规约。从现阶段人类文明的发展现状来看,这种价值规约的典型理论表现就是对于人类需要可持续性的明确界定。这样一来,社会发展的可持续性与人类需要的可持续性之间就形成了相互呼应:人类需要的持续满足提出了社会发展可持续性的要求,社会发展的可持续性为人类需要的持续满足奠定了现实基础。

2. 生态生产力强调人类需要的持续满足与人类社会发展的辩证统一关系

马克思主义在承认人类需要丰富性、充盈性的前提下,注重人类需要的持续满足与人类社会发展的辩证统一关系。马克思认为,自然只有经过人类实践活动的改造后才具有意义,人类通过对外部自然世界的利用和改造来获得生存发展的物质基础,并在生产劳动实践过程中,使人的本质力量的对象化得以确证。就这个意义而言,人只有在与自然的交互关系中才能确立自身的本质规定,进而在现实的实践过程中建构人类需要的持续满足与人类社会发展的辩证统一关系。而这个问题正是马克思的自然理论、人学理论、生产力理论等众多历史唯物主义构成理论的价值原点。

在生态环境日益恶化的今天,人与自然关系的矛盾问题前所未有地摆在人类面前,人类必须对传统的实践方式做出改变,尤其是改变表现人改造或作用于自然的生产力形式,以缓解人与自然的对立关系。也就是说,要通过现实实践的方式,推动人与自然关系向最初的和谐发展方向回归。但应该注意的是,如果我们脱离人类生存发展需要,仅仅在自在自然层面理解生态保护,最终必然会滑入"生态中心主义"的理论窠臼。如此,人类就失去了实践根基,无法从根本上解决人类需要的持续满足与人类社会发展的矛盾问题。马克思在《关于费尔巴哈的提纲》中深刻提出:"新唯物主义的立脚点则是人类社会或社会化的人类。"[①] 对于"人类社会"这一重要范畴的理解,切不能脱离自然,从人类世界与自然世界二元对立的角度

---

① 《马克思恩格斯文集》第1卷,人民出版社,2009,第506页。

第二章 生产力生态化发展的实践智慧与跃迁逻辑

进行阐释。相反，我们必须从人类世界与自然世界辩证统一的角度进行阐释。因为马克思所实现的以"实践观变革"为表征的哲学革命的最大贡献之一，就是引入现实的、历史的"实践"范畴，消解了传统哲学对于人类世界与自然世界二元对立的误解。无论是从《手稿》中关于"人化自然"的经典论述，还是从《德意志意识形态》中关于"生产劳动"的经典论述，以及人与自然和人与人的历史关系来看，马克思都力求以实践的方式综合人类世界与自然世界的矛盾对立问题。人类世界与自然世界表面上看属于两种完全不同的范畴，但实质上都属于"人类社会"的总体范畴。虽然说自然世界尚有很大一部分未被人类足迹涉及，但这里的自然世界重点指涉的是经过人的生产劳动实践改造影响过的自然世界。并且，人类的思维意识和客观能力也只能作用于"人化自然"，"人化自然"之外"自在自然"虽然有其存在意义，但对于人类生存发展客观来说就是"无"，是缺乏历史意义的。因此，"人类社会"应该是一个涵盖人类世界与"人化自然"的总体范畴。需要注意的是，"人化自然"并不是固定不变的静止范畴，而是随着人类科学认识、思维意识水平提高而不断扩大的历史范畴。在历史唯物主义看来，人类社会的终极目标是实现共产主义进而满足人类自由全面发展的需要，而满足人类自由而全面发展需要的基础条件就是生产力水平的高度发达。生产力发展水平的高度发达被部分西方学者认为是反生态的表现，而这恰恰是对马克思的最大误解之一。马克思所追求的生产力水平的高度发达，其价值目标是满足人类真实合理的需要，实现人的全面自由发展。其运行逻辑是"社会化的人，联合起来的生产者，将合理地调节他们和自然之间的物质变换，把它置于他们的共同控制之下，而不让它作为一种盲目的力量来统治自己；靠消耗最小的力量，在最无愧于和最适合于他们的人类本性的条件下来进行这种物质变换"[1]，其呈现样式是人与人、人与自然关系的双重和解。

客观来看，在马克思主义发展史上，不只马克思注意到了"人化自然"与人类社会的辩证统一关系，当下，"人化自然"与人类社会的辩证统一关系最经典的理论表达就是习近平总书记关于"人与自然是生命共同体"的科学论述。正是在历史唯物主义相关重要理论的基础上，以科学生态自然

---

[1] 《马克思恩格斯文集》第7卷，人民出版社，2009，第928~929页。

观为认识前提，新时代中国特色社会主义从理论层面和实践层面综合了人化自然与人类社会的辩证统一关系。反映到实践层面，习近平总书记以人民群众对美好生活的向往为出发点和落脚点，针对一度困扰广大人民群众的生态问题，提出了一系列重要论述。从生态层面来看，习近平总书记曾深刻指出："现在，许多贫困地区一说穷，就说穷在了山高沟深偏远。其实，不妨换个角度看，这些地方要想富，恰恰要在山水上做文章。要通过改革创新，让贫困地区的土地、劳动力、资产、自然风光等要素活起来，让资源变资产、资金变股金、农民变股东，让绿水青山变金山银山，带动贫困人口增收。"[1] 所以，习近平总书记充分运用了辩证唯物主义的思维方式，始终坚持以"系统工程思路抓生态建设"[2]，在遵循"山水林田湖是一个生命共同体"[3] 这一科学规律的基础上，将生态环境中的科学思维和哲学中的系统思维融入生态文明建设，形成了具有中国特色的新时代生态哲学理论。从本质层面来看，生态问题归根到底属于发展问题。从经济发展层面来看，十九大报告经济部分的主标题就是"贯彻新发展理念，建设现代化经济体系"[4]，其中，新发展理念的一个重要方面就是绿色发展。十九大报告尤为强调，"把提高供给体系质量作为主攻方向"，"加快发展先进制造业……在中高端消费、创新引领、绿色低碳、共享经济等领域培育新的增长点，形成新动能"[5]。用生态哲学的理论术语来说，就是通过"生态生产力"的构建，着力在生产端探索出一条绿色化发展道路，旨在可持续性的基础上满足人民群众不断丰富变化的多层次需要。

总体来看，生产力生态化跃迁发展以马克思主义经典理论为基础，通过对传统生产力理论要素构成的丰富和发展，在现实的、历史的人类实践活动基础上，以人类需要持续性满足为价值目标对现实的发展方式进行价值规约，以绿色化的发展满足人类需要的持续性。但应该认识到，社会发展走向可持续性是一个漫长的历史过程，是一个伴随人类社会历史发展，

---

[1] 《习近平关于社会主义生态文明建设论述摘编》，中央文献出版社，2017，第30页。
[2] 《习近平总书记系列重要讲话读本》，人民出版社，2016，第236页。
[3] 《十八大以来重要文献选编》上卷，中央文献出版社，2014，第507页。
[4] 《决胜全面建成小康社会 夺取新时代中国特色社会主义伟大胜利》，人民出版社，2017，第29页。
[5] 《决胜全面建成小康社会 夺取新时代中国特色社会主义伟大胜利》，人民出版社，2017，第30页。

尤其是生产力跃迁发展的动态过程。因而在马克思、恩格斯看来,"自由不在于幻想中摆脱自然规律而独立,而在于认识这些规律,从而能够有计划地使自然规律为一定的目的服务"①。随着人类科学认识水平的不断提升,人类对"生态性""绿色性""可持续性"的认识不断深入,必将在这一过程中不断创新生产实践方式,使生产力朝向符合人类本性需要满足的方向发展。在"生产力"范畴前面加上"生态前缀",使得传统理论语境下的生产力获得了全新的表现样态。综上而言,生态生产力克服了传统生产力思想的理论和实践弊端,是人类社会发展演变的历史必然性和人类需要持续满足的逻辑必然性之间的高度统一。

二 发展生态生产力符合人类生存与发展的和谐性

在历史唯物主义的理论框架下,社会生产力的发展跃迁对于人类社会进步具有无可辩驳的基础意义。从生产力的实践样态来看,生产力发展所涉及的两个基本问题就是两大关系问题,即人与人的关系和人与自然的关系。其中,人与自然的关系问题直接对应了人类的生存问题;人与人的关系问题直接对应了人类的发展问题。从生产力发展运动的动力逻辑来看,在调节人与自然的关系过程中调节人与人的关系贯穿于生产力运动发展始终。而生态生产力的出现,则通过对人与自然的关系和人与人的关系的合理规范,为实现人与人的关系和人与自然的关系"和解",实现人类生存与发展的和谐性提供了全新的方式路径。具体来说,生态生产力符合人类生存与发展的和谐性主要体现于以下三个层面:生态生产力显示了人与自然的辩证统一关系;生态生产力集中体现了人类能力水平的提升;生态生产力利于增进人民福祉、促进社会和谐。

1. 生态生产力显示了人与自然自在性与自为性的统一关系

从历史唯物主义理论视角来看人与自然的二元关系,其所要达成的关系样态既非唯心主义理论语境下精神意识领域的和谐统一,也非旧唯物主义理论语境下脱离历史之外的单一物质领域的统一。历史唯物主义理论语境下人与自然二元关系的统一是通过人的生产实践活动,在现实的、历史的生产力发展跃迁基础上所达成的思维与存在、物质与意识、人类史与自

---

① 《马克思恩格斯文集》第 9 卷,人民出版社,2009,第 120 页。

然史、自在性与自为性的高度统一。

从人与自然的辩证统一关系来看，一方面，自然相对于人来说具有外部的优先地位。马克思始终强调自然对于人类生存发展的基础性、前提性地位，没有自然的客观存在就不会产生人类世界。但另一方面，马克思、恩格斯更强调人类与自然的关系是客观依赖性与主观能动性的高度统一。也就是说，人既能够作为一种自然存在，同时又能够作为一种社会存在物，人能够在自然存在的基础上在参与社会活动的过程中能动地改造自然。因而，马克思侧重于强调人在社会性活动的过程中，对自然进行合规律性与合目的性的利用与改造，推动自然朝向符合人类本性需要的方向发展。正如马克思所言："动物只生产自身，而人再生产整个自然界。"① 客观来看，人的这种历史的现实的目的的实现，必然要以表征人的本质力量的劳动实践为中介，而作为中介范畴的劳动实践，其最重要的形态呈现就是表征人与自然关系的生产力范畴。

从历史唯物主义关于人与自然关系自在性与自为性统一的阐释和界定来看，生产力的生态化跃迁发展正是在人的自在性与自为性的互构统一中逻辑递升的结果，并且还呈现出人类社会生态化发展要求与生产力跃迁发展内在创新逻辑的历史统一。也就是说，生态生产力既不否定人的自为的能动性，也不否定人的客观的自在性，而是要求在兼顾自为性与自在性的基础上，从合规律性与合目的性的高度探寻人与自然关系和谐统一的全新样态。通俗来说，就是要"在环境保护与发展中，把保护放在优先位置，在发展中保护，在保护中发展"②。发展的问题只有以发展的方式进行解决。因此，只有通过创新发展生产力的实践方式，方能解决生产力发展带来的人与自然关系的对立问题。客观来看，这种观点既超越了生态主义的抽象理想色彩，也超越了经济主义的生产中心主义色彩。

从现实的发展层面来看，生产力生态化跃迁意味着在发展经济的同时，更加重视生态环境的治理与保护，这就强化了马克思主义关于人与自然辩证关系的深刻认识，从根本上彰显了人类生存与发展的和谐性维度。生产力生态化跃迁发展，是基于改革开放以来生态环境保护和社会生产力发展

---

① 《马克思恩格斯文集》第 1 卷，人民出版社，2009，第 162 页。
② 《十八大以来重要文献选编》（上），中央文献出版社，2016，第 486 页。

之间的现实矛盾提出的,生动诠释了特定社会形态下生产力发展的历史逻辑。发展生态生产力就是要将具有自然性意义的生态环境和社会性意义的生产力视为一个总体性存在,把传统生产力实践样式所割裂的人与自然的关系重新统一起来,最大程度上实现生产力内在潜力的高质释放。

无论是何种社会形态、何种文明类型,良好的生态环境均构成了人类生存发展的基础元素。生产力生态化跃迁发展内含马克思经典生产力的理论逻辑与社会主义生产发展的实践逻辑双重向度,其致力于实现人类生存发展与生态保护的协调统一。当前,我国已经基本解决了小康问题,正处于由快速发展向高质量发展转变的历史时期。在新的历史起点上,发展生态生产力要以保护与改善生态环境为基础,深刻把握生产力发展创新的内在逻辑,破除阻碍生产力生态化跃迁的体制痼疾,从人类文明兴衰的历史高度把握这一命题的重要意义。生产力生态化跃迁发展从根本上扬弃了传统生产力发展的实践样态,很大程度上革除了由此衍生的诸多弊病。客观来看,生态生产力是由理论逻辑推动与实践逻辑倒逼而产生的先进生产力形态。

2. 生态生产力表征人类改造利用自然的能力水平提升

客观来看,在马克思、恩格斯所处的时代,相较于资本主义的社会问题而言,生态问题并不是一个特别突出的问题。因此,其研究的重点在于社会层面的问题,自然问题只是作为理论基础出现的。但客观来看,他们在研究资本主义生产力发展、生产方式、消费方式等问题时大量涉及了生态性问题。马克思将生产力界定为对人类改造利用自然能力水平的反映,并且认为生产力发展水平的高低直接决定了社会历史、人类文明的发展走向。更为重要的是,马克思对于生产力的研究论述是在特定的社会制度条件下进行的,具有鲜明的价值倾向,这也是马克思的生产力理论与其他政治经济学家相关理论的根本区别所在。

马克思在研究生产力的过程中,首先从自然生产力的区分界定入手,在立足于现实的社会条件基础上,凸显了其客观的价值属性。马克思深刻指出:"劳动的自然生产力,即劳动在无机界发现的生产力,和劳动的社会生产力一样,表现为资本的生产力。"[1] 但现实的自然力更多地表现为社会

---

[1] 《马克思恩格斯全集》第26卷,人民出版社,1974,第122页。

生产力的基本生产要素和物质内容。因为"自然力本身没有价值。它们不是人类劳动的产物"[1]。但是，自然力一经人们发现并加以改造，其内在的价值就在实践层面得以凸显。水力、风力、电力的发现和投入使用之所以呈现出生产力的意义范畴，根本原因就在于上述范畴进入了具体的生产过程，具备了使用价值，实现了由最初的自然性向社会性的实践转变。马克思在谈及人类对自然资源的利用时深刻指出："只有借助机器才能占有，并且只有机器的主人才能占有。"[2] 由此可见，马克思对于自然资源的研究更注重的是在特定社会条件下的占有使用情况。也就是说，马克思不仅在普遍意义上看到了自然资源对于生产发展的基础意义，还在特殊意义上看到了自然资源在不同社会条件下的占有使用及其后果。在资本主义的社会条件下，由资本逻辑催生的人类欲望和受这一逻辑主导的现代生产方式直接导致了资源约束趋紧、生态环境恶化的发展困境。面对日趋严峻的全球性生态问题，仅从自然层面研究生态问题只能浮于表面，而看不到这一问题的深层根源。所以，脱离具体的社会条件来谈论生产力发展与生态保护无疑是一种抽象的乌托邦表现，既不利于生产力发展，更无法实现生态保护目标。只有立足于现实的、具体的社会条件，从特殊的社会制度、生产方式出发，方能科学解释生产力发展的内在逻辑，在正确的方向中提升人类改造利用自然的能力水平。

生态生产力这一全新的生产力发展样态不仅强调生态资源对于生产力发展的基础性地位，还在一定意义上赋予了其生产力的内涵维度。这既是源于自然资源本身的稀缺性和有用性特征，也是源于自然资源为人类实践活动所提供的基础能力。因此，我们要从自然资源的内在特征和生产力运行发展内在创新逻辑相统一的高度看待生产力生态化跃迁发展，将自然资源视作生产力跃迁发展的内生变量。在充分把握自然规律的基础上，合理利用自然资源所提出的物质基础和现实力量，并积极对其进行生产实践转化，最终持续不断地提高人类认识水平和实践水平。在上述意义上，以生态生产力为发展目标来解决生态环境保护与社会生产力发展之间的矛盾关系，直接地表征了人类认识水平、思维水平的不断提升。

---

[1] 《马克思恩格斯全集》第37卷，人民出版社，2019，第202页。
[2] 《马克思恩格斯全集》第8卷，人民出版社，2009，第356页。

第二章　生产力生态化发展的实践智慧与跃迁逻辑

在马克思主义的理论语境下，人类生存发展与客观的外部自然世界虽然有着矛盾关系，但随着人类科学认识水平的提升，这种矛盾在特定的历史阶段是可以化解的。受人类科学技术发展水平的限制，18世纪以来的工业生产力自身是有局限性的，资本主义在生产过程中工业生产力的无限制发展和自然资源的有限性之间客观上存在难以调和的矛盾。但应该明确认识到，这种矛盾的难以调和虽然一定程度上源于科学技术发展水平，但根本原因在于资本主义这一特殊的社会条件。因为资本主义的生产目的在于不断地获取利润，其核心逻辑在于持续的价值增殖。"作为价值增殖的狂热追求者，他肆无忌惮地迫使人类去为生产而生产，从而去发展社会生产力，去创造生产的物质条件"①。从根本意义来说，资本主义生产并非获取价值，而是为了获取剩余价值；并非满足人类需要，而是为了满足资本增殖需要；并非服务"社会化的人类"，而是为了服务占有生产资料的资产阶级。所以，资本主义生产要想维持下去，就必须不断地催生"虚假需要"，而受制于工人阶级消费能力的有限，消费的剩余产品甚至作为垃圾被倾倒。正是由于资本主义生产的上述特征，最终造成了以人与自然物质变换关系破裂为表征的生态问题和以人与人的关系对立为表征的社会问题。对此，恩格斯曾深刻指出："地力耗损——如在美国；森林消失——如在英国和法国，目前在德国和美国也是如此……"② 客观来看，马克思、恩格斯基于资本主义社会现实，在立足于全人类的价值立场上，深刻批判了资本生产的剥削性、破坏性，揭示了资本主义社会条件下人与自然、人与人的双重危机。反映到生产力发展层面，即资本主义制度和资本主义生产方式主导下的生产力片面发展，虽然一定程度上提高了人类改造自然的能力水平，但这种能力水平的提升是以破坏自然环境为代价的。因此，在资本主义制度下的这种生产力发展形式本质上是短视的、破坏的、不可持续的。

对此，习近平早在《之江新语》中就深刻指出："当今世界都在追求的西方式现代化是不能实现的，它是人类的一个陷阱。"③ 人类社会现代化的一个重要内容就是由传统农业社会向工业社会的过渡递升。客观来看，西

---

① 《马克思恩格斯文集》第5卷，人民出版社，2009，第683页。
② 《马克思恩格斯文集》第10卷，人民出版社，2009，第627页。
③ 习近平：《之江新语》，浙江人民出版社，2007，第118页。

方国家已经为发展中国家提供了现成"样本"。但是在我们看来，这种"样本"并非适用于所有国家，并且从西方国家当前的发展困境来看，这种道路也已被证明是行不通的。现代化作为中国实现民族复兴的必经之路，必须对其进行特殊限定——中国式的现代化。中国式现代化是包括工业、农业、城镇、社会、生态等多个领域的现代化，不是仅局限于"工业生产力发展"这种传统领域的"单向度的现代化"。由此，在现实的生产力发展过程中，要在合理的制度框架下，尽可能地通过科技创新提高人类认识自然、改造自然的能力水平，在经济社会发展的同时兼顾维护生态环境中生物有机体与人类的和谐关系。具体来说，发展生态生产力，重点要以绿色科技为动力，根据新时代人类美好生活需要，实施创新驱动发展战略，发挥科技第一生产力的支撑作用。通过科技创新，提高环境资源利用率，增强应对各种生态问题的能力。客观来看，对一个社会的发展起决定作用的归根到底是生产力的发展水平。生产力发展性质的绿色与否，将是决定生态文明建设成败的关键，以科技为支撑、发展生态生产力是满足人民美好生活需要的基本路径。生产力生态化跃迁发展事关如何科学化解生态保护与经济发展、人类生存与人类发展的矛盾困境。我们唯有找准人与自然实践关系的平衡点，并以生产力运行机制的创新发展和科学技术发展水平的提升来维持特定范围内的张力关系，最终以互惠共赢的方式实现两大关系的彻底和解。

3. 生态生产力利于增进人民福祉、促进社会和谐

随着人类社会的发展进步，人类需要已经不仅仅局限于物质层面的生存需要，健康、幸福、审美等多种多样的高层次需要随之而来，人们开始由以往关心"能不能生存"的问题跃升至关心"生活的好不好"的问题。现阶段，生态问题已经成为制约人类更高层次需要实现的关键要素，优美的生态环境是增进人民福祉、促进社会和谐的条件基础。同时，从公平正义层面来看，社会公平作为人类社会追求的永恒范畴之一，也体现在生态环境的平等享有之上。客观来看，生态环境是最公平的公共产品之一，体现和包含着最基本的社会公平。正如习近平总书记2013年在海南考察时强调的："良好生态环境是最公平的公共产品，是最普惠的民生福祉。"[1] 所谓

---

[1] 《习近平关于社会主义生态文明建设论述摘编》，中央文献出版社，2017，第4页。

"公平",主要有两个方面的内涵。第一,从代内公平层面来看,生态环境的公平性体现得最为明显。当前,在资本全球权力的主导下,从阶层区分来看,少数的精英阶层享受着最优美的生态环境,而大多数的劳动者却承担着环境污染的健康风险以及生态治理的高额费用。从国家层面来看,发达国家通过转移污染企业完成了国内产业升级转型,其内部的生态环境、自然资源保存的十分完整,而发展中国家的生态资源由于被资本无限度的掠取已经呈现出枯竭趋势,并产生了以各种污染为主的一系列环境问题。第二,从代际公平层面来看,生态环境的公平性体现得不是特别明显,却是一种客观存在的事实。如果现世人类仅注重当下眼前利益,无限制地开采自然资源,不考虑竭泽而渔的发展后果,那么我们的子孙后代就会遭受环境问题所带来的种种伤害。

生态生产力的提出立足于现阶段的社会发展实际,以人民群众的切实利益为价值导向,力求通过生产力实践样态的转型跃升,提供最普惠、最公平的生态产品,体现出生态环境的公平正义维度。客观来看,生态生产力对于生态环境的过程维护所呈现的公平性、正义性既体现在代内层面,也体现于代际层面。生态生产力的出现既是源于当下社会发展的现实需要,也是出于历史进一步发展的价值需要。发展生态生产力直接关系到人民幸福生活,间接涉及社会的和谐稳定。衡量一个社会制度先进与否,关键在于这种社会制度能否给人民提供心之向往的美好生活,在不同的历史发展阶段,美好生活的内涵是全然不同的。比如,在改革开放之前,由于生产力尚不发达,解决吃得饱、穿得暖的小康问题实际上就是美好生活;改革开放之后,随着生产力发展水平的提升,小康问题得到了解决,美好生活就扩展到了物质丰富、社会公正、文化繁荣、生态优美等多个方面。一旦特定历史发展阶段无法解决美好生活的问题,就可能会出现公共性社会问题,进而影响到社会的和谐稳定。人民美好生活需要的满足,在最基础的意义上是由生产力的生态化跃迁发展所实现的。生产力生态化跃迁发展涉及的不仅仅是自然环境生态维护能力的提升,更重要的是在提升物质生产能力的基础上能够做到自然环境的生态维护。而生产力发展的上述特征恰恰就是向马克思生产力理论的价值回归。在马克思看来,生产力范畴所关涉的两大核心层面就是人与自然的关系和人与人的关系。从始源性层面来看,生产力直接表征的是人对自然的改造、利用、维护的能力水平,所以自然就涉及了生态层面人的需要的满足；从派生性层面来看，人在与自然的交往过程中必定不是单一的个体行为，势必会将作为个体的人转化为社会的人，并结成各种各样的社会关系，而人与人的关系实际上就涉及社会和谐问题。正如马克思在《资本论》中所言："社会化的人，联合起来的生产者，将合理地调节他们和自然之间的物质变换，把它置于他们的共同控制之下，而不让它作为一种盲目的力量来统治自己；靠消耗最小的力量，在最无愧于和最适合于他们的人类本性的条件下来进行这种物质变换。"①客观来看，马克思此段论述实际上指涉的就是生产力水平的提升对于人与自然、人与人关系的合理调节。因此，生产力生态化跃迁发展事实上正是向马克思经典生产力学说的理论回归。生态生产力不仅能够合理处理人与自然的关系，维持人类生存与发展的和谐性，而且能够间接推动人与人的关系合理化，最大程度促进社会公平、增进人民福祉。

综上所述，生态生产力不仅超越了传统生产力形式的内涵，而且还超越了传统生产力形式的外延，它从根本上颠覆了人们对于工业生产力的认识理解，赋予经典生产力范畴除经济意义之外的生态、公平、和谐等丰富内涵。生态生产力的核心运行逻辑是在提升物质生产能力的基础上实现对自然环境的生态维护，以推动生态环境在满足人类生存发展的同时，朝向更加符合自然规律的方向发展。既满足人类生存发展的社会性要求，又满足生态化发展的自然性要求。简而言之，生态生产力既关涉人与人关系层面的代际公平、代内公平问题，又关涉了人与自然关系层面的对立统一问题，在推动两大关系"和解"的过程中，实现人类社会的和谐性、可持续性发展。

三 发展生态生产力符合人类社会进步的本质需要

西方"深绿"和"浅绿"生态思潮对人类实践行为以及对其起制约作用的价值观的反思，虽然在一定程度上唤起了人类的生态意识，但客观来看，它们普遍都停留于抽象的价值观层面，而无视人类现实的生产活动和特定的社会制度，仅仅将生态危机归结为人类自身的价值危机，主张人类停止生产、经济增长停滞、从自然进行撤退等。在上述意义上，以西方绿

---

① 《马克思恩格斯文集》第 7 卷，人民出版社，2009，第 928~929 页。

第二章 生产力生态化发展的实践智慧与跃迁逻辑

色思潮为代表的生态文明理论既看不到生态危机的根源在于资本主义制度和资本主义生产方式，也看不到生态危机实质是人与人的关系危机。因此，其不仅缺乏理论层面的科学性，还缺乏价值层面的正义性。在此意义上，它们由始至终呈现反历史、反人类的理论特质，因而在现实中寸步难行，根本无助于解决生态危机。在历史唯物主义的理论语境下，人与自然关系的实践样态本质上是建立在实践基础上的相互影响、相互促进的统一关系，并且这种统一关系的呈现在深层次上取决于在改造自然的实践过程中所结成的人与人的社会关系。即是说，在不同的社会关系的条件下，人与自然的关系会呈现出全然不同的实践样态。比如，在古代封建社会，人与自然的关系虽然存在矛盾，但不至于紧张；在资本主义社会，人类驾驭自然的能力水平虽然得到了提高，人与自然的关系却由水乳交融走向了彻底破裂。当然，客观来看，人与自然关系的实践样态在很大程度上还受生产力水平的具体限制，但应该明确的是，生产力的发展并不是人与自然关系破裂的罪魁祸首，否则生产力发展就丧失了价值意义。生产力作为一个中性范畴，在不同的社会条件下会呈现出不同的发展结果。因此，人与自然关系破裂的根本原因既非价值观的错位，也非生产力的发展，而是能够表征人类社会形态的社会关系。根据上述分析不难看出，生态危机的根本原因在于资本主义制度和资本主义生产关系。从现阶段全球面临的生态困境来看，生态危机之所以呈现出全球化的趋势特征，根本原因在于资本主义社会关系和资本权力的全球化扩张。具体来说，上述问题主要表现在以下两个方面：一方面，资本的逐利本性决定了资本对于自然资源的剥削是不分地区、不分国界的；另一方面，发达国家的生态政策决定了资本对于自然资源的剥削必然由国内走向国际，即呈现出一部分国家的发展建立在对另一部分国家生态环境的剥削破坏之上。所以，从本质层面来看，生态危机深层次反映的是特定社会条件下生态资源分配使用关系的不对等。所以，生态危机的解决，最为核心的还是要从处理人与人的对立关系上入手，以人与人的矛盾和解推动生态问题的解决。从当前人类社会发展现状来看，生态危机的现实解决，只有在中国特色社会主义的制度条件下，以生产力的生态化跃迁发展调解人与人和人与自然关系的矛盾对立，最终实现人与人和人与自然"两大关系"的阶段性历史和解。

1. 发展生态生产力符合满足人类社会进步的永续发展需要

从人类社会进步的发展运动规律来看，虽然存在特定历史阶段内的曲折，但总体方向是前进的、进步的。反映到生态文明建设上来，现实的生态危机的倒逼虽然为人类社会提出了全新的实践要求，但是这并不意味着人类为了生态保护要停止发展的脚步。恰恰相反，人类要在具体的实践中探索一条发展与生态相协调的新路，而这条发展新路的出现恰恰构成了人类社会进步的条件基础。生态生产力的出现是生产力发展内在运行逻辑和外部生态问题倒逼共同作用的结果，满足人类社会进步的永续发展需要，是当前历史阶段生产力生态化跃迁发展的价值归宿和实践目标。

实际上自二战结束以来，对于发展问题的本质，众多类型的经济发展理论和现代化理论就已经进行了深入探讨。但是，普遍存在的问题是，仅仅停留于单一的经济层面探讨发展问题。二战之后，全球经济面临着迫切的重建任务，面对特殊复杂的各国经济发展现状，原先的经济发展理论已无法满足指导现实的经济发展需要。在这种背景下，发展经济学应运而生。其中比较具有代表性的理论分别是刘易斯的二元经济模型、哈罗德的多马理论模型、熊彼特以历史分析理论著称的经济发展时段论和罗斯托的经济成长阶段论。无独有偶，上述理论基本上都是以经济增长和财富积累为价值目标，仅仅将发展等同于经济增长，而在不同程度上都隐匿了发展的丰富内涵。在上述理论的指导下，很大一部分发展中国家陷入了中等收入困境，并频繁出现了一系列社会问题和生态问题。对此，习近平总书记深刻指出："……西方式现代化，但已威胁到人类的生存和地球生物的延续。西方工业文明是建立在少数人富裕、多数人贫穷的基础上的；当大多数人都要像少数富裕人那样生活，人类文明就将崩溃。"[1] 面对上述发展困境，人类迫切需要对发展理论进行创新，探索出一条既能解决人与人的关系对立，又能解决人与自然关系对立的全新发展道路。在这一过程中，又逐渐出现了可持续发展模型、零增长理论（稳态经济模型）、生态现代化模型等多种发展理论。

从生态层面来看，稳态经济模型的典型理论就是西方的"深绿"思潮。这一理论将经济发展与生态保护完全割裂开来，排斥经济增长、科技革新

---

[1] 习近平：《之江新语》，浙江人民出版社，2007，第118页。

第二章　生产力生态化发展的实践智慧与跃迁逻辑

与运用,认为经济增长和技术使用并不符合满足人类社会永续发展的要求。生态现代化模型的典型理论是西方的"浅绿"思潮,这一理论虽然肯定了经济增长、科技革新与运用对于人类社会发展的进步意义,但是其理论的价值目的在本质上是维系资本主义的政治统治,并且其生态目标的实现是建立在对其他国家、地区污染破坏的基础之上。资本主义生产方式由于其反生态本性,决定了其不可能实现人类社会发展的可持续性目标。因而,无论是从理论层面还是从实践层面,西方"绿色"思潮都不具备现实可行性。所以,我们既要反对以"深绿"思潮为表征的单纯的生态主义,也要反对以"浅绿"思潮为表征的发展主义。单纯的生态主义一味地强调对生态环境保护,忽视了人类社会历史发展的基础性、现实性问题,而以生态现代化为理论表征的发展主义则通过对生态危机根源的掩盖,试图在资本主义的框架体系内解决生态危机。

　　在中国特色社会主义的理论语境下,发展是涵盖经济、政治、文化、社会、生态等多领域的全方位的发展。不仅发展的内涵是丰富的,而且发展的外延也是广泛的。发展的根本目的是为了满足人民群众对美好生活的追求和向往。中国特色社会主义进入新时代,我们党在充分反思总结以往发展得失的基础上,开始着重关注发展质量问题。在这一过程,我们党逐渐形成了一套以新发展理念为理论表征的系统完备的发展理论。在实践层面,积极尝试以供给侧结构性改革、产业升级转型等方式推动生产方式走向绿色化。最根本的意义,就是要通过观念变革、制度建设、生产转型、科技创新等方式推动实现生产力的生态化跃迁发展。中国特色社会主义通过对发展本质、目的以及如何发展等问题的科学回答,从理论和实践双重层面化解了生产力发展与生态环境保护的矛盾对立。尤其是"保护生态环境就是保护生产力、改善生态环境就是发展生产力"[①] 等重要论述的提出,更是为中国生产力的发展跃迁指出了一条全新道路——发展生态生产力。发展生态生产力不仅符合人类社会发展的可持续性要求,还超越了包括西方发展理论、"深绿""浅绿"生态思潮等在内的片面发展观。从新时代中国特色社会主义的历史高度来看,生态生产力的提出既体现出中国共产党高度的理论自觉,也体现出生产力内在运行机制的逻辑发展跃迁。生态生

---

① 《习近平总书记系列重要讲话读本》,人民出版社,2016,第234页。

产力是对资本逻辑主导下的工业生产力的全方位扬弃和超越，其核心价值逻辑在于追求实现生产与生态的协调统一。具体来说，发展生态生产力就是要以新发展理念为理论指导，通过上层建筑改革为先进生产力发展开辟现实路径，同时还要利用科学技术创新、生态意识普及等手段，推动全社会形成绿色的生产方式和生活方式。

中国特色社会主义始终坚持将发展作为第一要务，将满足人民群众对美好生活的追求和向往作为实践出发点，将人民群众幸福感作为评价发展得失成败的根本标准。面对中国发展过程中衍生的生态环境问题，中国共产党将其上升到民生的政治高度，力求从思维观念变革、发展理念变革、发展方式变革等多种手段进行解决。习近平指出："环境就是民生，青山就是美丽，蓝天也是幸福，像保护眼睛一样保护生态环境，像对待生命一样对待生态环境。"[①] 因此，环境问题关系到人民的福祉，关系到人类文明的未来存续。从人类文明当前发展现状来看，我们既不能按照生态主义的要求退回到原始社会，或者按照部分西方绿色发展理论主张的零增长经济模式，也不能按照发展主义、生产主义那样一味强调经济增长，而无视发展质量、发展可持续性问题。必须在合理的制度条件下，探索出一条既能满足人类生存发展的现实需要，又能满足延续人类文明进步的可持续性发展之路。客观来看，现阶段既具可能性，又具可行性的现实路径就是要通过制度建设、观念引导、技术创新、产业升级、生产转型等手段推动生产力的生态化跃迁发展，探索出一套以生态生产力为实践样态的绿色发展道路，以满足人类社会进步的永续发展需要。

2. 发展生态生产力符合人类社会进步的正义性需要

立足于全球发展的维度，发展生态生产力既符合人类社会进步的永续发展需要，更满足人类社会进步的正义性需要。一方面，客观来看，由资本主义国家主导的全球化进程虽然为生产力的世界交往创造了条件，在一定程度上推动了部分国家的经济发展，另一方面却带来了一系列全球性问题，如生态问题、能源短缺、贫富差距，等等。当前必须认识到的一个客观事实是，解决好上述全球性问题是人类的共同义务，需要各民族国家之间的共同参与合作。但是，在当前资本支配的国际政治经济秩序中，发达

---

① 《习近平关于社会主义经济建设论述摘编》，中央文献出版社，2017，第37页。

国家与发展中国家之间,不同民族、国家之间不仅存在着文化价值观念的矛盾与冲突,也存在着社会制度、物质利益方面的尖锐冲突。现阶段,"人类共同利益"仍然处于初步形成的观念领域之中,缺乏切实有效的强制性实践规范。

随着全球化进程的加深,资本主义主导的全球化生产日益普及,但是在资本逻辑的强势主导下,生态破坏效应正呈现出愈发明显的趋势。客观来看,资本主义主导的全球化主要采取如下两种方式:一是利用发达国家的先发优势,对落后发展中国家进行所谓"援助式"发展;二是在原有的价格标准上,通过控制其资本贸易市场,对落后国家的自然资源进行变相掠夺。乔尔·科威尔曾在《自然的敌人:资本主义的终结还是世界的毁灭?》一书中指出,资本受内在的增殖扩张逻辑驱动,必然要将触角延伸至全球各地。在经济全球化的过程中,由资本主义国家组建的世界贸易组织、世界银行等组织为资本的活动提供了扩张的条件和载体。这些组织通过对全球资本、先进技术、生态资源、廉价劳动力等生产要素进行价值整合,最大限度实现了对落后国家的奴役与剥削,并最终导致了全球性生态危机和地区贫富差距的进一步扩大。乔尔·科威尔指出:"只要资本规则存在,这一合并就会使生态危机成倍增长,无论采取什么措施都无法避免这种隐患。"[1] 在上述意义上,生态危机并不仅仅是人与自然关系危机,更是全球层面的人类交往危机。因此,生态危机"仅仅在地方性的层面是不可能得到解决的。区域性的、国家性的和国际性的计划也是必需的"[2]。客观来看,现阶段全球发展的最大困境在于发展的非均衡性、非正义性,在全球文化差异、制度差异相对分化的今天,能够被广大国家所接受的方式就是暂时搁置制度和意识形态对立,通过发展生态生产力以缓和这种矛盾对立。

生态生产力内涵的正义性主要呈现在以下三个方面:一是主客体层面,生态生产力强调超越工业生产力的主客对立模式,实现人与自然和谐统一的可持续发展;二是在主体间代内关系层面,部分国家的发展不能建立在对其他国家生态环境的破坏毁灭之上,剥夺另一部分人的生态权利;三是

---

[1] 〔美〕乔尔·科威尔:《自然的敌人:资本主义的终结还是世界的毁灭?》,杨燕飞等译,中国人民大学出版社,2015,第34页。
[2] 〔美〕詹姆斯·奥康纳:《自然的理由——生态学马克思主义研究》,唐正东、臧佩洪译,南京大学出版社,2003,第433页。

在主体间的代际关系层面，当代人的发展不能竭泽而渔，建立在对子孙后代生存环境的剥削破坏之上。习近平总书记多次强调："大家一起发展才是真发展，可持续发展才是好发展。"① 因此，发展还应该是公平的、普惠的。除此之外，习近平主席还曾在第七十届联合国大会一般性辩论时指出："2008年爆发的国际经济金融危机告诉我们，放任资本逐利，其结果将是引发新一轮危机。富者愈富、穷者愈穷的局面不仅难以持续，也有违公平正义。"② 简而言之，生态生产力所呈现出的人与自然、人与人的交往关系新样式表明，生态生产力不仅符合人类社会进步的永续发展需要，同时也满足人类社会进步的正义性需要。

3. 发展生态生产力符合人类社会进步的观念变革需要

生产力生态化跃迁发展以历史唯物主义生产力学说为理论支撑，立足于中国特色社会主义现代化实践和当代全球生态危机的实际，体现的是发展观（即满足人类社会需要的可持续性）与境界论（即人类社会生存与发展的和谐性）的高度统一。并且，这种高度统一直接表征的是人类社会进步的观念变革。

从发展观变革层面来看，工业文明奉行自由主义的发展哲学和"增长第一"的经济发展观。在经济发展模式上走的是以外延扩大再生产为特征的发展方式，耗费了地球大量的不可再生资源，对人类发展的可持续性形成严峻的挑战。自由主义作为现代西方人类的安身立命之本，其内涵的价值观念已很难适应全球化充分发展的要求。对此，有学者指出："从哲学上说，自由主义作为一种政治哲学，是以个人主义（所有社会都是个人的集合）为基础的，并以快乐主义（满足个人的幸福和愉悦就是道德上的善）作为价值标准。这种以快乐主义作为价值标准是主观的，而不是客观的：正确的标准依赖于个人而不是依赖于某些永恒的标准。"③ 在这种价值标准的制约下，自由主义的发展哲学和"增长第一"的经济发展观同消费主义价值观相结合的最终结果必然是地球生态资源的日益枯竭和生态危机。生产力生态化跃迁发展并不反对工业文明的经济发展，它质疑的是工业文明

---

① 《习近平谈治国理政》第 2 卷，外文出版社，2017，第 524 页。
② 《习近平谈治国理政》第 2 卷，外文出版社，2017，第 524 页。
③ 〔澳〕希尔曼、史密斯：《气候变化的挑战与民主的失灵》，武锡申等译，社会科学文献出版社，2009，第 149 页。

第二章　生产力生态化发展的实践智慧与跃迁逻辑

实现经济增长的方式和方法,以及主客对立式的处理经济增长与人的发展之间的关系。在此基础上,主张通过多种手段协调人与自然的关系,实现经济的内涵式增长。

从境界论高度来看,生态生产力内涵的人与自然关系、人与人关系的和谐统一直接体现的是生存论与发展论的历史统一。在关于人类社会生存与发展的文化价值观上,资本主义文明主张"消费至上"的文化价值观和生存方式,消费成为推动经济增长的巨大动力和最终目的。在这种消费价值观的主导下,人类日益被商品和消费所支配,客体反过来成为主宰人类的主体存在,主客体的角色倒置正是资本主义文明形态下人类生存发展的真实映像。生产力生态化跃迁发展内涵的价值逻辑要求将人们从消费主义文化价值观和生存方式中解放出来,要求摆正人的需要,强调消费仅是人类获得人生幸福的手段,而非人生的目的。并且,生态生产力与历史唯物主义一脉相承,认为幸福和自由应该在"创造性的生产劳动"中实现,而不在对商品无止境的追求和消费活动中。总之,从符合人类社会进步本质需要的马克思主义哲学世界观来看,生态文明坚持的是有机论哲学世界观,工业文明坚持的则是机械论哲学世界观。机械论哲学世界观指导下的工业生产力的特征形式是坚持主客体二分,把人类和自然的关系简单地归结为控制和被控制、利用和被利用的关系,把自然界看作是满足人类需要的工具,这必然会导致人类对自然的滥用。而一旦这种哲学世界观与资本进行结合,最终使得"控制自然"成为人类安身立命的价值观和方法论,最终导致人类和自然的关系逐渐走向紧张。历史唯物主义哲学世界观指导下的生产力生态化跃迁发展所呈现出的价值逻辑明确反对主、客二分的世界观和方法论,强调人类和自然之间相互联系、相互影响的辩证统一关系,主张人类社会和自然界的共同进化和共同发展,在深层次上体现出人类社会进步的本质需要与生态可持续要求的历史统一。

第三章 生态生产力发展对人民美好生活需要的价值凸显与现实满足

毫无争议的是，共产主义的终极目标在于解放劳动者，使得劳动者有更多的自由时间进行全面发展。所以，生产力发展的价值凸显并不是为了生活资料的无限增长，而是为了减少劳动时间进而为人的解放创造条件。一直以来，人们熟知共产主义的特征之一是物质财富极大丰富，但这实际上只是实现共产主义的基本物质条件，并非是说共产主义社会追求的是物质财富的无限度增长。上述问题却构成了很大一部分生态批评家解构历史唯物主义理论的核心观点。马克思的上述观点主要体现在《德意志意识形态》和《哥达纲领批判》等重要著作中。在《哥达纲领批判》中，马克思明确指出："在共产主义社会高级阶段，在迫使个人奴隶般地服从分工的情形已经消失，从而脑力劳动和体力劳动的对立也随之消失之后；在劳动已经不仅仅是谋生的手段，而且本身成了生活的第一需要之后；在随着个人的全面发展，他们的生产力也增长起来，而集体财富的一切源泉都充分涌流之后，——只有在那个时候，才能完全超出资产阶级权利的狭隘眼界，社会才能在自己的旗帜上写上：各尽所能，按需分配！"[①] 根据马克思这一论述，我们不难回答以下三个问题：一是共产主义社会必要的物质条件是高效的生产、富足的生活，以及劳动性质的变化和个人劳动的价值态度；二是生活的富足并非是绝对的、无限制的，其前提是集体的财富分配采取充分"涌流"的形式，但是生活的富足需要达到何种程度却是我们需要考虑的问题；三是之所以强调生活资料的富足，核心原因在于它是实行"按需分配"原则的必要条件。所以，生活资料的富足程度将取决于共产主义社会"按需分配"原则下人的"需要"的满足程度。在马克思看来，个体

---

① 《马克思恩格斯文集》第 3 卷，人民出版社，2009，第 435~436 页。

第三章　生态生产力发展对人民美好生活需要的价值凸显与现实满足

的"需要"只有在最基本的水平上得到满足，方能坚持按需分配原则，否则，共产主义社会必然会陷入普遍的贫困状态，这种贫困状态会使得个体为了争夺资源而重新陷入对立。因此，为了消除个体的对立，必须在物质资料水平达到富足状态，才能实行按需分配原则。应该明确的一点是，历史唯物主义理论语境下的按需分配原则并不局限于"商品配给份额"，其认为对稀缺商品进行平均分配至多只是一种"粗陋的共产主义"，因此其现实性更多强调的是以满足人类生存的"真实需要"进行相对的平均分配。

第一节　马克思需要理论对生态问题成因的本质剖析

学术界对"需要"范畴的探讨由来已久，其中比较著名的理论就是需要的经典"三元结构"，即"A 为了 Y 需要 X"，以及马斯洛的需要层次理论。但是，将"需要"问题与生态问题联系起来进行讨论，却是马克思需要理论的首创。马克思首先对"需要"范畴进行了真假区分："真实需要"指涉的是人类确实需要的事物，而"虚假需要"指涉的是人类对需要的错误判断。在此基础上，马克思以一种积极的规范性原则来理解人的需要满足问题，其核心观点是——特定历史发展阶段人的真实需要的满足并不会引发所谓的生态问题，而资本主义制度条件下由资本逻辑所主导的资本主义生产才是实质根源。马克思认为，"创造使用价值的生产"与人类的"真实需要"是相一致的，而"创造价值的生产"实际上是独立于人类的"真实需要"，并且具有明显的扩张趋势。马克思将这种"扩张趋势"界定为人类需要从属于资本扩张需要，而资本主义生产恰恰就从属于资本扩张引发的"虚假需要"。

一　表征存在本质的生活需要

在讨论"人的需要"的满足之前，首先应该对"需要"概念进行深入研究，并在此基础上进行明确界定。"需要"与"需求"不同，"需要"具有现实历史的普遍性，而"需求"则具有现实历史的特殊性。相较于"需求"而言，"需要"是一种更为直观的、具体的历史范畴，而"需求"范畴无论是从内涵，还是从外延来看，都比"需要"范畴更为丰富、更为广泛。

研究"需要"概念,必然绕不过"需要"的经典"三元结构",即"A 为了 Y 需要 X"。①"需要"的经典"三元结构"向我们表明,直接需要的某种事物实际上是满足另一种目的和事物的前提条件。即是说,A 需要 Y,但这种需要无法直接获得,而必须在获得 X 的前提下才能满足。所以有学者指出,"需要"的"三元结构""给我们提供了一种区分不同类别需要的方式:需要可按照它们服务的目的的种类来划分"②。举个例子,为了基本的生存,人类需要空气、水源和食物;为了健康的生存,人类需要清新的空气、洁净的水源、健康的食物;为了持续不断的发展,人类还有医疗、教育、工作和其他发展的需要;除此之外,还有一些需要是为了满足我们的愿望。从上述分类来看,有一部分需要是人类所共有的,还有一部分需要是为了满足人类个性的发展。

要对"需要"概念进行更为深刻地理解,就必然要涉及"需要"(needs)和"需求"(wants)之间的关系探讨。通常来说,"需要"与"需求"实际上被普遍认为是一个连续的统一体。但是如果按照"需要"范畴的经典"三元结构"来看,"需要"与"需求"完全是两个不同类型的范畴。对于"需要"来说,任何"需要"都要满足"A 为了 Y 需要 X"的对应结构;而对于"需求"来说,只有某些特定的"需求"才能满足"A 为了 Y 需求 X"的对应结构。因为"需求"可以被分为以下几个层面。用来实现某种目标而"需求"某种事物,属外在层面范畴;用于作为目的本身而"需求"某种事物,属内在层面范畴。客观来看,"A 为了 Y 需求 X"的对应结构应该只能适用于外在层面范畴。而用于作为目的本身的"需要"结构就只能是"A 欲求 X"。从本质层面来说,"需求"范畴本身是一种心理层面的意向性结构,它从深层次上推动我们的欲望;而"需要"范畴所表征的是一种客观事实的存在状态,即是说,为了实现某种目的,需要某物是必要的。在这个意义上,"A 为了 Y 需求 X"取决于 A 对于 X 的信念程度,尤其是取决于 X 对于实现 Y 的重要程度;但是另一方面,"A 需要 X"的对应结构根本不依赖于 A 对于 X 的信念程度,依赖于如下事实:X 是实现 Y 的必要条件。

---

① Doyal and Gough, *A Theory of Human Need*, London: British Journal of Sociology, 1991, p. 39.
② 〔英〕乔纳森·休斯:《生态与历史唯物主义》,张晓琼、侯晓滨译,江苏人民出版社,2011,第 232 页。

第三章　生态生产力发展对人民美好生活需要的价值凸显与现实满足

总的来说,"尽管需要陈述和欲求陈述拥有共同的三元结构,但它们却在指涉不透明(referential opacity)方面明显不同"[1]。在"需要陈述"的三元结构中,X能够被其他外延对应词进行替换而不改变"陈述真值",但是在"欲望陈述"这种替换而不改变"陈述真值"的情况就无法做到。在上述意义上,"需要"指涉的语境是客观透明的,"需求"指涉的语境是主观的、非透明的。简而言之,"需要"与"需求"的条件实现、目标达成具有不同的"真值条件"。而即使"需要"与"需求"都指向同一方向,但必然存在的事实是,在某些特殊情况,"需要"的事物并不是"需求"的,"需求"的事物并不是"需要"的。

在马克思的理论视域下,将"需要"满足的意识观念界定为一种"规范性原则",同样是基于"需要"概念的经典"三元结构"进行考察,并没有像部分绿色批评家所认为的那样——马克思坚持以"需求"的满足进行分配。相反,马克思坚持以"需要"的满足,尤其是"真实需要"的满足进行"按需分配"。除此之外,还有学者将需要理解为一种驱动力,或者说是一种深层次的、非工具性动机,也可以是有意识、有计划的欲望动力。但是,非工具性动机层面的"需要"并不能用经典"三元结构"来解释,因为经典"三元结构"层面的需要范畴实质上属于工具性层面,而不是非工具性层面。但是,如果在上述意义上使用"需要"范畴,那么就是在区别于需要的基础意义上进行使用,即是在"需求"意义上进行使用,又与"需要"存在着本质区别。比如,某个人可以受某种欲望驱使"需要"他本质上并不需要的事物(如烟草、酒精),同时也可以需要某种不受欲望驱使的事物(如规律的作息、持续的运动)。但是,这种提法给我们一个直观感受,即对于"需要"意义进行明确界定并不重要。然而,这种理解并非是马克思"按需分配"理论所使用的"需要"。事实上,马克思也并不赞成将"需要"与"需求"等同。

将"需要"理解为驱动力的另一种理论范式是马斯洛提出的。马斯洛的需要层次理论本质上是一种动机理论。在马斯洛看来,"需要"范畴由以下五个基本层次构成——生理需要、安全需要、归属需要和爱的需要、自

---

[1] 〔英〕乔纳森·休斯:《生态与历史唯物主义》,张晓琼、侯晓滨译,江苏人民出版社,2011,第233页。

尊需要、自我价值实现的需要，并且，不同类型的需要之间事实上存在着不同程度的重要性。即是说，第一类需要主导着个体行为，直到他获得满足之后第二类需要才出现，并开始占据主导地位，以此类推。① 马斯洛的需要层次理论遭到了学术界的强烈批评和反对，但是在这里我们并不打算介入其中，只是试图揭示马斯洛的"需要"范畴对于经典"三元结构"的破坏。马斯洛重点对"需要"和"需要的目标"进行了区分。在马斯洛看来，"需要"指涉的并非是个体深层次的动机和目标，而是我们必须借助于某物实现某种目标，或者需要某物驱动我们进行某种活动。同样，此种解释方式也无法用于理解马克思的"需要"概念。但是，马斯洛对需要的这种理论解释在某种程度上也可以用于经典"三元结构"。区别在于，在马斯洛的理论语境下，"A 为了 Y 需要 X"结构中的 Y 属于马斯洛心理学假设的驱动满足范畴。

事实上，对于能否用经典"三元结构"界定马克思的"需要"范畴，也有持反对意见的学者。在他们看来，经典"三元结构"只是在工具性层面能够起到作用，但缺乏基本的规范性力量。因此，对于马克思的"需要"概念，应该以"事实—价值"相结合的规范性基础为前提，进而弥合二者的分裂。另一种观点则认为，"需要"范畴所呈现出的规范性一面并非是出于需要陈述本身，而是出于一种隐性的评价性前提，即需要目标的可行性。从马克思的理论语境来看，他的确是在规范性层面对"需要"范畴进行界定。在这个意义上，马克思所使用的研究范式与经典"三元结构"应该是类似的，只不过马克思是以一种自明的方式，而非逐级论证的方式呈现的。

对于上述问题，著名学者威金斯也进行了具体论证。对此，他提出了"需要"的两种逻辑结构。一是"A 为了 Y 需要 X"的工具性结构，以及这种结构的省略表达——"A 需要 X"。举个例子："我现在需要 200 英镑买套西服"可以将其省略为"我需要 200 英镑"。如果无法得到 200 英镑的西服，那么他就在工具性的意义上需要 200 英镑。二是具有"A 需要 X"的结构，但并非是"A 为了 Y 需要 X"的形式省略。威金斯认为，并不能否认需要西服的某种潜在目的，以及这种需要是实现潜在目的所必需的。但是

---

① Maslow, *Motivation and Personality*, New York: Harper and Row, 1970, p.35、p.38.

第三章 生态生产力发展对人民美好生活需要的价值凸显与现实满足

能够否认的是,如果得不到西服,他不会无法生活,也不会因此而走向毁灭。实际上,这种需要是与威金斯称之为"绝对的""无条件的"需要相对的一种需要范畴。如果将"危害"的因素考虑在内,需要进一步阐明的是:首先,"危害"的本身就是有问题的;其次,对危害的解释,将取决于对生活的蓬勃发展或毁灭的价值观念。在这个意义上,不论是从工具性层面还是从绝对性层面进行考察,都必须通过将需要的目的(Y)因素考虑在内。非常明显的是,马克思在对于"需要"范畴的阐释中,包含着"需要"在一些方面涉及工具性层面的人类繁荣目的,另一些方面还涉及绝对性层面对于"危害"因素的避免。在下文,我们将就这一问题展开更加具体的考察。

二 "真实需要"与"虚假需要"

对于人类"需要"满足的考察,一直是马克思关注的核心论题之一,贯穿着马克思思想发展的始终。其中,马克思重点对于"真实需要"和"虚假需要"进行了理论区分——"真实需要"指涉的是人类确实需要的事物,而"虚假需要"指涉的是人类对需要的错误判断。事实上,虚假需要就是欲求的体现。马克思在对"真假需要"进行理论区分的基础上,还对"虚假需要"产生的社会条件——资本主义进行了深入批判。与众多绿色理论家的观点类似,马克思对"需要"与"欲求"做出了明确区分,也就是说,现代社会众多消费对象实际上是"欲求对象",只是在强大的体制逻辑的支配下转化成了"需要对象"。如果无限制地满足人类的"欲求"意义层面的"需要",就必须要求生产上相对应的扩张,那么这种情况在生态上将是无法持续的。所以,要想使人类"需要"的满足与生态的可持续性相呼应,就必须对"真实需要"和"虚假需要"做出明确的理论区分。正是基于上述考量,马克思在对未来社会进行设想时,实际上已经考虑到生态可持续的问题,所以提出了"按需分配"的分配原则。但是,在探讨这个问题时,我们需要重点考察、证实这样一个问题——马克思的"按需分配"概念是建立在"真实需要"的限定范围之内的。对于这个问题的阐释不明确,也是马克思的理论遭到众多绿色理论家批评的主要原因。

马克思对于"需要"范畴进行考察始于《手稿》。在《手稿》中,马克思指出,在资本主义制度下,"每个人都千方百计在别人身上唤起某种新的需要,以便迫使他作出新的牺牲,使他处于一种新的依赖地位,诱使他追求新的享受方式，从而陷入经济上的破产。每个人都力图创造出一种支配他人的、异己的本质力量，以便从这里面找到他自己的利己需要的满足"①。在这段论述中，马克思确实将"需要"范畴与"欲望"范畴进行了混用，但是很明显，这里的"需要"范畴本质上区别于"按需分配"中的"需要"范畴，它所指涉的就是马克思所批判的"虚假需要"。因为马克思接下来将这种"虚假需要"界定为"下流的臆想、怪想"。"产品和需要的范围的扩大，成为非人的、过分精致的、非自然的和臆想出来的欲望的机敏的和总是精打细算的奴隶。私有制不能把粗陋的需要变为人的需要。它的理想主义不过是幻想、奇想、怪想……"② 所以，马克思并没有将资本主义催生的"需要"当作是一种"真实需要"。

在马克思看来，特定的社会条件下人们所感受到的"需要"实际上并不完全是真正的需要，所以，应该借助于外在的规范性力量，对由资本诱发的"虚假需要"进行抑制，进而解蔽被"虚假需要"所隐匿的丰富的、多方面的，且能够帮助人类不断发展，并实现自我价值的"真实需要"。从以往的生态理论家对于《手稿》中"需要"概念的阐述来看，多是从消极性层面进行解读。而实际上，从《手稿》所呈现出的理论内容来看，我们完全可以对人类的"需要"做一种积极的解释。并且，这种积极层面的解释是建立在生态兼容性的基础之上的。在《手稿》中，马克思借助于异化理论，对"人的本性"和"人的需要"进行了集中阐释。马克思指出，人的本性和需要从根本上区别于动物。马克思的这种区分虽然得到了生态学马克思主义者的赞扬，尤其是他提出的"共产主义是人和自然界之间、人和人之间的矛盾的真正解决"被视为是解决生态危机的根本出路。但是，马克思对人和动物在本性层面与需要层面的区分，却不同程度地遭受了绿色批评家的反对，他们认为这种对差异的强调正是控制自然、改造自然的人类中心主义价值观念的典型表现。但是，反对者忽视的问题是，如果控制自然、改造自然的人类中心主义价值观念能够被限定为与人类繁荣的利益和需要相符合的范畴，那么这种观念在生态上就是可持续的。

对于学术界关于《手稿》中需要理论的正反观点，英国生态学马克思

---

① 《马克思恩格斯全集》第42卷，人民出版社，1979，第132页。
② 《马克思恩格斯全集》第42卷，人民出版社，1979，第132~133页。

第三章 生态生产力发展对人民美好生活需要的价值凸显与现实满足

主义者泰德·本顿（Teb Benton）进行了深入考察。他认为，马克思不仅将自然看作是满足人的生命需要的物质手段，还将自然看作是精神层面，尤其是审美层面的营养之源。更为重要的是，马克思设想的共产主义社会在生态层面的理论限定就是人与自然和谐共生的社会形态。本顿也指出，马克思对于这一问题的论述存在着不同时期的矛盾对立。尤其是马克思将人的需要的特殊性与动物的需要的先天性进行了明确区分，这在本顿看来是一种"物种歧视"的做法。所以，本顿建议应该将人类的特性从与其他生物共有的自然存在的"共同内核"中分离出来，并进行详尽阐释。同时，为了摆脱人与动物需要的二元论范式，必须将人的特定需要与动物的普遍需要进行一种整体性理解。但是，在著名生态学马克思主义者休斯看来，本顿的这种批判是站不住脚的。因为，人的特定需要与动物的普遍需要之所以存在差异，是因为人的需要内含着一种独特的力量，并且能够作为解释历史发展进程的因果陈述。在马克思看来，人作为有意识、有智慧的社会存在物，要求的是社会发展需要和自然生存需要相统一的需要类型，并且这种需要类型在不同的历史发展进程中还会呈现出不同的需要内容。然而，在本顿的理论语境下，这种需要类型的满足是以一种人类的方式进行的动物需要。客观来看，本顿的上述提法是完全脱离现实、没有说服力的。本顿的"物种歧视"提出实际上是要将人类的道德义务向动物方面进行扩展，但如果将人的需要与动物的需要同等看待的话，就完全抹杀了人相较于动物的特殊性。因此，当我们在考察马克思需要理论的生态可持续维度时，并不需要回避，或者惧怕谈及人的需要与动物需要之间的差异性，而是应该正视这种差异，进而明确人类需要的基本内容。

马克思在界定人类需要的内容范围时，通过和动物需要进行对比论述的方式，从逻辑上和因果关系上确证了人的需要并不能等同于自然层面的动物需要。在《手稿》中，马克思对需要的核心解释是——超过肉体生存所需（动物需要）的需要，而资本主义体制恰恰对这种类型的需要进行了否定。应该明确，在人类历史发展的不同时期，"肉体生存所需（动物需要）的需要"也不是完全处于同一水平的。所以，如果想对"肉体生存所需（动物需要）的需要"这个范畴进行更加深入说明的话，我们还必须引入"社会公认的需要"的概念。"社会公认的需要"，即在当前历史阶段社会所公认的人的生活必需。在资本主义制度条件下，劳动者的"社会公认的需要"仅仅只是其"肉体生存所需（动物需要）的需要"，这种需要的满足甚至不是为了维持工人的生命存续目的，而只是为了榨取劳动者剩余价值的可连贯性。当资本主义以此种方式限制劳动者的需要时，劳动者就不再以"人"的身份存在，而只是处于动物的层次。也就是说，资本主义对劳动者需要的限制将劳动者从人贬为了动物，这也是资本主义"不拿人当人"的狡黠悖论在人的需要层面的具体表现。

马克思对资本主义限制人的需要的谴责还体现于政治经济学批判之中。马克思指出："国民经济学家对我们说，劳动的全部产品，本来属于工人，并且按照理论也是如此。但是他同时又对我们说，实际上工人得到的是产品中最小的、没有就不行的部分，也就是说，只得到他不是作为人而是作为工人生存所必要的那一部分以及不是为繁衍人类而是为繁衍工人这个奴隶阶级所必要的那一部分。"[①] 除此之外，在《手稿》的其他章节，马克思还重点揭示了资本主义生产方式造成的"相对过剩人口"（产业后备军）的生存状态："国民经济学不知道有失业的工人，不知道有处于劳动关系之外的劳动人……因此，在国民经济学看来，工人的需要不过是维持工人在劳动期间的生活的需要，而且只限于保持工人后代不致死绝程度。"[②] 除此之外，在《资本论》的第一卷第23章部分，马克思还对"相对过剩人口"（产业后备军）进行了展开论述。实际上，从现代社会发展特征来看，为了使工人的劳动呈现出最大效率，必须对工人进行与劳动相关的技术培训，所以为满足生产顺利运行的工人需要就不再局限于基本的生存需要，还必须包括一部分其他需要。因而，在马克思看来，资本以工资形式支付工人，不仅包括生存手段、身体补给和繁衍条件等维持自身的生存需要，还包括接受教育和培训成为发达的和专门的劳动力的需要。或者进一步说，工人阶级这里所必需的事物直接决定着工人阶级能否形成，它向我们呈现的是历史因素和道德因素的统一。尽管资本主义为了自身生产的延续，会采取各种补偿手段平衡工人和资本家的矛盾，支付的劳动报酬不同程度上超过了维持工人生存的需要，但是对马克思而言，只要社会公认的工人需要与自然层面的动物生存需要没有实质差异，那么这种需要就远远不能达到满

---

① 《马克思恩格斯全集》第42卷，人民出版社，1979，第54页。
② 《马克思恩格斯全集》第42卷，人民出版社，1979，第105页。

第三章　生态生产力发展对人民美好生活需要的价值凸显与现实满足

足人的全面发展的要求。对此,马克思深刻指出:"他把尽可能贫乏的生活(生存)当作计算的标准,而且是普遍的标准;说普遍的标准,是因为它适用于大多数人。国民经济学家把工人变成没有感觉和没有需要的存在物,正象他把工人的活动变成抽去一切活动的纯粹抽象一样。因此,工人的任何奢侈在他看来都是不可饶恕的,而一切超出最抽象的需要的东西——无论是消极的享受或积极的活动表现——在他看来都是奢侈。因此,国民经济学这门关于财富的科学,同时又是关于克制、穷困和节约的科学,而实际上它甚至要人们把对新鲜空气或身体运动的需要都节省下来。"① 综合上文论述来看,马克思对于人的需要问题,实际上设置了一个最低水平,即超出维系人的生命存续的基本的自然物质需要。对于马克思而言,人类需要不仅仅涵盖物质层面的生存需要层次,而且涵盖社会层面的人类生存发展所必需的条件,并且这种需要还是人类社会所公认的。

马克思对于人类需要和动物需要的划分实际上给我们提供了一个关于人类需要的积极层面的理解思路。在马克思的思想论域下,资本主义制度规定的工人需要与人的实际需要是完全背离的。所以在他看来,处于资本主义统治下的人类不是全面发展的状态,而只是一种类似动物的发展状态。资本主义社会公认的工人需要只是维持工人生存的需要,并非满足人的全面发展的需要。能够证实的一个问题是,马克思坚信人的需要的扩张,人的需要应该比资本主义社会公认的需要更丰富。马克思在对社会主义价值目的进行阐释时指出,他明确反对建立在"平均化欲望"基础上的"粗陋的共产主义","对整个文化和文明的世界的抽象否定,向贫穷的、没有需求的人——他不仅没有超越私有财产的水平,甚至从来没有达到私有财产的水平——的非自然的单纯倒退"。② 所以马克思明确主张,在共产主义社会条件下,需要的特征是以"人的需要的丰富性"为前提的。用他的话来说,这种形式的共产主义是由拥有"富有的人的需要"的"富有的人"居住的社会。简言之,相较于资本主义社会公认的需要而言,人的"真实需要"涉及的内涵和外延都更加广泛,并且我们应该将其视为人类进一步发展的前提和基础。但是,在这里需要指出的一个问题是,马克思虽然坚信

---

① 《马克思恩格斯全集》第42卷,人民出版社,1979,第134~135页。
② 《马克思恩格斯全集》第42卷,人民出版社,1979,第118页。

人类需要的增长,但是这种需要增长的实际过程并非是通过一种反生态的离散步骤,而是建立在持续发展的基础之上。为了说明这个问题,我们将进一步考察这种需要的满足导致的生产扩张,以及可能造成的生态后果。

三 "虚假需要"与生态问题的成因

众所周知,《资本论》所达成的一个主要理论任务就是对"创造使用价值的生产"和"创造价值的生产"进行了科学区分。在马克思看来,"创造使用价值的生产"与人类的"真实需要"是一致的,而"创造价值的生产"实际上独立于人类的"真实需要",并且具有明显的扩张趋势。马克思将这种"扩张趋势"界定为人类需要从属于资本扩张需要,资本扩张需要统治人类需要的二元关系。著名西方马克思主义者马尔库塞也关注到了此问题。他接续了马克思的论点,进一步指出从属于资本扩张需要的"虚假需要"实际上宰制着资本主义社会的各个阶层。只不过他们的体验是完全不同的。客观来看,劳动者的"真实需要"一方面被资本主义私有制压制,另一方面,在资本"同一性逻辑"的宰制下,劳动者还必须接受"虚假需要"。但是,由劳动者所"享受"的粗陋的"虚假需要"同资本家所"体验"的复杂的"虚假需要"在内容和形式上都完全相反。正如马克思在《手稿》中指出的那样,"正象工业利用考究的需要进行投机一样,工业也利用粗陋的需要,而且是人为地造成的粗陋的需要进行投机。因此,对于这种粗陋的需要来说,自我麻醉,这种表面的对需要的满足,这种在需要的粗陋野蛮性中的文明,是一种真正的享受"[①]。在《资本论》中,马克思将其对使用价值与交换价值的区分,与亚里士多德对"谋生术"和"赚钱术"的区分进行了理论比较。其中,"谋生术"指涉的实质就是使用价值的生产,而"赚钱术"指涉的则是交换价值的获取。在理论比较的过程中,马克思发现了一个重要问题,即使用价值的生产是有界限、有边界的,而交换价值追求的剩余价值获取则是无界限、无边界的。

在资本主义的制度条件下,资本增殖的扩张"需要"不仅与人的"真实需要"产生了背离,而且在很大程度上催生、塑造了人类实际生存发展中并非需要的"需要"——"虚假需要"。在资本主义体制逻辑的竞争压力

[①] 《马克思恩格斯全集》第42卷,人民出版社,1979,第138页。

第三章 生态生产力发展对人民美好生活需要的价值凸显与现实满足

下,资本家为了保持其在剥削阶级阵营中始终居于统治地位,就必须不断投入进行扩大再生产。为了满足这种扩张的需要,就必须要求有与之相匹配的消费。所以,资本家试图以各种方式在消费领域创造出新的需求幻象,不断催生出"虚假需要"。对于这个问题,马克思在考察商品范畴时深刻指出,"商品首先是一个外界的对象,一个靠自己的属性来满足人的某种需要的物。这种需要的性质如何,例如是由胃产生还是由幻想产生,是与问题无关的"[①]。正是资本主义生产体制的扩张逻辑与自然生态资源的有限性的矛盾,最终引发了资本主义社会日益严重的生态问题。但是应该明确,在工具性意义上所使用的"需要"范畴虽然也具有合法性,而这并不能构成马克思理论语境下的人类繁荣目的,并且无法构成共产主义语境下人的"需要"范畴的规范性意义。

但是,马克思对于"真假需要"的理论区分,招致学术界部分学者的批评。其中,艾格尼丝·海勒认为,马克思对于"真假需要"的区分,构成了社会主义实践的"专政基础"。海勒指出:"把'真正的'需要与'幻想的'需要区分开来这种姿态,迫使理论家站到了一个评判社会需要制度的神的立场上。只有假定人们知道哪些是'真正的'、'真实的'需要,他们才能把真正的需要与幻想的需要区分开来。当操纵理论解释了需要的非现实性时,理论家下判断的知识就只能源于这样一种事实,即他的意识并不是盲目的而是正确的意识。"[②] 海勒提出的"需要的独裁"的危险确实是一个值得重视的问题,这个问题的提出至少给我们提供了以下解决思路:一是如何在理论层面区分"真假需要";二是当遵循"真实需要"进行资源分配时,这种"真实需要"是由何种原则进行界定,并且如何界定;三是"真假需要"的区分与生态问题的实际关联。在海勒看来,"人们意识到的那些他们的需要,其实就是他们的需要。这种需要是真实的需要,我们必须承认它,满足它"[③]。而"人们意识到的那些他们的需要"受各种因素的影响,这种需要可能是"真实需要",但也极有可能是"虚假需要"。而"虚假需要"的产生背后恰恰隐藏着"操控逻辑"。所以,与其说马克思对

[①] 《马克思恩格斯全集》第 42 卷,人民出版社,2016,第 21 页。
[②] Agnes Heller, *The Theory of Need in Marx*, London: Allison and Busby, 1985, p.285-286.
[③] Agnes Heller, *The Theory of Need in Marx*, London: Allison and Busby, 1985, p.291.

"真假需要"的区分在逻辑上是"操控的",倒不如说"操控的需要"在本质上是一种"虚假需要"。至于马克思对"真假需要"的区分会不会造成"需要的独裁",实际上我们可以从马克思的文本中找到充分的证据,尤其体现在马克思对于资本主义生产方式"同一性"体制逻辑的"独裁"批判中,前文我们已经大量论及。海勒认为,资本主义社会条件下人们所感受到的操控的异化需要与社会主义社会条件下人们所感受到的存在着本质区别。在笔者看来,拒绝对"真假需要"做出区分可能会使马克思的需要理论走出独裁的危险,然而,这也有可能使马克思丧失其需要理论的生态批判功能。也有人可能会认为,马克思对于"真假需要"的区分是没有必要的,因为一旦消除资本主义所操纵的需要类型进入共产主义社会,那么人的需要在现行的体制逻辑下就会自发地与真实需要相适应。但实际情况应该远远比这种设想更复杂。因为,在生态稀缺不确定的情况下,我们无法确切了解人类需要的发展情况。一个可能存在的问题是,社会主义的物质需要的增长趋势应该比资本主义的物质需要的增长趋势更为缓慢。

与众多绿色批评家的观点类似,马克思同样认为人类真正的需要并非完全是人类所感受、意识到的需要,二者可能存在交叉重合,然而在本质上是完全不同的。但是,与绿色批评家的观点不一致的是,马克思倾向于坚持需要是不断丰富和扩大的,而绿色批评家则试图对需要进行限制以满足生态可持续的要求。尽管如此,我们也不应该忽视一个事实:真正的需要在某些方面要比人类实际所认知的需要更加狭隘,而在其他方面要比人类实际所认知的需要更加广泛。除此之外,虽然需要的增加意味着物质生产的扩张,但是物质生产扩张与生态破坏是否具有必然的联系,这是我们接下来要进一步考察的问题。

第二节 马克思生产力理论对生产力生态化跃迁发展的规律揭示

马克思的生产力理论作为对人类社会历史发展规律的一般解释,在逻辑上呈现出的是解释性原则和规范性原则的理论统一。从马克思对于人类社会历史发展的规律解释来看,其内在的核心理论逻辑是生产力的发展与人类合理需要的历史阶段性满足问题。在生产力发展满足人类合理需要所

第三章 生态生产力发展对人民美好生活需要的价值凸显与现实满足

面临的生态问题上,笔者试图结合部分生态学马克思主义者的观点,从生产力发展的"革命性效应"方面进行解释。在历史唯物主义理论语境下,生产力范畴的核心是被用于规定生产关系的现实样态,二者的持续运动构成了社会进步的基础动力。但是,马克思生产力理论的价值旨趣并不在于解释个别的、特殊的社会形态发展规律,而在于解释一般的、普遍的社会形态历史转变规律。而普遍的社会形态历史转变规律的解释,必然要以生产力发展的物质基础为前提。生产力发展与社会形态转变的辩证关系,直接呈现的是生产力发展的"革命性效应"(the Revolutionary Effect)。客观来看,生产力发展的"革命性效应"有两种发生形式——"促动效应"(the Enabling Effect)和"破坏效应"(the Undermining Effect)。在"促动效应"和"破坏效应"的共同作用下,生产力跃迁发展的自主趋势会促发生产力朝着生态良性方向发展。

一 生产力的发展目的是满足人类合理需要

历史唯物主义将生产力范畴界定为人类改造自然、利用自然的实践能力,而改造自然、利用自然的终极目的是为了满足人类日益增长的需要。正如前文指出,人类日益增长的需要不仅涉及基本的物质层面的生存需要,还涉及技术、交往、精神等层面不断发展的需要。马克思还将"人的本质"理解为"一切社会关系的总和",也就是说肉体层面的满足并不是"人的本质"的体现,当人类行使其基本权利具有社会性维度时,才能够真正体现出人类的本质。相较于物质层面的低层次的需要而言,这种需要本质上是一种"自我实现的需要"。但是,尽管"自我实现的需要"区别于物质层面的需要,却建立在能够表征物质繁荣程度的生产力发展水平的基础上。

客观来看,马克思对于这一问题的思考也有一个渐进的过程。马克思起初认为,人的本质力量和人的生物学意义上的能力是一致的,但是人与世界的关系却不是始终如一的,大自然提供的只是一个最初形式,进入社会层面之后这种形式还会不断地变化。马克思指出:"社会的人的感觉不同于非社会的人的感觉。只是由于人的本质的客观地展开的丰富性,主体的、人的感性的丰富性,如有音乐感的耳朵、能感受形式美的眼睛,总之,那些能成为人的享受的感觉,即确证自己是人的本质力量的感觉,才一部分发展起来，一部分产生出来。"① 人的本质与动物的本质虽有生物学意义上的重合之处，但是人的特性中的人性概念可以明确地将其与其他物种区分开来，因为人必须尽可能地发挥其本质力量，并参与到社会活动的过程中去。因此，人的自我实现不仅需要借助于生物学赋予的改造自然的能力，还需要进一步发展这种能力。人的社会性存在恰恰是发展这一能力的必要条件，因为这种能力在本质上也是社会性的。所以著名生态学马克思主义者乔纳森·休斯指出，"在马克思看来，真正推动了人的力量发展的以及教给我们充分使用我们的感官并提供给我们用来行驶它们所使用的新材料的那些东西，就是在生产活动中探索和控制自然"②。而实际上，这一观点直接对应了《手稿》中的一段重要论述，"工业的历史和工业的已经产生的对象性的存在，是一本打开了的关于人的本质力量的书，是感性地摆在我们面前的人的心理学"③。值得注意的是，马克思认为"工业的历史"尽管使得"人的本质力量"得到了发展，但是人的这种本质力量发展是以异化的方式实现的。因此，对于人的自我实现需要而言，所需要的是自由的、非异化的生产活动。至于生产劳动是否是"人的自我实现需要"达成的唯一方式，马克思在《资本论》中也有提及，其核心观点是"在转变劳动性质的前提下通过减少必要劳动时间"来实现。

马克思对于"人的自我实现需要"的规定是在论证异化劳动的过程中进行的。在马克思的思想论域下，异化劳动对于劳动者来说属于外在层面的东西，而非其本质的自由展现。劳动者在此种劳动形式下不是肯定自己，而是否定自己；不是自由地展现自己的本质力量，而是使自己遭受肉体和精神上的双重摧残。并且，它不是自愿的，而是被迫的；它不是为了满足人的自我实现的劳动需要，而只是为了满足这种需要之外的另一种特殊需要的方式手段。简而言之，马克思将生产活动界定为人的自我实现的"生命活动"，在这种生命活动中，劳动者一方面能够满足自己的基本生存需要，另一方面也满足了社会层面的自我实现需要。所以，生产力的发展一方面是为了满足国民经济学家理论语境下的基本的人类生存需要，另一方

---

① 《马克思恩格斯全集》第42卷，人民出版社，1979，第126页。
② 〔英〕乔纳森·休斯：《生态与历史唯物主义》，张晓琼、侯晓滨译，江苏人民出版社，2011，第233页。
③ 《马克思恩格斯全集》第42卷，人民出版社，1979，第127页。

第三章 生态生产力发展对人民美好生活需要的价值凸显与现实满足

面还是为了满足社会层面的自我实现、自我发展需要。就本质意义而言，生产力的发展本身首先是一个物质过程，所表征的是"人的本质"力量；其次又是一个社会过程，能够进一步发展"人的本质力量"。即是说，生产力能够在提供劳动者生存所需的物质基础上进一步完善人的创造性活动所需的条件和对象。总结来说，生产力的发展一方面要维持劳动者的生活，另一方面还要维持人的自我实现的活动。

生产力作为表征人的本质力量的手段与人的需要满足具有重要的研究意义。因为，这种关系意味着马克思所提倡的生产力发展在促进人类自我实现的同时，会进一步导致物质需要和自我实现需要的范围扩大。在生产过程中，劳动者智力和新的技能的不断运用，将最大程度地发挥人的本质力量，最大程度上达成"人的自我实现"。它不仅发挥了人类物种所特有的创造力，还凸显了人区别于动物的社会性。在具体的生产过程中，人的本质力量发展也体现在人的智慧提升，即如何降低对自然资源的消耗以维持或扩张人类所需要的物品。或者更确切地说，技术的发展不仅可以提高产量，而且能够提升资源利用率。简言之，通过技术的进步和应用，能够在实现生产力增长的目的下尽可能地不对环境造成影响。所以，生产力的发展是为了人类不断扩大的需要的满足，这完全可以通过生态良性的方式实现。

二 生产力发展过程中的"破坏效应"与"促动效应"

对于马克思的历史唯物主义而言，生产力的发展实际上起到了一个解释性和规范性的作用。就解释性作用来看，生产力的发展是马克思解释社会结构历史转变的核心要素。在解释性范式下，生产力的发展只是对现实历史实际发生的客观描述，并没有导致或加剧生态问题的实践倾向；在规范性范式下，生产力的发展并非一个独立的社会范畴，而是嵌入人类实践活动的具体发生过程，并且是刻入人类意识印记经过选择后的行动结构产物。就此意义而言，生产力的发展会出现促进、限制、改变社会历史进程的可能性。尽管生产力的发展带来了一定程度的负面效应，但是马克思对于生产力仍旧进行了积极层面的考察。在《共产党宣言》中，马克思对资本主义社会条件下的生产力发展进行了高度颂扬。之所以如此，是因为马克思将生产力的发展视为其共产主义方案实现的必要条件。但是这样一来，就容易受到绿色批评家的攻击，即普遍认为这一理论与生态性要求不相兼容。面对这种批判，我们有必要考察历史唯物主义理论视域下的生产力的规范性发展，以及这种发展所带来的生态后果。

在历史唯物主义的理论语境下，生产力的发展对于社会进步的促进作用是毋庸置疑的。但是，社会进步的解释并不能构成对生态问题的明确回应。所以，必须从生态的视角出发来解释马克思语境中生产力发展的性质问题。即是说，马克思的生产力理论致力于倡导的究竟是何种形式的生产力发展。为了全面考察这一问题，我们有必要考察生产力发展在这一理论中的效应、作用问题。众所周知，马克思对于生产力最为集中、最为经典的论述是在《〈政治经济学批判〉序言》中，马克思指出："人们在自己生活的社会生产中发生一定的、必然的、不以他们的意志为转移的关系，即同他们的物质生产力的一定发展阶段相适合的生产关系。这些生产关系的总和构成社会的经济结构，即有法律的和政治的上层建筑竖立其上并有一定的社会意识形式与之相适应的现实基础。"[①] 从这段论述中不难发现，历史唯物主义的生产力范畴首先被用于解释生产关系的现实样态，而生产关系又是解释法律、政治等上层建筑及社会意识形态的核心范畴。马克思的理论旨趣并不在于解释个别的、特殊的社会形态发展规律，而在于解释一般的、普遍的社会形态历史转变规律。因为，普遍的社会形态历史转变规律的解释，必然要建立在生产力发展的基础之上。之所以有此论断，是因为生产力的发展科学地解释了生产关系的历史转变，生产力的发展创造了生产关系发生转变的历史条件。在这个意义上，生产力发展的关键社会效益在于，其为社会形态转变、跃升创造了现实条件。生产力发展的这一特征，有学者称之为生产力发展的"革命性效应"（the Revolutionary Effect）。客观来看，生产力发展的"革命性效应"有两种发生形式：其一，生产力发展积累到一定水平可能会创造一个全新的社会形态；其二，生产力发展积累到一定水平可能会破坏原有的旧的社会形态。对于生产力发展的"革命性效应"的这两种发生形式，我们将其分别称之为生产力发展的"促动效应"（the Enabling Effect）和"破坏效应"（the Undermining Effect）。

在马克思的理论语境下，人类社会特定历史发展阶段的生产关系可以

[①]《马克思恩格斯文集》第2卷，人民出版社，2009，第591页。

第三章　生态生产力发展对人民美好生活需要的价值凸显与现实满足

用生产力的发展水平进行解释。对于这个原理,分析的马克思主义的代表学者科恩称之为"功能性解释"。在功能性解释的理论范式下,生产力与生产关系的辩证运动关系还能用"后果解释"加以阐明。即是说,"生产关系有这样的特性,因为这个特性,它们促进生产力的发展"[①]。在"功能性解释"范式下,能够产生这种效应的现象,并且能够解释这种现象的范畴具备如下功能——生产关系有促进生产力发展的功能。从功能性解释来看,生产关系促进生产力发展的功能是对生产力决定生产关系的关系颠倒。就本质意义而言,"功能性解释"认为生产力与生产关系的辩证运动应该是一种平衡模式。在平衡模式中,生产力对于生产关系具有破坏和促动效应,生产关系对于生产力有束缚和促进作用。但是客观来看,"功能性解释"所展现的生产力与生产关系辩证运动的平衡模式,与马克思生产力理论的原初本意是不一致的。在马克思看来,生产力与生产关系两个范畴实际上是一对"非对称关系"。从生产力发展的"革命性效应"来看,生产关系的选择是由生产力的发展水平决定的,生产力的发展水平直接决定了生产关系的实际样态。尽管其对于生产力发展具有一定程度的反作用,但相较于生产力发展的决定地位而言,生产关系的解释性地位是屈居于次的。生产力发展的革命性效应作为马克思社会发展理论的核心解释性元素,它直接解释了马克思在社会变革方面为何始终强调生产力发展的理论原因,呼应了马克思致力于构建的共产主义社会的物质前提——生产力的高度发达。

1."破坏效应"

从生产力发展的"破坏效应"来看,其核心观点是生产力发展到一定阶段会与现存的生产关系发生矛盾,并对现存的生产关系进行"破坏",从而推动人类社会历史进程的发展进步。对于这个过程何时发生,在马克思看来,当生产力发展受到现存的生产关系束缚,或者后者成为前者的桎梏时,这个矛盾就自然而然地会推动这个进程发生。马克思、恩格斯的著作曾多次提到"桎梏"范畴,在1859年写作的《〈政治经济学批判〉序言》中,这一范畴得到了经典的运用:"社会的物质生产力发展到一定阶段,便同它们一直在其中运动的现存生产关系或财产关系(这只是生产关系的法律用语)发生矛盾。于是这些关系便由生产力的发展形式变成生产力的桎

[①] Cohen, *Karl Mars's Theory of History: A Defence*, Oxford: Clarendon Press, 1988, p.249.

桎。那时社会革命的时代就到来了。"① 尽管马克思、恩格斯频繁使用这一范畴，但对"桎梏"范畴却并没有进行明确的界定。

其中，对于"桎梏"的一个解释是，生产力在现有的生产关系框架下无法进行任何形式的发展。这种"桎梏"是一种"绝对停滞"（Absolute Stagnation）的范畴，对于大多数马克思理论的研究者而言，他们都是在"绝对停滞"的意义上使用"桎梏"。但是，"绝对停滞"的意义在解释社会变革方面属于一种静态的范式，因而不是完全令人满意的。一方面，在"绝对停滞"意义上理解的"桎梏"概念是武断的，因为我们很难界定生产力发展是处于缓慢下降、衰退，还是完全停止；另一方面，在"绝对停滞"意义上理解的"桎梏"概念并不属于"可预测性约束"（Predictability Constraint）范畴。根据著名的政治哲学家、分析的马克思主义者科恩的理论，从"可预测性约束"的视角来理解"桎梏"，"桎梏"应该是能够被预测到的未来社会的发展趋势。总之，"绝对停滞"的"桎梏"概念过于武断、片面，比如，就像我们很难理解资本主义生产力要么持续发展下去，要么会在某个阶段完全停滞一样。

对于"桎梏"范畴的另一种较为合理的解释是"相对发展桎梏"（Relative Development Fettering）概念。按照"相对发展桎梏"的解释，当生产力在现行的生产关系之下，相较于其应有的发展速度而言更为缓慢时，生产关系就对生产力造成了"桎梏"。相较于"绝对停滞"的解释范式而言，"相对发展桎梏"的解释范式更为"柔和"。但是，"相对发展桎梏"的解释范式也同样存在问题。因为，如果按照此种解释范式，假定生产力的发展受到了现行生产关系的"桎梏"，那么就有理由进行社会革命，建立更加先进的生产关系。但是，这种范式没有考虑到革命所消耗的成本和风险，社会革命的发生不可能仅仅出于未来的社会形态更有利于生产力的发展，并且是在这种社会形态对于生产力的发展实际促进情况未知的前提之下。对此，科恩进行了发问："设想在一个生产力的加速发展时期进行革命将是冒险的，冒这样的风险只因为在不同的生产关系下生产力将会有更快的增长，这是可信的吗？"② 实际上，对于这个问题，马克思进行了明确的理论说明。

---

① 《马克思恩格斯文集》第2卷，人民出版社，2009，第591~592页。
② Cohen, *Karl Mars's Theory of History: A Defence*, Oxford: Clarendon Press, 1988, p.110.

第三章 生态生产力发展对人民美好生活需要的价值凸显与现实满足

在他看来,"桎梏"的概念并不是对社会现行生产力发展的限制,而是对其应用新的、更高的生产力发展的限制。比如,马克思在《共产党宣言》中明确指出,封建的生产关系已成为"已经发展的生产力"的"桎梏"了,资本主义的"桎梏"则会借助于生产力的发展进行克服。在马克思的理论语境下,资本主义对生产力发展的"桎梏"表现不在于减缓了生产力的发展,而在于无限扩张的生产过剩带来的周期性经济危机。资本主义生产关系下,生产力的过度发展造就了人类社会"一时的野蛮状态",受这种状态的影响,"仿佛是一次饥荒、一场普遍的毁灭性战争,使社会失去了全部的生活资料"。除此之外,马克思在《德意志意识形态》中还指出,与资本主义大工业相联系的生产力在私有制社会条件的制约下,只采取了片面发展的形式,并逐步演化为一种破坏的力量。在这里,我们试图阐明的是,马克思所支持的生产力发展的"破坏效应"是否具有生态破坏性的发展形式。为何要对这个问题加以强调?首先,马克思在论及资本主义生产关系对于生产力的桎梏时认为,人们对能够促进更高级的生产力发展的生产关系有足够意向,所以人们会自发地去推翻对生产力发展造成桎梏的生产关系。对于这种倾向,马克思是明确认同的。因为,他明确将资本主义对生产力的"桎梏"和共产主义对生产力的解放,视为共产主义必然到来的核心原因。其次,在马克思看来,要想高度发展生产力,需要打破资本主义生产关系所带来的生产力发展"桎梏",因为它是推翻资本主义制度的前提物质条件。但是,在资本主义制度条件下发展生产力,就极有可能,甚至必然会引发生态问题。因为,根据马克思的理论立场,资本主义制度下的生产力发展目的是追求剩余价值,并非出于对人类幸福生活的满足。

在《共产党宣言》中,马克思、恩格斯在阐释封建社会的生产关系对于生产力发展的桎梏时指出,资本主义社会的生产关系又到达了这样一个阶段。并且指出,我们当前正要进行类似的推翻运动,近几十年的商业发展历史,不过只是现代生产力反对生产关系、劳动者反对资本家及现存生产关系的历史。如果按照这种观点,那么在马克思于1848年发表《共产党宣言》之时,资本主义就应该在走"下坡路"了,这种生产关系就已经成为生产力发展的"桎梏"。而事实是,大约两个世纪之后,资本主义社会条件下的生产力仍在继续发展,并且仍在世界范围进行扩张。对于这个问题,马克思在后期也进行了观点修正,他在1859年发表的《〈政治经济学批判〉

113

序言》中深刻指出:"无论哪一个社会形态,在它所能容纳的全部生产力发挥出来以前,是决不会灭亡的;而新的更高的生产关系,在它的物质存在条件在旧社会的胎胞里成熟以前,是决不会出现的。"[①] 所以,在生产关系造成的"桎梏"发生之前,或者到"绝对停滞"之前,生产力的进一步发展是必然的。而实际情况也很有可能是,生产力的发展水平能够发挥其破坏性作用但不足以发挥其"促动效应"(下面我们还会重点讨论这个问题)。这样一来,就会产生各种形式的危机,但又很难找到可替代的变革选择。在此种背景下,马克思所预言的生产关系对生产力发展所造成的"桎梏"就被迫进入了一个社会变革的时代。

2. "促动效应"

根据前文所述,对生产力发展及新的生产力应用所造成的桎梏,并不是推翻现行生产关系的充分条件,除非具备一个比现行生产关系更具优势的先进的且能够实际替代的生产关系。换言之,只有当实际可行的替代生产关系出现时,生产力发展的"破坏效应"才能彻底展现其革命性的一面。在历史唯物主义的理论语境下,无论在任何历史发展阶段,任何实际可行的替代生产关系的出现都取决于生产力的发展水平。而由生产力发展所催生的新的生产关系变革实际上就是生产力发展的"促动效应"。这可能会给我们一个错觉,即生产力发展的"促动效应"和"破坏效应"都会出现这样一种情况,即生产力的发展会催生更加先进、更加优越的生产关系。尽管有一部分重叠,但马克思对于生产力发展的"促动效应"的描述要更加丰富。虽然马克思在《〈政治经济学批判〉序言》中只是对生产力发展的"破坏效应"进行了界定描述,而没有对生产力发展的"促动效应"进行概括总结。但客观来看,生产力发展的"促动效应"是历史唯物主义的重要构成部分。生产力发展的"促动效应"的出现只有在生产力发展达到新的生产关系出现的最低界限时才能发生,即是说,新的生产关系的出现因生产力的发展才具有现实可能。这种生产力的发展带来的结果是,产品的生产数量必然超过了维持劳动者生活所要求的水平。

对于上述问题,科恩进行了如下总结:在物质发展的第一个阶段,生产力发展水平较为低下以至于无法使一个非生产者阶层脱离生产者的劳动

---

① 《马克思恩格斯文集》第 2 卷,人民出版社,2009,第 592 页。

第三章 生态生产力发展对人民美好生活需要的价值凸显与现实满足

而生存。物质地位是没有盈余的一种地位,并且相应的社会(或者经济)形态主要是一个无阶级的社会。在物质发展的第二个阶段,一个规模足以支持一个剥削阶级的剩余出现了,但还不足以维持一个资本积累的过程。因此,相应的社会形态是前资本主义的阶级社会……在物质发展的第三个阶段,剩余变得足够充足,使资本主义成为可能。① 而这种条件实际上也适用于阶级社会消灭后的社会形式。马克思认为,在社会主义的社会条件下,技术的发展会带来劳动生产率的提升,进而直接降低劳动力的负担,同时在产量上必须达到充足的剩余。马克思的这一观点在《德意志意识形态》中得到了证实:"生产力的巨大增长和高度发展……是绝对必需的实际前提,还因为如果没有这种发展,那就只会有贫穷、极端贫困的普遍化;而在极端贫困的情况下,必须重新开始争取必需品的斗争,全部陈腐污浊的东西又要死灰复燃。"② 即是说,马克思反对建立在普遍贫困基础上以平均分配为特征的共产主义,而是试图建立一个物质充盈的共产主义。除此之外,在科学共产主义的重要纲领性文件——《哥达纲领批判》中,马克思对于这一问题又进行了理论重申,只有"在随着个人的全面发展,他们的生产力也增长起来,而集体财富的一切源泉都充分涌流之后",才能进入更高级的以"按需分配"为原则的共产主义社会发展阶段。但问题是,以增加产品产量为目标的生产力发展极有可能导致生态破坏,所以对这种条件马克思还进行了不同程度的限制。从马克思关于共产主义社会生产扩张的论述来看,马克思虽然强调物质产品的富足,但并没有支持产品产出非计划性的无限增长。并且,马克思对降低劳动者劳动负担的重视表明,马克思试图在生产力的发展与劳动者负担的减少之间达到一个平衡。即是说,马克思关心的是如何在产品产出稳定和劳动者劳动强度降低的前提下发展能够满足这种要求的生产力问题。实际上,这个问题是非常重要的,因为它不仅澄清了共产主义社会生产力的发展程度、发展目的问题,还限制了生产力发展的生态后果。并且,生产发展对于自然资源的消耗还能够通过技术发展带来的生态效能提高进行抵消,最终达至稳定平衡状态。因为马克思认为,生产力发展的目的就是为了满足人类的真实需要,所以生产技

---

① Cohen, *Karl Mars's Theory of History: A Defence*, Oxford: Clarendon Press, 1988, p.155.
② 《马克思恩格斯文集》第1卷,人民出版社,2009,第538页。

术的生态效能提高就必然属于社会发展中不可或缺的一部分。

生产力发展过程中技术的生态效能提高表明,生产力发展的"促动效应"既存在一个定性维度,也存在一个定量维度。具体的解释是,在共产主义社会中,所要求的不仅仅是生产技术的普遍增长,还要求一些特殊种类的生产技术的发展。从技术发展的定性维度来看,生产技术的生态效能提高应该被视为实现共产主义的重要条件,这实际上暗示的是生产力发展满足人类合理需求的技术潜力。只不过生产力发展的生态技术潜力在资本主义社会形式下无法实现。这既是由于资本主义生产对技术的不合理使用,也是源于资本主义生产关系对于这种类型的技术发展的束缚限制。

三 生产力发展的革命性效应与生产力的生态化跃迁发展

从生态层面来看,历史唯物主义理论语境下生产力发展的革命性效应,原则上应该由生产力发展的生态良性形式产生。所以,生态学马克思主义者一般认为生态破坏性技术的发展和使用必然会引发当前的社会形式发生革命性变革。但是很明显,这个论点对于历史唯物主义来说是不全面的。因为,这并不足以对资本主义生产关系的现有变化进行有力说明,也不能作为实现共产主义的先决条件。实际上,在马克思的思想论域下,生产力未来发展的预设机制与生产力生态良性方式发展是一致统一的。而对于这个问题,比较有影响力和说服力的提法是科恩关于"生产力发展的自主趋势"的论述。科恩将生产力发展的趋势界定为一种"自主的"状态,这种趋势使得生产力的发展并不受生态等类似问题的影响。在科恩看来,生产力发展趋势的自主性具体表现为"它独立于社会结构,根植于人类环境和人类本性的基本物质事实"[1]。科恩之所以坚信这种自主性的发生,核心原因在于历史唯物主义所阐释的——当前社会的生产关系性质是由现阶段的生产力发展水平进行解释的。在他看来,历史唯物主义以生产力发展水平解释生产关系性质,呈现的是"生产力解释"的首要性。而这种非对称性要求生产力的发展还应该由生产关系,以及生产关系之外的事物来进行解释。客观来看,生产力发展的自主趋势实际上取决于以下三种因素:首先,人类当前的生存发展应该处于一个物质相对短缺的状态;其次,人类当前

---

[1] Cohen, *Karl Mars's Theory of History: A Defence*, Oxford: Clarendon Press, 1988, p.84.

| 第三章　生态生产力发展对人民美好生活需要的价值凸显与现实满足 |

具备发展更加高级的生产力的能力和条件；最后，人类的理性能够合理驾驭这种更加高级的生产力。考虑到上述因素的存在，即使生产力的扩张不是始终持续的，但在特定历史阶段也至少是偶发的。

客观来看，人类发展所面临的首要问题是必须花费大量时间满足其基本需求，这一问题实际上可以通过技术创新以提高劳动生产率的方式加以解决。并且，马克思对于人类理性有足够信心，认为其能够合理把握理性，并应用于实际。因为，人类自身发展一直以来都面临一系列具体的现实环境的制约，承认并正视这种制约能够尽可能地推动人类理性运用和创造能力的提升，进而合理解释各种日新月异的全新技术的出现。从新技术的形式特征来看，这些技术既包括旨在尽可能地增加产出而减少自然资源消耗的技术，也包括旨在降低满足人类合理需要的生产活动所带来的生态负面影响的技术。从阶级分析的层面来看，考虑到生态问题对于人类发展的影响将很大程度上取决于这一问题在当前社会结构中的地位，所以，生产力发展的生态技术特征将在很大程度上取决于占统治地位的生产关系的利益结构。这一观点实际上反映出马克思的社会历史理论关于不同类型社会结构的历史特殊性的强调，它突出的一点是生产关系性质的变化能够推动生产力朝向生态良性方式发展。比较明显的是，生产力生态化发展的动机不仅包括生产力自身的内部发展逻辑，还包括人类社会发展所面临的具体物质短缺形式，如生态需要的短缺。但是，在资本主义制度条件下，某些特定形式的物质短缺往往是被忽视的。从历史唯物主义的视角来看，生产力的发展趋势不单是出于社会结构的自主，还出于与社会内部结构相一致的"阶级合理性"。正如马克思在《资本论》中所揭露的，资本主义制度条件下生产力发展的"阶级合理性"解释应该为满足资本家的利益需要，这种利益需要不在于通过生产力的发展降低劳动者的劳动强度，满足其生态需要，而在于提高劳动生产率获取更多的剩余价值。相比之下，马克思所设想的共产主义社会的生产力发展目的不在于以剥削形式获取剩余价值，而是从人类的普遍利益出发满足全体人类的合理需要。因此，从价值层面来看，共产主义社会的存在目的在于维护大多数人的共同利益。

但是，应该指出的是，"生产力的自主发展趋势"所带来的生产关系变革将会是一个十分漫长的历史过程。正如前文所述，生产力生态化发展的动力不仅出于其内部发展逻辑，还根源于人类社会发展所面临的具体物质短缺形式。当前,我们所面临的关乎人的生存发展的最为紧迫的问题就是生态需要的短缺问题。有必要在合理意识形态的指导下,从外部推动不合理的生产关系变革,从而促进生产力的生态化发展。因此,激发合理的生产关系的选择意识就显得尤为重要。对于这种意识形态发生面临的障碍和困难,马克思的认识十分深刻且清晰。马克思要通过揭露资本主义制度所造成的现实罪恶,并力图克服、消灭这种现实罪恶的实际干预,即通过社会革命的形式进行合理的社会制度重建。同时,社会制度选择的合理性将取决于这种社会制度的阶级属性以及它所许诺的政治愿望的可信性和可行性。基于上述考虑,更为直接、强烈的革命观点可能会比马克思对于资本主义制度内部结构的批判有更具体、更鲜明的价值导向。但是,我们不应该忽视的问题是,正如恩格斯所指出的那样,不能说明这个生产方式,也就制服不了这个生产方式。必须进行以政治经济学为表征的实证研究,以"科学的观察者"的身份,从"细胞"层面和"解剖学"的角度剖析资本主义制度下生产力与生产关系的矛盾运动到底是如何进行的。从实践层面来看,在合理意识形态的指导下,以改革的方式推动不合理的生产关系优化,从而解放生产力、促进生产力的生态化发展。客观来看,其典型实践案例就是中国当下正在进行的生态文明建设。新时代中国特色社会主义生态文明建设在社会主义的制度形式下,以马克思主义和习近平新时代中国特色社会主义思想为指导,不断进行渐进式改革和制度建设,使得我国生产力发展快速呈现出生态化趋势,推动中国生态文明建设取得了历史性成就。

第三节 生产力生态化跃迁满足人民美好生活需要的内在旨因

生产力生态化发展内蕴着历史唯物主义的理论逻辑和中国特色社会主义的历史逻辑的高度统一。因此,对生产力生态化跃迁发展的理论内涵进行系统性阐释就必须结合当前社会历史发展阶段人民美好生活需要满足的现实,回到马克思的经典生产力理论进行深入考察,进而在历史唯物主义的高度上,凸显生产力生态化跃迁发展的理论内涵和逻辑必然。

第三章　生态生产力发展对人民美好生活需要的价值凸显与现实满足

一　生产力生态化发展与人民美好生活需要满足的辩证关系

生产力生态化发展与人民美好生活需要满足是一对辩证统一的关系：人民美好生活需要的满足要求生产力生态化发展；生产力生态化发展是人民美好生活需要满足的现实途径。新时代中国有着强烈的生态需要，但生态需要本身无法改变环境现状，必须依靠其带动生态生产力的发展，生态需要才可能得到满足。因此，想从根本上解决生态问题，生态生产力发展势在必行，这是新时代生态生产力发展的必然逻辑。[①]

1. 人民美好生活需要的满足要求生产力生态化发展

从物质层面来看，截止到2022年，中国已成为世界第二大经济体，世界第一贸易大国，世界第一外汇储备大国，世界第一钢铁生产大国和世界第一农业大国，世界第一粮食总产量大国以及世界上经济增长最快的国家之一。我国的经济实力、科技实力、综合国力跃上新的大台阶，经济运行总体平稳，经济结构持续优化。2020年国内生产总值突破100万亿元，脱贫攻坚成果举世瞩目，5575万农村贫困人口实现脱贫；粮食年产量连续五年稳定在13000亿斤以上，全面建成小康社会取得了决定性成就。改革开放以来，人民群众的温饱需求逐步得到了解决，脱贫攻坚战成效显著，中国人民的"幸福指数"在不断提升的同时，也对生态环境问题更加重视。近年来，随着社会进步和人民生活水平的不断提高，干净的水、清新的空气、美丽的环境等成为人们普遍的新追求。中国特色社会主义进入新时代，人民由过去"求温饱"到现在"求环保"；由过去"求生存"到现在"求生态"。生态环境问题已成为经济社会发展的突出短板，改善生态环境已经成为全体人民的共同期盼。因此，习近平指出，环境就是民生，青山就是美丽，蓝天也是幸福。要像保护眼睛一样保护生态环境，像对待生命一样对待生态环境。全面建成小康社会这一现代化阶段目标的实现，表明我国解决生态问题的物质经济条件趋于成熟，已经到了有能力解决生态问题的窗口期。在这种背景下，进行生产力发展的生态化方式转型具有了坚实的物质经济基础，发展生态生产力，满足人民美好生活需要中的"生态需要"的现实条件已经具备。

[①] 于天宇：《新时代生态生产力发展的理论逻辑与实践路径》，《学习与探索》2019年第9期。

从精神层面来看，新时代生态文明理念为发展生态生产力，满足人民美好生活需要中的"生态需要"确立了价值共识。生态文明第一次被正式提出是在党的十七大，以胡锦涛为总书记的党中央就已经认识到生态文明建设的重要性。胡锦涛在任期间曾提出"科学发展观"、"两型社会建设"、实现"又好又快"的发展等理念。党的十八大以来，以习近平同志为核心的党中央更加重视生态文明建设，明确提出要把生态文明建设融入经济建设、政治建设、文化建设、社会建设的各方面和全过程。同时，在实践上扎实推进生态文明建设，开创了这一领域的历史新局面，取得了令人可喜的成绩。2018年5月18日，全国环境保护大会在北京召开，会议充分肯定了十八大以来我们在生态文明建设方面取得的历史性、转折性、全局性胜利，生态环境状况持续好转，出现稳中向好的态势。除此之外，习近平强调，要通过加快构建生态文明体系，确保到2035年，生态环境质量实现根本好转，美丽中国目标基本实现。到21世纪中叶，物质文明、政治文明、精神文明、社会文明、生态文明全面提升，绿色发展方式和生活方式全面形成，人与自然和谐共生，生态环境领域国家治理体系和治理能力现代化全面实现，建成美丽中国。总之，党的十八大以来，生态文明理念日益深入人心，发展生态生产力无论是在思想认识上，还是实践上，都具备了深厚的现实基础。在这种背景下，发展生态生产力满足人民美好生活需要中的"生态需要"的思想观念已经成型。

当前，中国特色社会主义进入新时代。一方面，意味着中华民族迎来了从站起来、富起来到强起来的伟大飞跃；另一方面，也意味着全面深化改革所面临的矛盾问题更加突出和艰巨。人民美好生活需要显然不仅局限于经济层面的物质生活，更包括精神生活、绿色生活等其他层面。这就需要在新时代继续全面深化改革，主动破除与发展不相适应的生产关系，以生产关系的改革调整推动生产力的生态化发展。从这个意义来说，新时代发展生态生产力不仅是中国社会发展的内在逻辑需要，也是马克思主义唯物史观原理的具体理论要求。

2. 生产力生态化发展是满足人民美好生活需要的重要手段

唯物史观作为马克思对人类社会发展规律的总体概括，其中蕴含的思想表明，社会基本矛盾运动的结果不仅表现为以革命的形式进行社会制度的新旧更迭，而且也表现为通过改革的方法进行社会制度的自我完善和调

第三章　生态生产力发展对人民美好生活需要的价值凸显与现实满足

节。在同一社会形态的量变过程中，当社会的基本矛盾对抗到一定程度但又不至于引发社会变革时，就需要通过改革的方式来改变与经济基础不相适应的上层建筑、与生产力不相适应的生产关系，进而推动与时代发展要求相呼应的生产力形态的出现。恩格斯曾指出："我认为，所谓'社会主义社会'不是一种一成不变的东西，而应当和任何其他社会制度一样，把它看成是经常变化和改革的社会。"[1] 邓小平也认为，社会主义改革是社会主义制度的自我完善和发展，其目的是解放生产力，发展生产力，促进社会的全面进步。

马克思主义的基本观点是，社会的基本矛盾是推动社会发展变革的根本动力。社会主义制度的建立虽然为生产力的快速发展奠定了制度基础，但需要注意的是，社会主义社会同样存在基本矛盾。在深刻总结社会历史发展规律以及社会主义建设经验的基础上，毛泽东指出："在社会主义社会中，基本的矛盾仍然是生产关系和生产力之间的矛盾，上层建筑和经济基础之间的矛盾。"[2] 而这个基本矛盾的表现形式——社会主要矛盾也是着随社会生产力的发展而不断变化的。中国特色社会主义进入新时代，我国社会主要矛盾发生重要转化。一方面，美好生活需要不仅对物质文化生活提出了更高要求，而且在民主、法治、公平、正义、安全、环境等方面的要求日益增长。人们已经由求温饱到盼环保，由求生存到求生态了。另一方面，经过改革开放40年的发展，我国长期的短缺经济和供给不足状况已经发生根本性转变，"落后的社会生产"已经成为过去。这两个方面共同决定我们再没有必要像改革开放初期那样慌不择路地盲目追求发展速度和发展规模了，而是要实现高效益、高质量的发展，以此来满足人民日益增长的美好生活和优美宜居生态环境的需要。习近平曾提出：人民群众对美好生活的向往就是我们的奋斗目标。所以必须根据人民群众的需求变化，紧紧抓住社会主要矛盾，相应转变发展理念和发展方式，发展满足人民美好生活需要的生态生产力。社会主要矛盾的转化表明，我们的主要任务、主要目标也必须与时俱进，它标志着发展生态生产力的历史条件已经成熟。

新时代中国特色社会主义社会主要矛盾的"不平衡"中的一个很大层

---

[1] 《马克思恩格斯文集》第10卷，人民出版社，2009，第588页。
[2] 《毛泽东选集》第7卷，人民出版社，1999，第214页。

面就是当前"五位一体"中的经济建设与生态文明建设的不平衡;"不充分"中的一个很大层面就是当前生态化生产力发展的不充分,以及其所提供的生态产品和生态服务的不充分;人民对于"美好生活"的向往就包括对于宜居的生态环境的向往。良好的生态环境作为最公平的公共产品,已然成为人们在建设新时代中国特色社会主义过程中幸福感和获得感的重要来源。因此,在中国特色社会主义新时代,要重点把握好经济建设与生态环境保护这对矛盾,在发展经济的过程中保护环境,在保护环境的过程中发展经济,既满足人民对于物质财富的需求,也满足人民对于精神财富、生态财富等发展层面的需求。

二 生产力生态化发展与人民美好生活需要满足的逻辑统一

生产力生态化发展与人民美好生活需要满足并不是没有现实依据的理论臆想,而是在中国特色社会主义发展社会主义市场经济进程中的历史必然,生产力生态化发展与人民美好生活需要满足统一于中国经济社会发展的整个历史过程。

从理论层面来看,恩格斯认为,片面性是历史的发展形式,历史总是以退步的形式实现自己的进步。这句话同样适用于解释中国的改革开放所面临的矛盾问题。经典马克思主义作家认为,社会的发展和进步应该以社会主义替代资本主义,用计划经济替代市场经济。但是,邓小平在改革开放时却做出了一个重大的理念变革,就是他在南方谈话时提到的:社会主义可以有市场,资本主义也可以有计划;市场和计划只是资源配置手段,不具备制度属性,二者并不完全对立。所以要在社会主义制度条件下,实行社会主义市场经济,使市场经济在资源配置中回归主导地位。但是,市场经济的发展也带来了一系列负面问题,其中生态问题就是众多问题中的一个突出问题。马克思在《资本论》中提到,历史发展的规律虽然能被我们把握,但是历史本身的发展阶段是无法跳跃的。市场经济是历史的必然选择,社会如果没有进行市场经济的充分发展,现代化的物质基础就难以保证,也就无法解决现代化进程衔接的问题。富起来的问题解决不了,强起来的目标、美好生活的需要根本就无从谈起。历史和实践证明,市场经济是有助于发展生产力的。但是在这里我们需要注意一个根本性的问题,这就是"以退步的形式实现进步"。这里的"退步"并非真正的退步,哲学

第三章　生态生产力发展对人民美好生活需要的价值凸显与现实满足

命题上称之为"辩证的否定"或者说"否定之否定",看似重复,实则并非重复。我们虽然搞了市场经济,但是这个市场经济是中国特色社会主义性质的。所以,与资本主义不同,我国政府在强调经济发展的同时还要兼顾公平正义问题,既要经济效率,也要美好生活。正是在这个意义上,习近平指出:"当代中国的伟大社会变革,不是简单延续我国历史文化的母版,不是简单套用马克思主义经典作家设想的模板,不是其他国家社会主义实践的再版,也不是国外现代化发展的翻版。"① 这个伟大变革,是我们坚持走中国特色社会主义道路的必然结果。

从现实来看,改革开放带来了经济发展的同时也带来了不少的社会问题,比如说贫富差距较大、生态污染严重、文化发展滞后,等等。这就需要我们以"历史的解释原则"来看待问题。在我国实行改革开放的过程中,由于经济的快速发展,人民生活水平逐步提高,人民需求逐渐从追求物质生活上的满足转变为对美好生活的追求。也正是因为经济发展上去了,国家实现了由站起来到富起来的转变了,才会有我们对强起来的追求,才会提出贫富差距、生态环境的这些问题。正是在这个意义上,孙正聿教授指出:"历史地看问题,才能看懂中国。"②

总而言之,在发展社会主义市场经济的历史进程中,发展生态生产力是新时代中国特色社会主义经济建设、生态文明建设的根本抓手。要以历史的眼光看发展生态生产力与人民美好生活需要的统一问题,这样才能懂得发展生态生产力的深刻性和必然性。新时代继续坚持按照人民美好生活需要的要求,以生产关系的改革和完善推动先进生产力的发展,既是坚持马克思主义理论逻辑的必然要求,也是中国社会发展历史逻辑的必然要求。

三　生产力生态化跃迁发展满足人民美好生活需要的三重要求

从生产力生态化跃迁发展与人民美好生活需要满足的辩证关系来看,人民美好生活需要满足对生产力的生态化跃迁发展提出了如下三重要求:以保护自然资源为底线;以解决社会主要矛盾为目标抓手;以人的全面发展为旨归。上述三重要求的逻辑统一为生产力生态化跃迁发展提供了价值

---

① 习近平:《在纪念马克思诞辰 200 周年大会上的讲话》,《人民日报》2018 年 5 月 4 日。
② 孙正聿:《历史地看问题,才能看懂中国》,《南风窗》2018 年第 23 期。

规范，推动生产力的生态化跃迁发展始终处于一个正确的实践轨道。

1. 生产力生态化跃迁发展以保护自然资源为底线

自然资源的合理化使用和保护是人类社会可持续发展的前提。马克思的自然观认为，对自然资源的保护是人类社会存在和发展的前提。正如马克思深刻指出的那样："自然界，就它自身不是人的身体而言，是人的无机的身体。"[①] 自然资源作为自然界中的有用性存在，是满足人类社会发展的重要物质基础。具体来说，可以分为三类：不可再生资源，如各种金属、化石燃料，其整个储存是恒量的，需要经过漫长的地质年代才能形成；可再生资源，如水、生物资源，可以在较短的时间内生产或循环出来；取之不尽资源，如风能、太阳能，被利用后并不会减少其储存量。人类社会的发展建立在对自然资源的合理利用之上，而不合理的发展方式和发展理念必然导致不可再生资源和一定可再生资源的枯竭，从而破坏生态环境，最终制约人类社会的发展。从人类自身的生存状况来看，人不是抽象的人，不是离群索居的人，人就是世俗的、生活在自然界当中的现实的社会的人。从人的物质需要、精神需要、发展需要的构成来看，物质需要是前提，所以人不能脱离自然界而单独存在。在马克思看来，人类自身的需要满足是人类社会发展的最大动力。因此，人类根据自我需要能动地改造整个自然界和人类社会。恩格斯也从人类最现实的物质需要出发，展开了历史唯物主义的总体性论述："历来为繁芜丛杂的意识形态所掩盖着的一个简单事实：人们首先必须吃、喝、住、穿，然后才能从事政治、科学、艺术、宗教等等；所以，直接的物质的生活资料的生产，从而一个民族或一个时代的一定的经济发展阶段，便构成基础，人们的国家设施、法的观念、艺术以至宗教观念，就是从这个基础上发展起来的，因而，也必须由这个基础来解释，而不是像过去那样做得相反。"[②] 就根本意义而言，人的需要离不开自然界，自然界相对于人类社会整体来说具有客观优先性。这就要求我们必须在尊重外部客观规律的基础上去发展人类社会，从而实现自然界与人类社会的良性互动。除此之外，习近平的"两山论"同样凸显了外在自然的客观优先性，"绿水青山就是金山银山"深刻地揭示了自然资源之于人

[①] 《马克思恩格斯文集》第1卷，人民出版社，2009，第161页。
[②] 《马克思恩格斯文集》第3卷，人民出版社，2009，第601页。

第三章 生态生产力发展对人民美好生活需要的价值凸显与现实满足

类生存发展的重要意义。因此,人类社会存在和发展的前提在于自然界的客观存在,能够为人类社会生存和延续提供所需的一切原始资料。正是在这个最基本、最初始的意义上,我们必须尊重、顺应、保护自然,为人类社会的发展提供良好的自然环境。现阶段客观来看,美好生态环境已成为中国人民的共同需要,良好的生态环境是人类长久生存和永续发展的首要前提。

生产力生态化跃迁发展是对人类生存状况的实践表征。生产力生态化作为马克思主义生产力理论的当代发展,是在历史唯物主义基础上对当前人类生产发展面临的生态困境的理论抽象和实践探索的高度统一。客观来看,生产力生态化跃迁发展不是理论上的概念推演,而是根源于现实发展过程中的生态资源约束的不断凸显。所以,推进生产力生态化跃迁发展必须以保护自然资源为前提。马克思的历史唯物主义认为,人类社会的第一个生产是物质资料的生产,物质资料生产的首要目的是延续人类自身的生命。在原始社会,人类刚从自然界的束缚中解放出来,初步具有朦胧的自我意识,人类和自然界是直接统一的,人被自然界所规定,人类的整个需要满足的过程是直接从自然界获取自身需要的生存资料。在这一阶段,人类改造自然的能力尚未充分发展,人与自然的关系比较和谐,并不存在生态破坏等问题。进入工业时代,理性与技术的结合极大地提高了生产力水平,人类在自然界面前运用理性的力量征服一切、改造一切,似乎理性的力量只要在人类的掌控下可以解决人类社会一切问题和矛盾。然而,工业社会发展的本质是资本借助科学技术的力量实现价值的全球扩张,其他民族和国家的生产方式被纳入资本主义全球生产体系之中。当今时代依然没有摆脱资本的统治,资本对剩余价值的无限度追求和人类改造自然界实践方式、价值观念的不合理造成了日益严重的生态环境问题。因此,生态问题的出现根源于人自身,对生态问题原因的寻找不应该向外探求,而应该深入人类社会的体制机制、理念方式中去探求。当今时代,和平与发展是时代主题,发展的根本目的是为了更好地满足人自身的需要,但是,问题的关键不在于"发不发展",而在于"如何发展",发展的理念和方式制约整个人类社会的进步状况。马克思尤为强调生产力发展对于人类社会进步的重要作用,在马克思所处的时代,生产力发展的不足还是制约人类社会发展的首要问题,所以马克思所论证的共产主义实现的前提条件之一就是生产力的极大提高、物质财富的极大丰富。但是，这并不是说马克思认为发展生产力就要破坏生态环境，就要无节制的挥霍浪费自然资源。恰恰相反，在马克思的思想中，生产力的发展和生态环境保护是统一的，正如马克思把自然界当成人的无机身体。许多西方学者认为，当今出现的生态环境问题归根结底是生产力过度发展所造成的，并认为罪魁祸首是马克思的生产力理论，理由是马克思极力提倡追求生产力的发展，并认为人可以在理性的指导下征服、改造自然。并且，以往的众多学者也将生产力单纯地理解为人类征服自然、改造自然的能力。这种观点高估了人的能力而忽视了自然规律以及人与自然的关系，恰恰是对马克思生产力理论的曲解。马克思从未否认过自然对于人的重要性，相反一直在强调自然以及自然规律的重要性。"人靠自然界生活。这就是说，自然界是人为了不致死亡而必须与之不断交往的、人的身体。"① 只是生态问题在马克思的时代并不凸显，马克思并未着重强调在发展生产力的同时要注意生态保护，生态关怀早已内含于马克思生产力理论之中。所以，绝不能认为马克思及其生产力理论是反生态的，马克思的生产力理论绝不简单等同于以征服自然、改造自然为目标的"传统生产力"。

生产力生态化跃迁发展以保护自然资源为底线，关键在于能否超越资本逻辑主导的发展方式。当今时代依旧是资本充分活跃的时代，没有超越马克思对现代社会的总体诊断。资本发展逻辑的核心原则是对剩余价值的无限追求，资本如果不增殖，就不是资本。所以，资本如果不想灭亡，资本家不想被甩出资本主义竞争体系，就必须参与资本主义市场体系竞争，通过科学技术的创新，不断提高生产效率，降低生产成本，赢得市场竞争的主动权。这意味着市场主体间的关系是"狼与狼"的竞争关系，而合作关系只有在互利的契约条件基础上才能够达成，生存和毁灭就像"达摩克利斯之剑"悬在每一个市场主体之上。除此之外，资本主义发展进程下的人类中心主义价值观和技术的非理性运用也是造成生态危机的重要原因。人类中心主义价值观根源于现代理性启蒙，主张人是世界的主人，一切以人为尺度，人被看作是唯一具有内在价值的存在物，其他一切事物的价值取决于人的需要，自然相对于人只具有工具价值。除了人之外的一切存在

---

① 《马克思恩格斯全集》第42卷，人民出版社，1979，第95页。

第三章 生态生产力发展对人民美好生活需要的价值凸显与现实满足

物只是服务人类需要满足的工具物。人类中心主义价值观虽然提高了人的地位，但是贬斥、遮蔽了其他物的内在价值，从而造成人类毫无节制地向自然进行掠夺式开发。而技术的非理性运用同样导致了现代社会生态危机的发生。科学和技术本身没有价值属性，只是人类社会改造和利用自然的工具，但是在资本主义生产体系下，资本控制技术，技术的发展服务于资本的增殖，这是资本主义生产体系下技术发明的目的。所以，在资本主义竞争环境下，技术的进步虽然提升了人类社会改造和利用自然的能力，但科学技术服务于资本对剩余价值的追求，资本主义生产的目的和原则不可能按照生态原则进行。除非有专门的法律和监督部门逼迫企业履行保护责任，否则在竞争的市场环境下，单纯依靠企业高尚的环境保护道德原则是不可能的，也不符合现实社会的发展规律。因此，对生态环境的保护在制度设计上要求扬弃资本主义制度逻辑，在生产方式上要求超越以资本逻辑为主导的生产方式。生产力发展不是单纯的技术性经济增长，而应该是"人—自然—社会"的有机统一。所以，自然资源和生态环境作为人类社会的无机身体理应被赋予存在的内在价值。在中国特色社会主义的制度条件下，生产力生态化跃迁发展正是对资本发展逻辑的内在超越，以自然资源保护为底线，在观念上摒弃工具性的人类中心主义价值观念，在发展手段上推行技术绿色化，通过制度改革和法律构建钳制资本的无序扩张，坚持生态保护与生产发展的统一。因此，对自然资源和生态环境的保护为新时代生态生产力的构建提出了不同于传统生产力发展的新要求。这种新要求既是对现实生态破坏、环境污染的理论反映，又对人类社会发展方式、发展理念、制度构建提出了原则性的规定。

2. 生产力生态化跃迁发展以解决社会主要矛盾为目标抓手

中国共产党始终坚持，"发展（仍然）是我们党执政兴国的第一要务"[①]，只有发展，才能解决中国社会面临的一切重大问题，才能真正显示出社会主义的优越性，才能真正实现中华民族的伟大复兴。问题不在于"要不要发展"，而在于解决"实现什么样的发展""怎样发展""发展为了谁"等问题。生产力生态化跃迁不是纯粹的抽象理论问题，推进生产力生

---

① 习近平：《关于〈中共中央关于制定国民经济和社会发展第十四个五年规划和二〇三五年远景目标的建议〉的说明》，《人民日报》2020年11月4日。

| 人民美好生活实践探索 |

态化的直接目的就是解决社会主义市场经济发展进程中出现的生态问题。西方现代化是"先污染、后治理"的现代化。中国作为后发现代化国家，在追求现代化的过程中，面临"发展"与"保护"并存的难题。中国不可能走西方资本主义国家的老路，只能探索一条"经济社会发展"与"生态环境保护"相协调的中国式现代化新道路。中国式现代化新道路的探索直面现实存在的发展问题，牢牢紧扣社会主要矛盾的转变制定发展战略，在解决社会主要矛盾的过程中推动中国社会发生了翻天覆地的变化。整体来看，新时代发展中国特色社会主义所面临的问题集中表现在社会主要矛盾的转变，对转变之后社会主要矛盾的解决是推进生态领域生产力生态化跃迁的目标抓手。党的十九大报告明确提出，"中国特色社会主义进入新时代，我国社会主要矛盾已经转化为人民日益增长的美好生活需要和不平衡不充分的发展之间的矛盾"，并提出"我国经济已由高速增长阶段转向高质量发展阶段，正处在转变发展方式、优化经济结构、转换增长动力的攻关期"[①]。党的十九届五中全会进一步提出，"十四五"时期经济社会发展要以推动高质量发展为主题，"经济、社会、文化、生态等各领域都要体现高质量发展的要求"[②]。新时代我国社会主要矛盾的变化反映了我国社会整体发展出现了质的提升，人民群众对美好生活有了更多的期待，但是现实中国社会整体的供给能力并不能满足人民群众美好生活的需要，尤其是生态环境领域，人民群众希望"呼吸上新鲜的空气、喝上干净的水、吃上放心的食物、生活在宜居的环境中，切实感受到经济发展带来的实实在在的环境效益"[③]。社会主要矛盾变化的根本原因是改革开放40多年生产力的快速发展所带来的人民群众需求层次的跃迁。人民群众的需求发生了深刻变化，具体表现为过去主要是满足物质文化的基本需要，现在是"期盼有更好的教育、更稳定的工作、更满意的收入、更可靠的社会保障、更高水平的医疗卫生服务、更舒适的居住条件、更优美的环境，期盼孩子们能成长得更

---

① 习近平：《决胜全面建成小康社会 夺取新时代中国特色社会主义伟大胜利》，《人民日报》2017年10月28日。
② 习近平：《关于〈中共中央关于制定国民经济和社会发展第十四个五年规划和二〇三五年远景目标的建议〉的说明》，《人民日报》2020年11月4日。
③ 《习近平谈治国理政》第2卷，外文出版社，2017，第210页。

第三章 生态生产力发展对人民美好生活需要的价值凸显与现实满足

好、工作得更好、生活得更好"[1]。可以说,40余年的发展成就,我们已经解决了"有没有"的问题,正在向解决"好不好"问题阶段迈进。"好不好"不仅是物质供给的质量,也是物质需要与精神需要的水平提升,在生态领域就是对绿色发展提出了更高要求,即良好的生态环境是美好生活的重要内容。因此,确立新发展理念,转变发展方式,推进生产力生态化跃迁是对人民需要的回应和对现实发展困境的求解。以解决社会主要矛盾为目标抓手的生产力生态化跃迁发展则在很大程度上抓住了发展的"牛鼻子"。

生态问题的本质是发展问题,如何实现人与自然的和谐发展是生产力生态化跃迁的必然要求。整体来看,生态生产力是马克思生产力理论的新时代样态,是对传统生产力的内在超越,主张生态优先、多方和谐、要素均衡。生态生产力作为一种新的生产力理论是对传统生产力的继承和超越,具体表现为生产力发展过程中对生态问题的关注。生产力作为人类社会发展的基本动力,表征的是人主动改造客观世界以满足人类社会自身发展的能力,因此,生产力问题内在的包含人与自然的关系问题。进一步说,人类社会对待自然的态度和改造自然的方式影响人类社会的生存状况。生态问题反映了人类社会的生存危机,在纯粹动物界中并不存在,也就是说,生态问题是人类社会不合理的实践行为造成的,所以,对生态问题的反思要延伸到对人类自身行为的反思。生产力发展集中体现了人类与自然的和谐关系,特别是在共产主义的社会形态下。应该认识到,共产主义社会人与自然关系的统一是一个螺旋式上升的历史过程。传统生产力主要指以征服自然、改造自然为目标,忽视生态关怀与代际关怀,意在最大限度占用自然资源并将之作为自用的,以此为目的所发展的生产力。从整个人类历史发展来看,人与自然的关系在工业革命之后急剧紧张。新兴科学技术的应用和工业革命的开展极大地提高了人类社会改造自然界的能力,但是此时人类社会对待自然秉持工具理性的价值态度,仅仅把自然看成彼此分离、二元对立的外在对象,更谈不上生态意识。因此,工具理性价值观下的生产力发展把自然进行资源量化,其人类中心主义的价值理念在现实的发展中不可能把生态保护放在首位。因此,西方社会现代化发展进程表现为"先污染、后治理"的实践模式,甚至有些发达国家凭借自身的经济科技实

---

[1] 《习近平谈治国理政》第1卷,外文出版社,2014,第4页。

力向其他发展中国家转移生态灾难,公然实行生态帝国主义战略。

改革开放40多年来,我国经济快速增长,生产力水平大幅提升,人民生活水平极大提高,中国特色社会主义进入了新时代。党中央提出立足新发展阶段,深刻把握社会主要矛盾变化,力图实现经济社会高质量发展,在2035年实现经济社会全面绿色转型。党的十九届五中全会明确提出"十四五"时期经济社会发展要以推动高质量发展为主题,"经济、社会、文化、生态等各领域都要体现高质量发展的要求"①。生态领域的高质量发展作为"五位一体"总体布局的一部分,在生产力发展上具体表现为生产力生态化跃迁发展。推进生产力生态化跃迁发展,要以解决社会主要矛盾为目标抓手,立足新发展阶段、贯彻新发展理念、构建新发展格局。中国作为追求现代化的最大发展中国家,其现代化目标不仅是经济领域的现代化,更是"五位一体"的现代化。因此,中国现代化的使命不是按部就班走西方"污染型"现代化之路,而是走人与自然和谐发展的现代化之路。从发展特点来看,中国无法摆脱发展的"进步强制",即经历现代政治革命和接受现代资本逻辑制约的现代国家,无论是西方还是东方,都一致强调生产力的不断发展、经济的不断增长,这意味着政治的合法性和生产力的不断发展牢牢捆绑在一起。"进步强制"要求每一个被纳入现代生产体系的国家服从资本不断增殖的利益原则,从而赋予"生产力发展"价值正确的意义。中国近现代一百多年的历程就是接受西方现代性原则、追求国家现代化的历史。目前来看,中国社会总体上并没有超越现代性原则,中国依旧面临着"进步强制"。马克思主义把生产力和生产关系的矛盾运动看作人类社会发展的根本动力,突出强调生产力的发展对满足人民需要、解决贫困问题的物质基础作用,对生产力的高度重视不仅为党的执政的合法性提供了物质基础,也深刻回应了人民需要。因此,中国的发展具有多层次内涵,既要回应人民需要,大力发展生产力,又要摒弃西式现代化工业之路,走出一条人与自然和谐发展的新现代化之路。

3. 生产力生态化跃迁发展以人的全面发展为旨归

生态生产力跃迁的最终目的是使人摆脱自我异化的状态,实现人的自

---

① 习近平:《关于〈中共中央关于制定国民经济和社会发展第十四个五年规划和二〇三五年远景目标的建议〉的说明》,《人民日报》2020年11月4日。

| 第三章　生态生产力发展对人民美好生活需要的价值凸显与现实满足 |

由和全面的发展。生态需要作为人的第一需要，表明生态环境在人自身发展中的基础性作用，实现生产力生态化跃迁的直接目的就是通过重塑人与自然的关系实现人类社会的可持续发展。生态破坏和环境污染反映了人与自然关系处于割裂状态，人类对自然的不合理改造已经严重威胁人类自身的生存。传统生产力缺少生态关怀，把经济数字的增长等同于经济发展，把社会进步聚焦于经济领域，没有看到社会进步的丰富性和多层次性，也没有看到自然作为人类生存的环境前提在满足人类自身发展中的重要作用。事实上，人类需求具有多层次性，不能简单地把生产力发展等同于物质生产，按照马克思的观点可以将人类需要划分四个层次：生理、社会、精神、发展。人的需要是生产力发展的动力，发展生产力的目的是满足人类的需要，人类需要的多层次性表明生产发展的多样性。人类需要包含生态需要，生态需要是人的全面发展的第一需要，构成人的全面发展的基础性条件。新时代的生态需要正是以上"四种需要"的抽象凝结。

　　首先，需要作为人体的原始动力来源，支配着人的一切行为活动。人类需要是丰富的，最根本最基础的是衣、食、住、行。事实上，衣、食、住、行作为人类发展的第一需要，都是以环境需要为前提，环境需要构成了人类需要的基础组成部分。生态环境不仅为人类的存在发展提供了物质资料，还为人类的精神发展提供了审美对象，可以说，生态环境作为人类的对象性存在，直接反映的是人类社会自身的发展程度。正因如此，对生态环境的保护被提到国家发展战略层面，若任由生态状况继续恶化，终将危及中华民族的延续繁荣。因此，生态需要首先是生理需要，在生理需要被满足之前，人类无法进行其他需求活动。马克思认为，第一，生理需要是人类生存的第一前提，更是人类历史的第一前提，人类的第一个历史活动必然是满足其生理需要的活动。第二，需要作为人类历史不断向前发展的动力牵引，促使着人类历史不断进步。社会历史进步的主体是人，其过程由人有意识的行为活动来贯穿，人受某种需要的牵引，必然为实现这种需要而实践。人类在社会实践活动中逐步形成生态意识，因此，生态需要也是构成社会进步的需要类型。第三，人的需要意识是区别于其他物种的本质属性。在满足前两个需要前提之后，人类会通过需要来满足自身的精神家园，这是人类自我价值的体现与社会认同的需求。这源于人的基本属性，即物质与意识的结合。除了人体自身的物质组成外，人类还具有思想意识，因此，健全的人的精神需要必不可少。美丽的风景、清新的空气、纯净的水源，这些不仅在某种程度上可以满足人类的生理需要，更可为人类带来愉悦的精神体验。因此，生态需要还是一种精神需要。第四，需要是人类发展不间断的力量源泉。人们通过自身不断的实践活动，挖掘自身潜能，使其向更优、更善、更美的方向进步，这也是人类文明程度不断提高的真实写照。新时代的中国，作为世界上最大的发展中国家，在迈向发达国家的道路上任重而道远。所以，在发展的道路上必须解决好生态问题。因此，生态需要更是一种发展需要。

从需要的层次看，马克思把人的需要分为基本需要与欲求，进而提出了"真""假"需要的概念。人类的"真实需要"代表着他们确实需要的事物，而人类的"虚假需要"则意味着他们错以为自己需要的事物。新时代中国的生态需要包含了生理需要、社会需要、精神需要与发展需要，是实实在在的"真实需要"。在马克思描绘的共产主义社会，即一种"按需分配"的社会模式中，生产力高度发达，生产效率大幅提高，人类不再无限制地获取生产资料，而是根据真实需要获取。在这种需要状态下，人的身心得到前所未有的解放。但是，共产主义的实现必然是一个漫长的过程，在这个过程中，人类的整体能力与追求都将上升到更高水平，劳动者之间不再有明显的差距，每个人根据自己的需求进行分配。因此，新时代中国的生态需要是现阶段发展的切实需要，满足生态需要更是迈向共产主义"按需分配"的前进过程。满足人民群众生态需要的关键是转变发展方式，发展生态生产力，为新时代人类生态需要满足、人的自由而全面发展提供现实路径。

马克思的生产力理论认为，对于生产力的研究与人的全面发展密不可分，而人的全面发展过程似乎是一个需要不断丰富、不断被满足的发展形式。因此，关于生产力的发展目的，离不开人的全面发展，更离不开需要的满足。人类作为劳动实践过程中的主体，也是最无可替代的生产要素。从哲学的层面来看，我们首先将生产活动视为某种行为，而这种行为的产生源于人类的需要，需要也即生产的目的。也可以这样理解：生产的目的不在于生产本身，而在于发起生产活动的人类本身。生产活动的发起者正是为了社会中不同层级的人的需求满足而不断进行生产与再生产。比如，人类为了解放双手且实现更文明的吃饭方式而发明了筷子和刀叉，并进行

第三章　生态生产力发展对人民美好生活需要的价值凸显与现实满足

生产。生产筷子和刀叉的目的不是生产这些产品本身，而是为了使人类的需求获得满足。值得注意的是，几千年以前的人类几乎无法产生乘坐飞机、使用移动电话等现代性需要，这是因为人类的需要既存在个体差异，又必须遵循社会整体现状，符合历史进程的客观规律。因此，我们有理由认为生产活动的出现是为了满足人类的需求，生产力代表人类进行生产活动的能力，其发展目的根本上也是为了满足人类的需要。

在生产力发展过程中，人类的需要扮演着推动者的角色。再如筷子和刀叉的例子，是人类有了这样的需要，才出现了这样的生产活动。人类的需要是生产力发展的根本推动力，人类需要的丰富多样性，导致了生产活动内容的复杂多变。马克思说："他们的需要即他们的本性。"[1] 从历史的发展轨迹来看，人类的需要并非一成不变，而是随着生产力的发展而不断变化和扩张的，归根结底，人的能动性是生产力发展的动力之源。人的需要是生产力发展的动力推手，一切生产活动的发生都源于人的需要，人的需要并不会无理由地变化扩张，而是会依托一个现阶段的生产力水平进行有限地变化扩张。社会发展历史进程中，人的需要不能脱离现有的物质生产现状，必须随着生产的发展而发展，随着社会的进步而进步。再如千年以前的人类不可能会有乘坐飞机的需要，因为这种需要脱离了当时的社会生产能力以及人类自身的生产活动范畴。物质的生产决定着需要被满足的方式与需要的内容范畴，因此，我们要正确面对人类不断变化、不断提升的需要，发挥劳动者自身需要的潜能动力源，不断创新满足这种需要的方式手段，推动生产力呈螺旋上升式良性循环发展。

生产力的发展目的是为了满足人类全面发展的需要，而生态生产力作为马克思生产力理论的新时代体现，为新时代中国的生态需要满足找到了可能的路径，即发展生态生产力。正是由于生态需要为现时代人类最为迫切也最为关键的"真实需要"，因此，新时代生产力趋向生态维度发展具有历史必然性，意在满足人类生存需要与发展需要的统一。而生态需要则包含于上述需要之中。但仍需注意的是，人类的需要不能完全决定生产力发展的走向。因为"需要"和"生产力"毕竟是两种范畴、两个问题，人类的能动性不等同于决定性。人类的需要本身不会从事任何生产活动，只有

---

[1] 《马克思恩格斯全集》第 3 卷，人民出版社，1960，第 514 页。

当这种需要带动劳动者从事生产活动时,生产力才有可能得到发展。同样,新时代中国有着强烈的生态需要,但生态需要本身无法改变环境现状,必须依靠其带动生态生产力的发展,生态需要才可能得到满足。因此,想从根本上解决生态问题,生态生产力发展势在必行,这是新时代生态生产力发展的必然逻辑。

第四章 资本主义生产力发展对人民美好生活需要的价值遮蔽与实践背离

人民美好生活需要不仅是人类现实生活的映射，也是人类自我超越的体现，承载着人类的未来理想。人民美好生活需要不是抽象的概念，而是"处在现实的、可以通过经验观察到的、在一定条件下进行的发展过程中的人"[①] 的真实具体的美好生活需要。人类的美好生活需要的满足依托生产力的发展，但资本所促成的生产力发展的结果却是资本的积累和扩张，而非人民美好生活需要的满足。资本对价值增殖的渴望虽然促成了生产力的发展，却在实践中遮蔽了人民美好生活需要的价值旨归。

第一节 资本主义生产方式桎梏生产力的发展

资本主义生产过程具有双重属性，它既是一般的"劳动过程"，又是特殊的"价值增殖过程"，共性与个性的统一体现出资本主义生产过程的全方位特征。资本在不断占据社会主导地位的同时，促成了社会生产力的发展和物质财富的丰富。但是，资本主义生产方式造就的庞大的社会财富，表现为"资本的生产力"，这根源于资本主义社会生产资料私有制，使事实上从事生产的劳动者无法从中获得丰富的生存资料、发展资料和享受资料。资本主义生产方式具有明显的"二重性"，其在促进生产力发展的同时也桎梏了生产力的进一步发展，进而遮蔽了人民的美好生活需要。资本主义生产方式之所以制约了生产力的发展、遮蔽了人民的美好生活需要就在于其追求剩余价值的绝对规律。

---

① 《马克思恩格斯文集》第 1 卷，人民出版社，2009，第 525 页。

一　资本主义生产方式的绝对规律

资本主义生产方式的确立是历史的产物，也是资本能够控制、统治和约束劳动的关键所在。资本具有强大的"增殖欲"，在其发展的过程中不断突破制约价值增殖的一切阻碍，建立了庞大的"商品帝国"。对资产阶级经济学家来说，资本主义生产方式利用分工协作、工场手工业和机器大工业创造了更多的商品，使人能够不断趋近自由解放的目标，因而资本主义社会终结了历史。但是，资产阶级经济学家仅仅停留在社会的表象层面上，并没有深入资本主义经济社会的本质。马克思所提出的"劳动二重性"则为我们科学把握资本主义生产方式的绝对规律提供了科学的武器。

1. "劳动二重性"是把握资本主义的科学武器

马克思在《资本论》中将"资本主义生产方式以及和它相适应的生产关系和交换关系"[①]作为研究对象，深入资本主义经济社会内部进行研究，透视了资本主义社会经济现象背后隐藏的内部矛盾，建立了科学的政治经济学体系。对资本主义社会经济本质的把握建立在"劳动二重性"的基础之上，在《资本论》第一卷中，马克思指出："商品中包含的劳动的这种二重性，是首先由我批判地证明的。这一点是理解政治经济学的枢纽。"[②] 马克思对资本主义社会生产方式的研究建立在"劳动二重性"基础上，进而发现了资本主义社会所特有的剩余价值规律。

马克思在《哲学的贫困》中指出，"经济学家的材料是人的生动活泼的生活"[③]。不能通过原理、概念或者范畴的简单编排就构造出客观的经济规律，而必须要从人们的现实生活出发，才能把握人们生产所依赖的各种关系，进而透视其本真面目。在资本主义社会，人们生活在一个用商品来表征财富的时代。商品是人类劳动的结果，能够满足人类的自然和社会需要。一方面，任何一种商品都是来满足人类的某一种需要的，需要利用特殊的工具、特殊的技能以及特殊的工序才能生产出来，不同种的商品的具体劳

[①] 《资本论（纪念版）》第 1 卷，人民出版社，2018，第 8 页。
[②] 《资本论（纪念版）》第 1 卷，人民出版社，2018，第 54~55 页。
[③] 《马克思恩格斯文集》第 1 卷，人民出版社，2009，第 599 页。

| 第四章　资本主义生产力发展对人民美好生活需要的价值遮蔽与实践背离 |

动形式是不同的，具体劳动能够赋予人类商品以不同的使用价值，满足人类的各种特殊需要；另一方面，不同商品之间的交换建立在等价的基础上，任何一种商品都是劳动凝结的产物，都代表着一定的劳动耗费，必须要通过人类的抽象力才能够把握。因而，"劳动二重性"赋予商品两种不同的属性，但是在商品经济条件下，价值才是商品生产者追求的最终目标。

资本主义社会是高度发达的商品经济社会，商品的生产以及商品的交换以更大的规模和更快的速度进行。资本主义社会生产的目的并不在于不断提高社会劳动生产力，创造更多商品来满足人们对商品的特殊需要。在资本主义私有制条件下，生产商品数量的多寡并不是生产的根本目的，但是价值增殖的程度和速度会决定资本主义生产过程的现实状态。马克思对"劳动二重性"的分析科学解答了资本主义社会生产的根本目的问题。在资本主义社会，资本家的生产不是为了满足自身的消费需要，而是向社会提供社会需要的使用价值以实现价值增殖。商品只有得到社会的认可，才能顺利实现其价值，保证资本家的再生产。同时，商品价值量不是由个别生产者决定的，而是由社会决定，这就导致了资本家必然要在自由竞争中保证自身的价值增殖。

建立在"劳动二重性"的基础之上，马克思对资本主义社会的生产和经济规律进行了剖析，发现了资本主义社会生产的根本目的。在此基础之上，马克思开始逐步把握资本主义生产和积累问题以及随之而来的劳动异化和两极分化问题。马克思的"劳动二重性"理论为我们充分把握资本主义社会的底层逻辑以及资本主义社会的基本矛盾提供了科学武器。以"劳动二重性"为指导，我们能够进一步理解资本主义社会的生产过程"二重性"。

2. 资本主义生产过程是劳动过程和价值增殖过程的统一

马克思的"劳动二重性"原理，为我们科学理解资本主义社会的生产过程提供了武器。资本主义生产过程是"共性"与"个性"的统一。资本主义生产过程一方面是创造满足人类基本生产和生活需要的商品；另一方面是以价值作为其生产的主导和生产的决定性目的。

"作为劳动过程和价值增殖过程的统一，生产过程是资本主义生产过程，是商品生产的资本主义形式。"①从资本主义社会生产过程的共性来看，资本主义社会的生产也具有一般生产所需要的各种基本条件，需要劳动力和生产资料。离开任何一种必要的生产要素，人们所需要的商品都无法创造出来。因而，资本主义生产开始前，就必须要将预付资本转化形态，在自由市场购买一定的生产资料和劳动力商品。劳动过程对劳动要素的需要是"共性"，体现着人类生存和发展的必然需要。人类得以延续就在于人类利用劳动要素，生产满足自身生存和发展的物质资料。"有目的的活动或劳动本身"是劳动过程的主观条件，"劳动对象和劳动资料"则是劳动过程的客观条件。在生产过程中，劳动资料的具体形式不同，意味着生产力水平的不同。通过对劳动资料的不断更新，资本主义社会在创造大量商品的同时，实现了更大规模的价值增殖。但是，如果资本主义生产过程的目的仅仅是为了满足人类的需要，那么资本主义社会就无法存在。

资本主义生产的目的不在于使用价值的多寡，而在于价值增殖，这是资本主义生产过程的个性所在。"剩余价值的生产是资本主义生产的决定的目的"②。在生产过程开始前，资本家按照等价交换的原则购买生产资料和劳动力，实现预付资本形态的转变。在生产过程完成之后，资本家按照等价交换的原则销售最终商品，实现商品资本向货币资本的形态转变。资本主义社会如果按照等价交换原则进行生产和交换，那么就无法实现价值增殖。资本主义社会价值增殖的秘密就在于劳动力商品。资本家通过购买劳动力，使其劳动时间超过其必要劳动时间，这样才能保证其价值增殖能够实现。资本能够实现增殖自身渴望的根本原因在于资本主义私有制。在资本雇佣制度下，资本和劳动的关系主要体现在两个方面：一方面，资本家购买了生产资料和劳动力，会对劳动者进行监督和管理。劳动者是在资本家的管理和控制之下进行劳动的；另一方面，凭借资本家对生产资料的所有权，资本家可以占有劳动者的劳动果实。在资本主义私有制的保障之下，资本主义价值增殖过程才能持续被生产和再生产出来。

虽然资本主义生产过程既是劳动过程又是价值增殖过程，但是对资本主义社会来说，价值增殖过程才是其保证统治地位的重要依托，如果不能

---

① 《资本论（纪念版）》第1卷，人民出版社，2018，第230页。
② 《资本论（纪念版）》第1卷，人民出版社，2018，第265页。

第四章 资本主义生产力发展对人民美好生活需要的价值遮蔽与实践背离

实现价值增殖,那么资本主义生产过程就不会开展。价值增殖才是资本主义生产方式保持生命力的根本所在。

3. 追求剩余价值是资本主义生产方式的绝对规律

资本主义生产方式的绝对规律是追求剩余价值。"资本主义生产过程的动机和决定目的,是资本尽可能多地自行增殖,也就是尽可能多地生产剩余价值"①。资本主义生产方式是以价值为中心,以价值增殖为最终目的的生产方式,这就决定了资本主义生产方式不仅要追求剩余价值,同时也要加速价值增殖,在既定时间内更快增殖价值。

"价值增殖过程不外是超过一定点而延长了的价值形成过程。"② 对资本家而言,一旦购买到劳动力和生产资料,就拥有了生产剩余价值所必需的主观和客观条件。但是,价值增殖的实现不在流通和交换领域,而是发生在生产领域。资本家如果将劳动者创造的全部价值如数返还给劳动者,那么这只是单纯的价值形成过程,价值增殖根本无法实现。资本家能够获得利润的秘密就在于资本家利用私有制无偿占有劳动者创造的劳动果实,在产品销售结束之后获得一个大于预付额的增殖额。价值增殖的实现使得资本能够重复原有规模的生产或者扩大再生产。为了不断扩大价值增殖的数量和规模,对个别资本家而言,通过压缩休息时间,增强劳动强度或者延长劳动时间等方式获得更多的剩余价值。而对于资本家之间来说,资本主义市场是一个自由竞争市场,要想获得更多的利润,就只能通过不断降低和压缩生产成本来实现,这也就意味着个别资本家需要通过降低个别劳动时间来占领市场。通过借助技术、管理以及创新等因素,资本家能够在不提升社会劳动生产率的条件下提升个别劳动生产率,进而获得优先降价的优势。低价意味着更多的销售量以及更大的利润。

资本家不仅追求价值增殖,同时也追求价值增殖的加速。资本主义社会的生产过程是不断重复的,资本从一种形态出发,经过生产、交换的过程,复归到其初始形态。这一形态变化过程速度越快,就意味着一次价值增殖过程的完成速度越快。在既定时间范围内,资本形态的转化速度越快,其价值增殖的速度越快,资本家扩大再生产规模的可能性就越大。因而对

① 《资本论(纪念版)》第 1 卷,人民出版社,2018,第 384 页。
② 《资本论(纪念版)》第 1 卷,人民出版社,2018,第 227 页。

于资本主义生产过程而言，资本主义私有制的统治地位就决定了资本家可以占有劳动者的一部分劳动果实，并将这一部分劳动果实转化为下一次生产的资本，进而保证资本能够在不断扩大的资本规模下加速实现价值增殖，获得剩余价值。资本主义的生产过程和再生产过程不仅保证了商品的生产，也保证了资本主义生产关系的生产，实现资本对劳动的统治。

资本通过不断转变其具体形态实现自身对价值增殖的需要和对劳动的统治。对资本主义生产过程而言，追求剩余价值是其本质规定也是其历史使命，没有对剩余价值的渴望，就不会促成社会生产力的发展。但是，这种生产力成果并不是人民的成果，而是保证其对社会的统治。因此，资本主义社会生产在不断实现其自身的重复与更新的同时，也造成了严重的社会问题。

二 资本主义社会生产与两极分化

资本家作为资本的"代言人"，不断推动劳动资料的创新，为生产力的发展创造了无限的可能性。资本主义社会生产通过机器大工业逐渐确立起自身的统治地位，创造了新的生产阶段和人类历史形态。然而，在资本主义社会生产的繁荣背后，隐藏着资本主义社会生产的负面效应，即严重的两极分化。

1. 资本主义生产是社会化大生产

资本主义社会通过机器的使用创造了社会化大生产，远超前资本主义社会时期生产的狭隘性。社会化大生产渐进的推进过程，建立在分工协作的基础之上，进而机器大工业才逐渐脱身于工场手工业，创造了庞大的社会生产规模，提高了社会生产速度。资本主义社会生产以商品为中介，将社会不同的行业联系起来，改变了传统的交往形式，提升了社会交往的速度，是人类新的生产阶段。

协作是资本主义生产过程的起点，资本可以雇佣工人在同一时间和同一空间进行生产。在资本主义生产初期，协作显示出来的优势还是简单的量的优势，通过雇佣的劳动者人数的增加和规模的扩大同比例增加产出。协作所创造的劳动生产力与生产资料的投入是保持比例的，但这种协作又不同于奴隶社会和封建社会的"直接统治关系"和"奴役关系"，而是以劳动力的自由买卖作为基础的。"在同一个劳动过程中同时雇用人数较多的雇

第四章 资本主义生产力发展对人民美好生活需要的价值遮蔽与实践背离

佣工人,构成资本主义生产的起点。"① 在协作生产进程中,工场手工业的分工才得以出现。就分工本身来看,可以从两个角度进行理解,分别是社会分工和工场手工业分工。一方面,就整个社会来看,社会生产分化为不同的行业和部门,这意味着每个区域的生产不再是建立在自给自足的基础之上,而是通过交换而相互依赖起来。商品的生产、商品的流通和商品的交换客观上要求社会分工已经到达一定的阶段。另一方面,就某一具体的生产环节来看,劳动者不再自身完成生产的所有环节,而是个人承担生产过程的某一个环节或者某一道工序,利用特殊的生产工具制造某一特殊商品。工场手工业分工越细化,意味着人们完成的劳动过程越简单,创造的商品越多。社会分工是一切社会形态所共有的,而工场手工业的分工则是资本主义社会的"独特创造"。在协作的过程中,不仅生产环节被分割成越来越多的工序,同时生产工具也逐渐分化,生产工具的专门化水平越来越高。同时,劳动者不再是全能生产者,而是某一工序的参与者,不再能够操纵所有的工具,而只能操纵某一生产工序中的某一工具。建立在分工基础上的工场手工业为机器大工业的出现和发展奠定了物质基础。

随着分工不断细化,劳动工具不断分化,生产的每一个过程都由简单的体力劳动来完成而不需要劳动者脑力劳动的耗费。随着工具不断发明,生产所应用的机械力越来越多,而依赖人的劳动能力和劳动技巧越来越少。工场手工业越来越多依靠不断专门化的生产工具,并将劳动工具进行组装,而形成"复杂的机械装置"。在工场手工业发展的过程中,不断创造出越来越多的生产需要,进而催生了机器的发明和使用。机器的使用和发展,为机器大工业的出现奠定了坚实的物质基础和技术基础。"所有发达的机器都由三个本质上不同的部分组成:发动机,传动机构,工具机或工作机。"② 从事生产的机器由三部分组成,这三个部分分别需要承担不同的职能,包括提供动力、运转商品以及加工劳动对象等。发动机是机器生产的动力提供者,工具机承担改变劳动对象形式的作用,而传动机构则通过改变劳动对象的运动形式,将其运输到不同的环节。这三部分的有机统一构成了一个相对完善的机器体系。机器的发明和机器体系的建立是在工场手工业分

---

① 《资本论(纪念版)》第1卷,人民出版社,2018,第388~389页。
② 《资本论(纪念版)》第1卷,人民出版社,2018,第429页。

工不断细化的基础上才得以实现的。而社会生产是由不同的部门构成的，不同的生产部门承担不同的生产任务。社会生产各部门之间是相互依赖、相互制约和相互影响的，离开任何一个部分的配合，社会化大生产本身就不可能存在。

机器生产远远超过人工生产的速度，生产部门内部的生产加速推动了社会生产的整体加速。一个生产部门的生产力提升就推动了与之相关联的另一个生产部门的生产力提升，以至于资本主义社会的整体生产过程加速。因此，资本主义社会生产从分工协作到工场手工业的发展，不仅创造了新的生产形式，同时也为机器大工业的出现奠定了一定的技术基础。资本主义机器大工业的出现使得资本主义社会的生产摆脱对人的有限的劳动能力的依赖，不断排斥一般劳动力，取而代之以不断高速运转的"自动的机器体系"。通过劳动对象和机器体系的使用，辅之以劳动者的简单劳动，机器体系自动按照生产目的将最终产品生产出来。

机器大工业进一步扩大了社会生产规模，提高了社会生产效率。资本主义社会化大生产是现代工业的产物，是以往任何时代的生产方式都无法比拟的。资本主义社会化大生产极大提升了社会生产力，创造了更多的社会财富满足社会需要。然而，机器大工业所造就的生产力，却并不能保证社会劳动者享受社会财富。

2. 庞大的社会生产力是"资本的生产力"

不断追求剩余价值是资本的使命，也是资本不断获得生命力的保证。资本主义机器大工业的发展不仅从根本上改变了传统的生产形式，也极大提升了社会的整体生产力。"发展社会劳动的生产力，是资本的历史任务和存在理由。"[1] 资本通过对劳动的统治，占有社会财富，并以此作为新的生产条件开展新的生产，实现了资本规模的不断扩大。资本对社会生产力发展的作用，具有双重属性。在一方面，资本充分发挥了各种生产要素的作用，实现了生产方式的变革和生产力水平的提升。同时，资本利用私有制的"先天设定"，充分享有对生产过程的"主导控制权"和社会财富的"优先分配权"，将社会生产力转化为"资本的生产力"。

资本要通过各种途径不断扩大剩余价值的规模和范围，而这种"积累

---

[1] 《资本论（纪念版）》第3卷，人民出版社，2018，第288页。

第四章 资本主义生产力发展对人民美好生活需要的价值遮蔽与实践背离

欲"推动了资本主义生产形式不断发生新的变化。毫无疑问,资本对劳动的统治是资本能够获得剩余价值的保障,而资本对劳动的统治形式不断发生变化,不仅推动了生产力的发展,也为资本增殖开辟了新的空间。价值是资本的本质规定形式,资本家通过价值预付和生产过程实现价值增殖。价值是劳动的抽象形式,对资本家来说,要想不断占有更多价值,就必须要通过占有更多的劳动时间来实现,资本家获得剩余价值的方式在不同的时期具有不同的表现。

在资本主义社会发展的早期,分工协作虽然在一定程度上发展了生产力,但是这种生产力只是一种"协作的生产力",要想获得更多的价值增殖,必须通过扩大生产规模和增加劳动者数量来实现。然而,在既定的生产规模之下,如何获得更多的剩余价值呢?这就需要增加劳动者的工作时间,即通过延长劳动者的工作日长度来实现。在资本家不断延长劳动者工作日长度和提高劳动强度的过程中,工人也进行一定的反抗,但是资本主导下的法律却不是倾向于劳动者的,而是服务于资本自由增殖的。"资本在它的萌芽时期,由于刚刚出世,不能单纯依靠经济关系的力量,还要依靠国家政权的帮助才能确保自己吮吸足够数量的剩余劳动的权利"[①]。因此,资本主义社会早期,资本家通过法律来使劳动者接受劳动日长度不断增加的事实。虽然后来法律经过一定的完善和修改,然而却被资本家扭曲利用,并没有任何改变。因此,资本家在既定的工资水平下,强制延长工作日,为剩余价值的增加创造了条件。

资本主义社会甚至摧毁自然、社会和道德界限,将一切可以利用的条件全部利用上,用于资本增殖。然而依赖对劳动者的时间压迫获得剩余价值的方式会遇到自然界限和生理界限,资本增殖必然无法进一步扩大。这也就意味着,通过单纯延长工作日的长度来实现的生产力会受到既定的自然限制,丧失进一步发展的动力。马克思在《资本论》中将这种通过延长工作日长度和提升工作强度获取剩余价值的方式称为绝对剩余价值的生产方法,这种方法适用于资本主义社会早期,社会生产力通过单纯的时间累积而得到一定的发展。这种生产方法虽然在一定程度上满足了资本的增殖要求,却侵占了劳动者的正常的休息时间和享受时间,造成资本主义社会

---

① 《资本论(纪念版)》第1卷,人民出版社,2018,第312页。

劳动力"萎缩的再生产"。"不改变他的劳动资料或他的劳动方法，或不同时改变这二者，就不能把劳动生产力提高一倍。"① 因而也就不能保证资本家破除价值增殖的壁垒。所以，资本主义社会必然要通过改变获得剩余价值的形式才能开辟新的空间。

既定的工作日只有通过调节必要劳动时间和剩余劳动时间的比例，才能开辟出资本增殖的更大空间。通过压缩必要劳动时间，才能相对提升剩余劳动时间。必要劳动时间是由劳动力价值决定，而劳动力价值的大小更多取决于劳动者及其家属所需的生产资料的价值大小。因此，追根究底，只有降低生活资料的价值才能使资本家获得相对剩余价值。科技的发展和应用为资本摆脱劳动力的生理限制进而获得更大的价值增殖提供了可能。"只有资本主义生产方式才第一次使自然科学为直接的生产过程服务，同时，生产的发展反过来又为从理论上征服自然提供了手段。"② 资本主义生产过程通过科学技术的加盟使得生产效率得到提升。社会必要劳动时间的降低意味着相对剩余价值时间延长。资本就在新的生产条件和价值增殖的条件下继续再生产，不断将更广阔的市场纳入资本的统治范围之内。

虽然资本不是以社会生产力的发展为最终目的，但是其扩大自身统治范围和提升自身统治力量的过程中却无形中发展了社会生产力。然而，社会生产力却是"资本的生产力"，是为资本增殖服务的，劳动者无法充分占有自身创造的社会劳动生产力。"资本的生产力"是由资本支配的，必然无法合理分配给社会劳动者充足的社会财富，因此在资本主义再生产的过程中必然造成严重的两极分化。

3. 资本积累与两极分化

资本在发展自身的过程中，不仅扩大了自身的统治范围，也提升了自身的统治实力。资本要想保证自身的存在，必须要不断进行再生产，资本一旦停止增殖就无法保证自身的存在。因此，资本必须要充分利用好各种社会条件，不断转变资本的形态，实现价值增殖。资本不断保证自身存在，扩大自身统治实力，巩固自身统治地位的过程，即资本积累。

"任何一个社会，如果不是不断地把它的一部分产品再转化为生产资料

---

① 《资本论（纪念版）》第 1 卷，人民出版社，2018，第 366 页。
② 《马克思恩格斯文集》第 8 卷，人民出版社，2009，第 356~357 页。

第四章 资本主义生产力发展对人民美好生活需要的价值遮蔽与实践背离

或新生产的要素,就不能不断地生产,即再生产。"[①] 资本的生命力是通过不断占有剩余价值才得以维系的,而剩余价值只有在劳动中才得以创造出来,因此,只有在社会再生产不断进行的过程中,剩余价值才得以创造。对资本的"代言人"资本家来说,其获得的剩余价值有三种处理方式:一是用于购买生活资料满足个人生存和享受需要;二是压制"享受欲"扩大再生产;三是将剩余价值以货币的形式贮藏起来以防不时之需。在资本主义社会,资本家将剩余价值不断转化为资本,只有不断将个人获得的剩余价值集中起来,再次当作资本来进行使用,才能够将价值再次转化为资本,实现价值的增殖。将剩余价值转化为资本用于扩大再生产的行为,被称为资本积累。

资本积累在资本主义社会的发展过程中发挥着重要的作用,实现了资本规模的不断扩大。对于资本主义的生产过程而言,市场机制发挥着重要的作用,不仅能够调节社会的生产,还能够调节资本家之间的收入分配。资本是不断追求自由的,而对自由的追求根源于其对剩余价值的渴求,资本必然要最大程度突破获得剩余价值的阻碍。一方面,为了获得更多的剩余价值,有实力的资本家会充分利用技术对生产的促动作用,通过技术创新,实现更高的生产效率。更高的生产效率意味着更大的竞争优势、降价空间和销售数量,因而资本家能够获得更多的超额利润。通过自身生产技术的改变,资本家创造了新的生产条件,在市场中立于不败之地,进而实现更大程度的资本积累。另一方面,资本家之间是竞争关系。通过市场竞争,具有资本和技术优势的资本家能够以更大的价格优势抢占市场,逼迫其他资本家降低价格,直至资本家无法获得足够的利润,进而退出市场。拥有优势的资本家就能够吞并原有企业,占有新的市场,扩大生产规模。资本家充分利用市场机制,依靠资本和技术优势实现对社会财富的占有。在市场中,竞争原则使得资本家之间竞争激烈的同时,也造成了不同的收入差异,甚至有的资本家被淘汰成为无产阶级。两极分化问题不仅体现在资本家之间的收入不均上,同时也体现在资本家与劳动者之间的两极分化上。

资本家与劳动者的两极分化体现在资本主义社会的价值分配过程中。在资本主义社会,资本家占有生产资料,通过购买劳动力获得劳动者在一

[①] 《资本论(纪念版)》第1卷,人民出版社,2018,第653页。

定时间内的使用权,同时也具有分配权。在资本不断占有剩余价值,扩大再生产的过程中,劳动者面对的是不断恶化的工作条件、被迫接受的工资以及逐渐丧失被雇佣的权利。在资本积累不断以新的规模和新的层次开展的过程中,劳动者通过劳动为资本家扩大再生产做贡献的同时,资本家却不断加剧对劳动者的剥削。在资本规模不断扩大的同时,劳动者的劳动条件、生存条件却日益恶化。在价值分配上,资本家不仅能够取回预付资本,还能够获得一个超过预付资本的价值额。资本家给劳动者提供的工资越低,其占有的剩余价值越多,价值增殖的程度也就越高。为了进一步获得剩余价值,资本家通过不断采用机器进行生产,不断增加不变资本的投入,减少可变资本的投入,这就直接造成了资本有机构成的提高。资本有机构成提高就意味着资本对劳动数量的需要不断减少,越来越多的劳动者逐渐被排斥在资本的增殖需要范围内,造成"相对过剩人口"。

在资本积累的过程中,一方面是资本家不断扩大生产规模,占有剩余价值,拥有越来越多的社会财富;另一方面是劳动者不断恶化的劳动条件和生存条件以及仅仅能够满足自身基本生存的工资。资本家能够享受他人劳动带来的资本增殖,而且能够不断保证自身无偿占有他人劳动的权力不被消灭。劳动者却只能作为生产过程的附属,紧张投入生产过程,却无法获得自身劳动的全部产物。在资本的统治下,"马太效应"得到充分体现,资本与劳动的关系不仅日益紧张,而且两极分化问题日益突出。

三 私人劳动与社会劳动的根本矛盾

在资本主义社会,资本对劳动的统治不仅造成了严重的社会问题,也隐藏着资本主义社会的根本矛盾。资本主义私有制决定了资本拥有社会的主导权和统治权,拥有控制劳动和占有剩余劳动的权力,通过再生产过程将资本权力不断生产出来。资本主义商品经济是建立在简单的商品经济发展基础之上的,私人劳动与社会劳动的矛盾是商品经济的基本矛盾,而这一基本矛盾背后也隐藏着资本主义社会的根本矛盾。在资本主义社会,生产的相对过剩与有限的支付能力之间的矛盾造成私人劳动与社会劳动之间的根本矛盾愈发突出,进而形成周期性的经济危机,严重扰乱资本主义社会正常的生产秩序,人们的生活需要无法得到保障。

第四章 资本主义生产力发展对人民美好生活需要的价值遮蔽与实践背离

1. 社会分工和私有制是商品经济出现的历史要素

以私有制和雇佣劳动为基础的资本主义商品经济源于简单的商品经济，而商品经济的出现有其既定的历史背景。商品经济为消除自然分工和自给自足的自然经济提供了动力，使得人们的生产不再具有"同一性"，而是分裂为不同的生产部门和不同的生产行业。商品交换又是建立在私有制的基础之上的，因而社会分工和私有制是商品经济出现的重要历史因素。

从唯物史观的视角来看，劳动是人类能够保证自身生存和实现发展的物质基础，离开人类的社会劳动，人类历史就不会存在。纵观人类的历史发展，人类社会早期是从氏族共同体发展而来，氏族共同体在生理条件的基础上形成"自然的分工"。随着氏族之间的战争和融合，不仅共同体的规模逐渐庞大起来，分工的条件也越来越丰富。不同的氏族共同体在不同的地理环境中生存，因而用来生产和生活的自然条件就存在着各种各样的差异。当不同的共同体出现剩余而产生交往的时候，共同体的原始独立状态就被消除，而逐渐开始了与外部的交往。共同体之间的交往首先是建立在商品交换的基础之上的。交换促成了不同共同体之间的相互往来，将混沌的生产逐渐划分为不同的部分，因而就出现了社会分工。社会分工的出现，造成不同的氏族共同体或者区域共同体可以根据自身的资源禀赋和地理条件展开生产，创造出了特定历史条件下最大化的产出，极大提升了社会的生产力。社会分工意味着社会生产跨越自给自足的阶段，可以将社会生产分为不同的部门，每一部门都涉及人类的生存和发展。每一次的技术革命和分工细化都导致新的行业和部门的出现，进而使得人们的交往越来越频繁。任何一个部门的生产都不再作为最终产品出现，而只能作为中间产品出现。

私有制是伴随社会分工的出现以及社会生产力水平的提升而出现的。在原始共同体内部，共同体成员相互依赖，共同劳动，共同参与最终劳动产品的分配以及消费。在原始生产条件下，生产工具的有限性决定人们创造的最终产品在很多情况下也是有限的，共同体成员的生存面临威胁。可供消费的资源的有限性就决定共同体之间的交往是有限的，商品交换只能作为例外出现，而不能占据主导地位。随着共同体内部成员不断积累生产经验，改进工作经验，共同体内部逐渐出现剩余。伴随剩余的出现，私有制也就开始逐渐发展起来。私有制的出现是伴随分工和社会劳动生产力水平提升才逐渐出现的，是人类历史进步的结果。随着私有制的出现和社会分工的深化发展，商品成为社会劳动产品的主要形式就具有了可能性。

随着社会分工的发展，每种商品都不再是作为最终产品存在，而是作为中间产品存在。每一个生产者生产的都不是自身需要的商品，而只能依靠"他者"而存在。因此，整个社会生产就形成了一系列相互依赖和相互联系的生产链条，只有通过交换才能够获得自身所需要的商品。分工越细化，每个部门的生产就越不依赖于他自身，而是更多依赖于与之相配合的其他部门。在商品经济形式之中，每个生产者都是独立的生产所有者，凭借自身的生产经验和市场判断进行生产，他不是"利他主义者"，而是理性的"利己主义者"，因而无法将商品按低于商品价值的价格出售。同时，生产者也不能定过高的价格，因为购买者是自由的，会在市场中选择最合适的商品。在商品交换的过程中，私有制要求交换双方都本着"意志自由"的原则展开交换，在交换的过程中也不会发生巧取豪夺的情况，因而双方都能够接受公平的交易。在无数次的交易活动背后是商品经济的价值规律在发挥作用。无数次的商品交换行为又加固了商品经济形式。

在商品经济的不断发展过程中，商品成为社会财富的突出代表，不仅成为生产力发展水平的重要衡量标准，也直接决定生产者的最终命运。商品生产不仅表征人与生产资料的技术关系，也代表人与人之间的交往关系。商品一方面是生产者的私有财产，归生产者所有，是私人劳动。另一方面，商品不是为生产者服务的，而是为了社会需要才被创造出来的，一旦不被社会接受和认可，不能及时转化为货币，那就意味着生产者的生产是无用功，私人劳动并没有得到社会的认可，未转化为社会劳动。所以说，私人劳动和社会劳动是商品经济的基本矛盾。

2. 私人劳动与社会劳动是商品经济的基本矛盾

在商品社会，无论是生产资料还是劳动者都以商品的形式存在，商品是把握资本主义社会秘密的钥匙。商品是人类劳动的产物，满足人类的生存需要，同时商品的获得又必须要通过交换才能实现，因此商品与货币之间是存在矛盾的。在商品经济条件下，商品与货币的矛盾是揭示私人劳动与社会劳动之间矛盾的切入点。

"资本主义生产方式占统治地位的社会的财富，表现为'庞大的商品堆积'，单个的商品表现为这种财富的元素形式。因此，我们的研究就从分析

第四章　资本主义生产力发展对人民美好生活需要的价值遮蔽与实践背离

商品开始。"① 在资本主义社会，财富通过庞大的商品表现出来，而商品是由劳动创造的，"劳动的二重性"赋予用于交换的劳动产品以价值和使用价值两种属性。劳动本身就是"为了人类的需要而对自然物的占有，是人和自然之间的物质变换的一般条件，是人类生活的永恒的自然条件"②。从这一角度来看，劳动创造使用价值满足人类的基本生存需要，为人类追求自由解放提供物质基础。使用价值本身是一个主观概念，但是商品的交换却需要一个公平的、稳定的标准，因此在人们的社会交往中，价值成为商品经济条件下商品公平交换的标准。劳动产品进入商品交换领域，就成为一个"可感觉而又超感觉的物"③，"充满形而上学的微妙和神学的怪诞"④。

商品的可感性与质的差异通过使用价值表现出来。但当把商品外部可感的使用价值全部抽离之后，其一切可感性都消失了，不再是作为满足个体特殊需要的使用价值而存在了，而是全部化为统一的"抽象人类劳动"。但是，商品价值是抽象的，需要借助对象才能表现出来。随着商品等价形式的出现，某件商品的使用价值就成为价值的表现形式，实现了价值与使用价值的分离。交换行为的出现，使得商品内部所蕴含的矛盾外化，为商品价值的直接呈现提供了现实基础。商品等价形式的建立使具体劳动成为抽象劳动的表现形式。商品的等价形式是以具体可感的形式存在的，这种具体性体现在其自然属性上，在交换中总是通过一定数量的具体使用价值来体现商品内部所蕴含的抽象劳动。同时，等价形式还直接蕴含着私人劳动和社会劳动之间的关系。对于每一种劳动产品而言，都是劳动者的私人产品，是一种潜在的社会使用价值。这种使用价值只有得到社会的认可和接纳，其价值才能够在交换中通过其他商品体现出来。如果其使用价值不能获得社会的认可，那么交换行为就不会发生，其内在价值也不会通过其等价物表示出来。一旦交换不能成功，就存在私人劳动无法转化为社会劳动的问题。

生产剩余催生商品交换出现。商品交换最初以使用价值为目的，交换者双方根据自身需要进行交换，交换的商品完全是随机的和偶然的。商品

---

① 《资本论（纪念版）》第 1 卷，人民出版社，2018，第 47 页。
② 《资本论（纪念版）》第 1 卷，人民出版社，2018，第 215 页。
③ 《资本论（纪念版）》第 1 卷，人民出版社，2018，第 88 页。
④ 《资本论（纪念版）》第 1 卷，人民出版社，2018，第 88 页。

交换的初期阶段，无论是商品的交换种类还是商品的等价形式都相对较少。随着生产力水平的不断提升，生产剩余的种类越来越多，交换的范围也不断扩大，商品交换可以在更大的空间开展。一种生产剩余可以和其他多种产品进行交换，也就是说表现一件商品的等价形式不断扩大。随着交换经验不断增加，某件商品被逐渐固定下来，成为其他商品的等价形式，这种商品是交换者所喜闻乐见和愿意接受的。一般价值形式的出现，在一定程度上消除了交换的偶然性，进一步提升了交换的效率。当货币作为一般价值形式出现的时候，就取得了一种"客观的固定性"和"一般的社会效力"，成为任何商品的等价形式。货币的出现使得商品的内在矛盾转化为商品和货币的外部矛盾。

就货币本身而言，货币是商品，本身具有一定的价值，能够作为商品的价值形式存在，这是商品交换的重要前提。在商品经济条件下，商品的价值通过货币直接表现，生产的最终商品只有获得消费者认可，才能转变商品形态。生产者的商品不能得到市场的认可，也就意味着生产者购买的生产资料和劳动力无法得到补偿。商品与货币的矛盾是理解商品经济私人劳动与社会劳动矛盾的关键，商品无法转化为货币，就意味着生产者的私人劳动向社会劳动转化的过程中断。这一中断会造成严重的生产问题，交换失败意味着生产者无法实现商品形态的转变，也无法收回预付的货币，社会再生产过程中断。因此，私人劳动向社会劳动的转变直接决定商品经济下生产者的生死存亡，也是商品经济的基本矛盾。

3. 商品经济基本矛盾背后隐藏着资本主义根本矛盾

资本主义社会建立在高度发达的商品经济基础之上，资本主义社会虽然进一步发展了商品经济，却没有消除商品经济中蕴含的内在矛盾。商品顺利转化为货币不仅代表着商品使用价值得到社会认可，也代表着生产商品的私人劳动得到了社会的认可，顺利转化为社会劳动。私人劳动与社会劳动之间的矛盾在资本主义社会体现得更为明显。在资本主义社会，商品只有得到社会认可，实现商品向货币的形态转变，才能解决私人劳动与社会劳动之间的矛盾，资本家的预付资本才能得到补偿，资本主义社会的再生产才能源源不断地展开和扩张。一旦商品无法完成这一跳跃，就会引发严重的经济危机，威胁资本统治。因此，对资本主义社会而言，商品经济基本矛盾背后隐藏着资本主义的根本矛盾。

第四章　资本主义生产力发展对人民美好生活需要的价值遮蔽与实践背离

资本主义社会周期性地爆发经济危机,而每一次经济危机的爆发都意味着商品与货币之间的矛盾发生了激化,即私人劳动未顺利转化为社会劳动。在经济危机中,对于资本来说最为致命的问题就是商品无法顺利转化为货币,以致资本家预付资本无法顺利补偿。资本主义社会的经济危机具有抽象可能性,这是由商品经济的内在矛盾所赋予的。货币在商品流通过程中发挥着流通手段和支付手段的职能,而这两种货币职能都是经济危机的抽象可能性,尤其是随着信用市场的发展,支付手段所造成的买与卖的分离现象更为严重。信用市场的发展使得资本家之间的借贷关系十分复杂,一旦一个资本家无法按期收回既定的货款就造成社会很多部门的生产受到影响。一旦商品向货币的转化过程无法顺利实现,资本主义社会就必然出现严重的商品危机,进而爆发经济危机。

要想更深一步理解私人劳动和社会劳动的矛盾,仅仅停留在经济危机的抽象可能性上是不够的,必须要深入到资本主义社会的基本矛盾,才能够把握资本主义社会的经济本质。资本主义私有制依靠自身的统治地位,建立了稳固的资本主义剥削制度,无偿占有剩余劳动。资本家是生产资料的所有者,劳动者只能借助资本家的生产资料才能实现自身劳动的对象化。资本虽然表现为可见的生产资料,但资本实质上代表一种生产关系,资本家依据私有制,可以无偿占有剩余价值,并且支付给劳动者低于劳动者劳动创造的价值,以此实现价值增殖。在整个资本主义社会的阶级构成中,无产阶级是被剥削和被压迫的对象。而在商品同货币的交换环节,资本家是商品的"主人",需要及时售卖商品才能实现资本的补偿;工人阶级是商品购买者,需要购买资本家的生活资料来满足自身的生存和发展需要。因此,对资本主义社会的考察,不能仅从资本对劳动的统治角度来考察,还需要考虑作为消费者的劳动者。

资本家的商品是由资本家和劳动者两部分来进行消费的,工人阶级是消费的主体力量。因此,只要劳动者能通过劳动获得工资,就能够在市场上将工资用于购买自身和家人的生活资料,实现劳动力的生产和再生产。也就是说,只要劳动者能够将市场上的商品全部买走,资本家就能够补偿预付资本和实现价值增殖。对资产阶级经济学家而言,劳动者通过劳动获得自身生存的生活资料,通过交换获得了最满意的社会商品。因此,资本主义社会的经济是自由和平等的,交换实现了平等的利益交换和社会资源的有效利用，因而这一制度是完美的和永恒的。但是，在理论的完美论证过程中，经济现实却恰恰相反。不仅资本主义社会化大生产的商品无法顺利转化形态，而且劳动者生活状况也并不美好。

社会化大生产需要利用机器不断扩大生产规模。"固定资本发展的程度越高，生产过程的连续性或再生产过程的不断进行，就越成为以资本为基础的生产方式的外在的强制性条件。"① 资本家利用机器生产的商品价值用 c+v+m 来表示，社会化大生产创造的商品的价值总额就是 c+v+m，也就是预付资本的价值加上剩余价值。社会化大生产创造的商品只有实现形态的转变才能实现对资本家预付资本的补偿，资本家的私人劳动才能转化为社会劳动。但是，从商品市场来看，资本家拥有大量商品，却不是商品的消费者，工人才是商品消费的主力军。工人劳动获得的工资 v 用来购买商品，但是"生产者的最大部分（工人），是他们的很大一部分产品，即劳动资料和劳动材料的非消费者（非买者）"②。

劳动者劳动创造的新价值是 v+m，而工人只能用工资去购买生活资料，这就意味着每一次生产过程都有商品无法转化为货币，私人劳动无法转化为社会劳动。经过无数次生产过程的积累，再结合各种偶发因素，经济危机就由抽象性转化为现实性。在经济危机的过程中，劳动者失业，无法获得商品来满足自身和家庭的需要，进一步加剧了经济危机的社会影响。因此可以看出，资本主义社会的经济危机表现为商品向货币转化过程的中断，实际上是资本主义社会的基本矛盾导致的。只要存在资本主义私有制，劳动者无法占有自身劳动创造的社会财富，那么资本主义社会的经济危机就会一直存在。由此可以看出，无论是资本主义社会的经济繁荣时期，还是资本主义社会的危机时期，劳动者的生存条件都是极度恶劣的，是无法享受美好生活的。美好生活在资本主义社会中，只能是一个抽象的价值引领，而不能转化为现实。

因为资本主义社会基本矛盾的存在，私人劳动与社会劳动的矛盾关系是无法解决的，只能通过各种外部方法进行调整，每一次调整都造成资本主义社会的发展进入新的恶性循环。资本主义生产方式已经严重限制了社

---

① 《马克思恩格斯文集》第 8 卷，人民出版社，2009，第 195 页。
② 《马克思恩格斯文集》第 8 卷，人民出版社，2009，第 259 页。

会生产力的进一步发展。只有从根本上变革资本主义生产方式,让私人劳动直接以社会劳动的形式存在,才不会出现经济危机,而这就需要变革资本主义社会。

第二节 资本主义社会加速异化人的真实需要

资本将人类引入了一个新的"加速世界","加速世界"在改变了人们的生产方式和生产节奏的同时,也改变了人们的心理体验和生活状态。加速是当代社会的主要特征,不仅涉及人们的社会生活和社会变迁,而且事关人的真实存在。社会加速证明了人类具有不断超越自身,创造更多机制来加速社会生产的能力,提供了人类通往自由的"潜在可能性"。但是社会加速在当下导致了日益忙碌的个体生活和工作节奏。"加速世界"并未实现其最初的承诺,而是导致了焦虑和紧张的社会生活,究其根本,是资本主义社会加速异化了人的真实需要。如果不能深入社会深层逻辑,把握社会加速的深层动因,人们就只能作为"无意识主体"被卷入社会加速的漩涡之中,无法确证自身的真实存在和历史主体地位。在资本逻辑主导下的社会生活并不是人类的终极美好生活,而是资本不断实现自身价值增殖的路径和筹码。

一 加速资本主义社会中的生态危机与生存危机

毋庸置疑,资本主义将人类带入现代化的进程之中,人类能够以新的方式作用于外在世界进而实现人对自然的征服和改造,满足人类各层次需要,这是人类历史进程中的一大进步。但是"现代化的经历就是加速的经历"[①],资本构成了一个典型的"加速社会"。对于社会加速问题,我们必须用全面的观点来进行分析,不能以形而上学的绝对观点进行肯定或者否定。社会加速推动社会生产力水平的提升,对人们体验事物的增加具有重要的推动作用,但是资本主导下的社会加速导致了一系列社会问题,包括环境问题、技术问题以及生命伦理问题等。社会加速的负面效应不仅阻碍人们

---

① 〔德〕哈尔特穆特·罗萨:《加速:现代社会中时间结构的改变》,董璐译,北京大学出版社,2015,第28页。

美好生活理想的实现，甚至威胁人类的基本生命权和发展权的实现。社会加速虽然通过社会现象表现出来，但是有其深层动因，而社会加速的深层动因就隐藏在资本主义的社会机制之中。

1. 资本与社会加速

资本以价值的形态存在，是资本主义社会的主导力量和统治力量。资本以获得剩余价值作为其维持自身生存和扩大再生产的现实依据，因而追求剩余价值是资本主义生产方式的绝对规律。价值增殖是资本的生命力所在，一旦资本无法保证价值增殖，那么建立在资本基础上的资本主义生产方式以及资本主义上层建筑就会土崩瓦解。资本具有强大的"增殖欲"，不会满足于既定规模的剩余价值，因而必然要不断突破时间和空间对价值增殖的阻碍，加速增殖。因此，资本价值增殖机制是社会加速的根本推动力，也导致了泛滥的社会加速现象。

资本主义社会是建立在商品经济发展基础之上的，商品价值的衡量标准不是使用价值，而是其内在的劳动时间。对于不同企业而言，制造一件商品的脑力和体力耗费是不同的，耗费不同劳动时间的同种商品之所以能够等价交换的原因就在于价值规律。商品的价值由社会必要劳动时间决定，是商品价值量的社会衡量标准。"社会必要劳动时间是在现有的社会正常的生产条件下，在社会平均的劳动熟练程度和劳动强度下制造某种使用价值所需要的劳动时间。"[①] 对于生产者而言，只有让自身商品的生产时间少于社会必要劳动时间，才能保证在竞争中处于有利地位，获得超额利润，保证自身的统治地位。因此，对于生产者而言，加速生产，压缩时间，在既定的时间内创造更多的商品是生产者获得更多利润的保障。资本主义社会建立了发达的商品经济。资本获得剩余价值是其本质规定，但是不满足于既定的剩余价值规模也是其内在追求，资本的"增殖欲"不会满足于在既定的时间内获得既定的剩余价值。只有不断增加剩余价值的获得，资本家才能够保证扩大再生产的开展，否则资本家只能在既定的生产规模下进行生产。如何源源不断地获得持续增殖的剩余价值，资本家采取的策略就是加速。

资本形态转化的时间由两部分构成，生产时间和流通时间。生产时间

[①] 《资本论（纪念版）》第 1 卷，人民出版社，2018，第 52 页。

第四章 资本主义生产力发展对人民美好生活需要的价值遮蔽与实践背离

是生产环节所耗费的时间,即劳动者与生产资料的结合,生产出最终面向市场的商品所经历的时间跨度。流通时间是流通环节所耗费的时间,即商品形态向货币形态转化的时间跨度。如果只是单纯的商品生产时间不断缩短,那么资本主义社会的总的生产环节所耗费的时间并不一定会减少。只有生产时间和流通时间共同减少,资本形态转化时间才能减少。在激烈的市场竞争中,资本家只有同时减少生产时间和流通时间,提升生产速度和流通速度才能够保证在竞争中的优势地位。因此,对资本家而言,加速是他们面对日益激烈的市场竞争和扩大剩余价值规模的唯一出路。通过加速,资本家不仅拥有了市场竞争的优势地位,同时保证了资本扩大再生产的可能,这为资本实现积累和积聚提供了强大的优势。资本规模越大,就拥有越大的加速权力,不仅能够排他性地利用技术优势实现更快的加速,同时还可以获得更多的超额利润,巩固自身的统治地位。

资本是社会加速的助推器。资本不渴求社会必要劳动时间的减少,但是其对个别劳动生产率的推动促成了社会必要劳动时间的减少。在资本主义社会,社会分工造成了社会各部门之间的相互依赖和相互影响,一个生产部门的加速必然推动另一个生产部门的加速,进而造成了资本主义社会整体的生产加速。对资本主义社会而言,生产加速的最终目的是加速实现商品向货币形态的转变。要想实现商品加速转化为货币,就必然需要消费加速。"资本主义的瞬间经济所肩负的生产的加速必须要求销售和消费的同时加速,这样才能超越生产领域的动态化的要素。"[①] 资本主义社会的生产不断采用机器大工业,进而实现生产规模和最终产品规模的扩大,如果一件商品的消费时间过长,必然会影响下一生产周期商品的消费速度和商品形态的转化速度。要想加速预付资本的补偿,就必然要实现消费的加速。这样,根源于资本主义社会的生产加速,就通过流通加速和消费加速深入地影响到人们的现实社会。人们在资本的作用下,不仅需要加速生产,获得购买生产资料的权利,同时在生产之外,又需要通过不断刺激消费来实现消费的加速。在不知不觉之中,人们就在资本的主导下,被卷入加速漩涡之中。

---

① 〔德〕哈尔特穆特·罗萨:《加速:现代社会中时间结构的改变》,董璐译,北京大学出版社,2015,第193页。

2. 社会加速的三重面向

在加速社会的漩涡之中，存在社会加速的三重面向，即技术加速、社会变迁加速和生活节奏加速。在法兰克福学派重要代表人物哈尔特穆特·罗萨看来，现代社会的确是加速社会，无论是就社会事件的变迁速度还是就社会主体的内心体验而言，"'一切都越来越快'在现代化各个阶段都被作为基本体验，即一切都在不断地流动中"①。罗萨认为，社会加速是现代社会最为突出的社会病症，这种社会问题既不同于生产问题，也不同于分配问题，而是一个复杂的社会学问题。

资本主义社会借助技术进步和交通发展，使得人们完成事件所耗费的时间被不断缩短，因而在既有的条件下，人们的社会生活节奏本身应该被放缓了。"技术加速通过缩短程序的持续时间而释放了时间资源，因而不言自明地会带来生活节奏的放缓，因为从表面上来看有了更多的可自由支配的时间。"② 但是，现实问题仍旧是，人们所经历的事件的增加速率远远高于事件解决速度的提升速率，人们不仅没有更多时间用来享受闲暇，反而日益忙碌。事件处理速度和事件增加速度之间的关系充分体现出社会加速的突出特点。当事件增加速度低于事件处理速度时，人们能在既定的时间内处理更多事件，进而享受更多自由时间。而当事件增加速度远远超过了事件处理速度时，虽然处理事件的数量得到提升，但人们的自由时间并没有增加，更多的时间资源并没有被释放出来，而是被转化为事件的处理时间，这就造成了现代资本主义社会的加速悖论，即速度越提高，时间越匮乏。

社会加速涉及三个不同的领域，分别是科技加速、社会变迁加速和生活步调加速。首先是科技加速。科技发展根源于资本主义社会对价值增殖的渴求，这是具有明确目标导向的加速形式。纵观现代社会，无论是生产环节、流通过程还是消费环节都经历了显著的加速过程，而这一加速过程无疑在很大的程度上受到科技加速的影响。在资本主义社会的生产领域，技术的不断创新是生产加速的重要推动力。资本的增殖逻辑需要社会生产

---

① 〔德〕哈尔特穆特·罗萨：《加速：现代社会中时间结构的改变》，董璐译，北京大学出版社，2015，第20页。

② 〔德〕哈尔特穆特·罗萨：《加速：现代社会中时间结构的改变》，董璐译，北京大学出版社，2015，第352页。

第四章 资本主义生产力发展对人民美好生活需要的价值遮蔽与实践背离

不断超越既有的生产边界,这样才能通过最小的投入实现最大的产出。科技是社会生产过程不断提高生产效率的第一推动力,没有科技参与,实现不断扩大的利润收入本身就是不可能的。因此,新技术的研发和使用速度对社会生产就发挥着重要的作用。从商品的流通来看,只有商品流通时间的减少和流通速度的提升,才能进一步加速资本循环。因此,运输设施、传播设施和交通设施的完善和发展就提供了流通加速的可能。在生产加速和流通加速的共同推动下,依赖科技发展创造的社会产品就能够被加速消费。

其次是社会变迁加速。科技加速是通过间接传导的方式影响人们的社会生活,而社会变迁加速则是人们直接的社会生活过程加速。社会变迁加速造成社会更替的速度不断提升,原有的社会经验与社会预期之间的矛盾越来越突出。人们在工作和生活中会发现,既有的生活经验、实践模式、交流方式以及文化理念以越来越快的速度过时。人们必须要不断变化和调整自身才能适应社会变迁的加速,否则就会逐渐被社会所淘汰。其实透过科技加速我们可以看到,每一次重大科技创新的出现都意味着原有的生产理念和生产经验的颠覆,如果不能协同这样的变化,及时做出有效调整,那么人就无法融入加速变迁的世界。在社会历史早期,经验范围与期待范围之间具有极大的重合性,这也就意味着,经验预测在很大程度上会成为现实,这一点在生产领域体现得更为明显。在生产领域,生产经验可以被反复使用,世代传承不仅可以保证生产者的基本生存,也可以保证社会的相对稳定。科技创新与技术加速造成生产经验与社会预期之间强大的裂缝,既有经验的稳定性和准确度不断降低,通过世代的传承所获得的经验已经不能适应不断变动的现实需要了。生产者必须要不断积累新的经验才能够适应加速变动的社会现实。社会变迁加速在促成社会变化加速的同时,也造成了社会的不稳定。

最后是生活步调加速。生活步调加速是人们对科技加速和社会变迁加速所做出的应对。科技加速所引发的社会变迁加速促使人们越来越感到时间的匮乏,科技加速和社会变迁加速引发了明显的时间矛盾。人们在一定时间内经历的事件不断增加的同时,不仅没有从时间中解放出来,反而引发了严重的时间匮乏病症。从个人生活的主观方面来看,科技加速和社会变迁加速导致人们日常生活需要应对的事件不断增加,面对不断增加的现实压力，人们主观体验到时间压力，被迫不断加速，进而保持同社会节奏的协同。从个人生活的客观方面来看，现代资本主义社会是组织管理严密和充满计划性的，个体必须要服从整体的规划，才能保证整体目标的实现。当个体处在一个组织管理严密的体系之中时，必须要不断提升自身与系统的协同性。因此，在可计算的时间范围内，生活步调必然要加速。生活步调的加速不仅带来个体主观时间体验的变化，同时也带来了现实生活的变化。

无论是科学技术加速、社会节奏加速还是生活步调加速，都是现代加速社会的重要表现形式，体现了社会的整体特点和总体特征。但是资本主义加速社会在不断推动社会生产力发展的同时，也导致了严重的生态危机。生态危机不仅威胁到资本主义社会，也成为威胁全球生命健康的"毒瘤"。事实证明，资本主义社会加速与生态危机之间存在着明显的正相关关系，导致人类面临着生存危机。

3. 社会加速与生存危机

在资本的主导之下，无论是科学技术加速、社会变迁加速还是生活步调加速都意味着社会进入了更高级的发展阶段，无论是社会体验还是现实生活都到达了以往社会无法与之匹配的高度。但是，当我们对社会加速进行深入思考时，就必然会发现社会加速并没有覆盖当代社会的全貌，仍旧存在与加速相对峙的停滞与减速现象。我们的社会并不是在唯一的加速模式的驱动下向前发展，而是在加速背后隐藏着减速。因此，人们所生活的现代世界，并不是绝对的加速世界，而是一个充斥着加速与减速的结构世界。加速与"去同步化"之间的矛盾造成的严重的社会问题，不仅危害到人们赖以生存的自然环境，还威胁到人们的现实生存。自然界就是社会加速进程中的例外，其运行的规律性使得人类无法将其并入加速漩涡之中。人类违背自然规律对自然的加速使用造成的问题就是出现生态危机。

在深入探讨加速与"去同步化"之间的矛盾所引发的生态危机与生存危机之前，我们必须要探讨人与自然关系。因为人与自然关系不仅直接涉关人类的物质生产活动，同时也深刻影响着人类的精神生活。自由是人类一直追求的理想，但是如果离开人对自然的依赖而想实现对自由本身的追寻是无法实现的。对人类主体来说，人类是认识世界和改造世界的积极主体。人类不仅需要改变周遭世界来获得满足自身生存的物质资料，同时也

第四章 资本主义生产力发展对人民美好生活需要的价值遮蔽与实践背离

需要在改造世界的过程中确证自身和认识世界,这样人类才能够实现物质世界和精神世界的双重丰富。对人类而言,自在自然的原始形态是无法直接满足人类的社会需要的,只有按照人类的劳动目的改造的劳动对象才能满足人类的现实需要。就自然本身而言,是由一系列相互影响和相互作用的生态系统所组成的,有其内在运转的客观规律。自然界作为先于人类社会的存在,具有其自身的特殊性和客观性,如果不能遵循自然运转过程中的规律,那么人类必然会被自然取代。在历史发展的长河之中,如果不能很好地处理人与自然之间的关系,不尊重自然运转的内在规律,任何一个国家都将最终消失在历史之中。自然作为一个整体的有机系统,其运转的自在规律是不以人的意志为转移的,即使是随着人类不断深入自然和了解自然,人类对自然本身的把握还是微乎其微。自然本身依旧为人类社会的各项活动划定了边界。

人与自然的关系呈现出不同的阶段特征,在资本主义社会以前,人类社会生产力水平相对较低,认识世界和改造世界的能力相对较弱。"自然界起初是作为一种完全异己的、有无限威力的和不可制服的力量与人们对立的,人们同自然界的关系完全像动物同自然界的关系一样,人们就像牲畜一样慑服于自然界"[①]。在人类社会历史进程中,土地扮演着重要的作用,是人类的"原始的食物仓"和"原始的劳动资料库",利用土地,人类不仅能够获得基本生存所需要的食物,同时还能够利用土地开展新的生产,不断提升生产效率。随着人类制造工具能力的不断提高,人类才能够更多利用自然之中的其他资源开展生产和生活,保证自身的生存和繁衍。通过人与自然之间的相互作用,人不仅获得了保证自身实现自身力量的稳定对象,同时也获得了保证自身生存的食物来源。随着人类生产力水平的提升,人类虽然能够以更大的规模和更高的水平去认识和改造世界,但是人类依旧没有摆脱对自然的敬畏之心,对自然本身的利用和开发是在一定的限度之内的,满足自身的基本物质需要依旧是开发自然,进行生产的主要目的。

启蒙运动以来,进步和自由的观念推动人类不断挑战人类和自然的极限。技术发展和科技进步为人类实现对自然的挑战提供了现实可能性,人类因此不断突破自然,按照自身的目的去塑造一个新的世界。"知识并不满

---

① 《马克思恩格斯文集》第 1 卷,人民出版社,2009,第 534 页。

足于向人们展示真理，只有'操作'，'去行之有效地解决问题'，才是它的'真正目标'"①。在自由理念的指导之下，人们不再将自身局限在对抽象的形而上学和宗教神学的探索之中，任何价值和意义都无法同现实生活相比，理性成为人类把握世界和改造世界的重要引擎。"主体在取消意识之后将自我客体化的技术过程，彻底摆脱了模糊的神话思想以及一切意义，因为理性自身已经成为万能经济机器的辅助工具。"② 理性与资本的结盟更是创造了一个崭新的自由世界，人们可以在不断改造自然的过程中，无限接近自然和把握自然。资本、理性与技术成为资本不断突破外部限制，追求增殖自由的强大助力，从而创造了一个新的加速世界。生产加速造成了对生产要素需要的不断增加，必须要有足够的劳动力和生产资料才能适应加速生产的需要。在资本主义社会，对劳动力需要的加速增加，可以通过机器的使用和新设备的发明来完成，但是对生产资料的需要则只能通过不断扩大对自然的开发才能满足。然而，自然资源的供给速度是有限的，在既定的时间范围内无法满足不断加速的生产过程的需要，这就必然导致人类对自然的破坏超过自然的自我修复能力，人类对自然的破坏伴随人类对自然的无节制地开发而日益严重，生态环境的不断恶化陷入恶性循环之中。因此，在资本主导下的社会加速带来了严重的生态问题，生态问题是资本主义社会加速过程中，面对的最为突出的社会问题，亟待解决。

美国生态学马克思主义者詹姆斯·奥康纳对资本主义社会的生态危机进行过详细的分析。在他看来，资本主义社会存在双重矛盾，一方面是生产力和生产关系之间的矛盾，以有效需求不足为代表。生产力不断发展造成社会产品不断增加，而现有的购买力无法将社会全部产品消费，这就造成了资本主义社会以生产过剩和消费不足为表征的经济危机。而资本主义社会越发展，越呈现出第二重矛盾，即资本主义的社会生产与生产的外部条件之间的矛盾。"资本主义生产不仅以能源为基础，而且也以非常复杂的

---

① 〔德〕马克斯·霍克海默、西奥多·阿多诺：《启蒙辩证法：哲学断片》，渠敬东、曹卫东译，上海人民出版社，2020，第2页。
② 〔德〕马克斯·霍克海默、西奥多·阿多诺：《启蒙辩证法：哲学断片》，渠敬东、曹卫东译，上海人民出版社，2020，第27页。

| 第四章　资本主义生产力发展对人民美好生活需要的价值遮蔽与实践背离 |

自然或生态系统为基础。"[①] 这就意味着资本主义社会要想发展，必须要保证能源的稳定供给和自然生态环境系统的良好运行。一旦环境遭到破坏，不仅影响资本的积累和社会的转型，还会导致人的生存问题。奥康纳引入生产条件概念，他将生产条件这一概念分成三个维度：第一个维度是生产的个人条件，也就是指劳动力本身，只有充足的劳动力才能满足社会生产的需要；第二个维度是社会生产的公共条件，任何生产都是在一定的社会条件下展开的，需要依赖一定的社会公共条件，包括各类社会公共设施；第三个维度就是社会生产的自然外部条件，这是奥康纳着重关注的问题。一般而言，优越良好的自然条件不仅能够为生产提供更好的初始原料，同时还能够保证更高的劳动生产率。自然资源越丰富，越有利于保证生产的连续性和劳动生产率的提升。

但在加速资本主义社会，自然资源的开发和利用并不是按照自然持续利用的最优方案展开的，而是根据资本增殖的需要而展开的，这就造成了资本对自然的统治。"控制自然"成为资本不断占有市场和扩大自身统治的重要目标。在资本家之间，因不同的利益存在，对自然的利用水平和层次也是不同的。资本家会抓住开发和利用自然资源的有利时机，对自然进行毁灭性开发和使用，尤其是当土地等资源作为租赁物出现时，承租者会在有限的时间内最大限度开发和利用自然而不会考虑自然本身的客观性和持续性。对自然的无序开发利用造成了严重的生态危机。对个体资本家而言，无论是其控制成本的决策还是有限的资本储备都决定其旁观生态危机的做法。资本主义国家作为资本的代言，虽然会颁布法律来调整和规约自然的开发和利用，缓解对自然的破坏，然而这只是表象，无法从根本上解决资本主义加速社会的生态问题。"自然界既无法进行自我扩张，其发展的周期和节奏也根本不同于资本运作的节奏和周期，由此必然的结局是自然生态环境的破坏以及由此引发资本各要素成本的提高，从而导致生产不足的危机。"[②] 自然越受到破坏，自然产品的供给越少，其市场价格也就越高，资本主义社会的生产成本也就越高。生产成本的不断提高意味着利润率的下

[①] 〔美〕詹姆斯·奥康纳：《自然的理由——生态学马克思主义研究》，唐正东、臧佩洪译，南京大学出版社，2003，第196页。
[②] 王雨辰：《生态批判与绿色乌托邦——生态学马克思主义理论研究》，人民出版社，2009，第103~104页。

降以及资本主义扩大再生产受限。同时有限的消费市场又无法将生产的商品全部买走,这就造成了资本主义生产危机。一方面是生态环境的不断破坏,另一方面是对自然开发速度的不断提升,一次生产过程的商品尚未被充分消费,新的商品又被源源不断地创造出来,资本主义加速社会必然造成两方面的后果:一方面是自然资源日益减少,另一方面是生产商品的日益过剩。自然环境破坏与生产过剩共同构成资本主义加速社会的两重危机,严重影响资本主义社会的正常运转和人民的生存空间。只要资本主义依旧存在,生态危机问题就无法得到根本解决。

在自然资源被加速消费,生态危机日益加重的资本主义社会,不仅只有资本家受到环境破坏的影响,广大劳动者更是深受环境破坏和生态危机之苦。劳动者作为社会成员的大多数,不仅受到资本压迫,同时也受到环境破坏的危害。劳动者不仅无法获得良好的生产空间和生产环境,就连美好的自然生活空间都被资本破坏,人类的基本生存面临越来越大的威胁。如果说资本对劳动的统治仅局限于生产领域,那劳动者能够在生产之外享受良好的生活。但是,资本加剧对自然的破坏造成了人类不再能够享受美好生活,只能在不断恶化的环境之中生存。资本通过破坏环境所获得的价值增殖,却使劳动者饱尝环境破坏的苦果。众所周知,环境破坏已经日益影响到人们的现代生活,空气污染、水污染以及动植物多样性的减少已经严重威胁到了人们的生命安全。如果不能很好应对这一问题,不仅人类的自由解放无法实现,就连人本身的生存都是一大问题。

二 加速资本主义社会中的技术异化与人的异化

科技加速是社会加速的重要推动力,在科技不断向前发展的同时,技术的不同社会效能进一步得到显示。在加速资本主义社会中,科技在带来便利的同时也带来了严重的社会问题,不仅干扰人类正常的生产生活秩序,也威胁到人类的生存空间。技术问题事关社会发展和科技伦理,只有进一步分析资本主义社会条件下技术的作用,才能更好利用技术,发挥其积极效能,为实现人的自由解放提供物质条件。

1. 技术的本真面目

某种观点以技术的社会效能为标准,将技术直接定义为"善的存在"或者"恶的存在"。单纯从技术所引发的社会影响而对技术进行定义,那么

| 第四章　资本主义生产力发展对人民美好生活需要的价值遮蔽与实践背离 |

我们就被技术以及与之共同发挥作用的社会制度遮蔽了双眼。只有首先对技术展开追问，才能逐渐"去蔽"，真正把握技术的本真面目。

海德格尔在《技术的追问》中对技术的本质进行了系统的分析，他认为，"技术是合目的的手段"[①]，同时"技术也是人的行为"[②]。技术本身是人类社会所特有的社会行为，它是完成人类目的的一种手段。技术包括工具的制作、使用以及创新，人类在社会实践的过程中不断利用技术来完成人类对美好生活的向往。首先，技术是一种装置，这种装置是人类为了更好实现认识世界和改造世界而发明的。通过对自然界和人类奥秘的把握，人们充分利用外在于人的装置去实现人类的超越性目的。当然，作为技术成果展现的装置本身，是具有简单性和复杂性之分的，技术越是不断向前发展，技术装置本身的复杂性越高，其越能更好实现人类的目标。其次，技术承载着人类的一种自由理想。人并不是消极被动适应自然的存在，而是一种积极主动按照自身的目的去改变世界的存在。人作为自然个体，其体能相较于自然界其他存在，本身就存在这样或者那样的短板，对自然的利用就受到各方面的限制。同时人又是不满足于当下的积极的否定性存在，必然要超越其既定的生存条件，而实现更好的生活。自然界的存在虽然为人类设定了"天花板"，但是人类通过能动性的活动能够不断拓展自然边界，进而实现不断向自由的趋近。一方面，技术既作为人类不断深入外在世界了解外在世界的工具，也是人类能够不断超越既定的认识结果的工具；另一方面，技术是人类实现自身目的的重要保证，技术的发明是人类某一目的催动的结果，如果技术无法帮助人类实现其目标，那么技术就不会出现。最后，技术是人类实现解放和实现自由的重要助力。技术是生产力的重要构成要素，既是生产力不断发展的结果，也是生产力不断发展的原因。从马克思的视角来看，技术发展有助于生产力的发展，而生产力的发展不仅能够减少人类的必要劳动，也能将人类不断从烦琐的具体劳动中解放出来。技术对生产力的每一次解放都意味着人类更加靠近了自我解放的目标。因此，技术承载了人类对美好生活的向往，助力人类能够不断突破既有的

[①] 〔德〕马丁·海德格尔：《海德格尔文集：演讲与论文集（修订译本）》，孙周兴译，商务印书馆，2018，第6页。

[②] 〔德〕马丁·海德格尔：《海德格尔文集：演讲与论文集（修订译本）》，孙周兴译，商务印书馆，2018，第6页。

生活条件，去建立一个新的能够满足人类社会需要的社会。技术不是人类目的本身，而是人类实现自身解放，建构美好生活的方式和手段。

技术作为人类获得解放，趋近自由的手段，其具体表现具有明显的历史性。技术在不同的时代，其发展水平是不一样的。随着近代社会的到来，技术被冠以"现代技术"的称号，它意味着技术本身不再是附属于其他学科的独立学科，获得了自身发展的广阔前景。随着启蒙运动的广泛开展，技术越来越成为社会发展的动力。"技术是一种解蔽方式"①，随着技术的不断发展，人类不断实现了对宗教神学的"证伪"，将自然的奥秘澄清在人类面前。人类逐渐清楚自身理性的重要性以及自身能力的无限性。"知识就是力量，它在认识的道路上畅通无阻：既不听从造物主的奴役，也不对世界统治者逆来顺受。"② 技术不断消除人类认识世界的阻挡和迷雾，不断深入世界的本质进行把握，并且不断加强对自然的统治。"控制自然"在技术的助力之下真正成为可能，技术成为资本不断追求剩余价值，进行资本积累的重要动力。

2. 资本增殖与技术加持

技术在人类社会历史不断向前发展的过程中发挥着重要的促动作用，不仅在促成生产方式变革方面起到了重要作用，也在一定程度上加速了社会形态更替。在资本主义社会，技术的发展不仅成为人类生产发展的手段，更成为资本统治劳动者，占有社会资源的重要方式。技术本身只是一种手段，却造成了消极的社会后果，而这种消极向度根源于资本对技术的统治。

资本在技术加持下，不断改变生产条件和生产方式，以更高的效率和更大的规模进行生产，以保证剩余价值的来源。科学技术、私有财产以及市场经济共同建构了资本主义社会特有的社会机制，使得资本主义社会逐渐发展和强大起来。在技术的作用之下，资本能够加速实现价值增殖。整体来看，技术与资本的结盟关系主要体现在三方面：第一方面，技术的加持使得必要劳动时间不断降低。"由于应用了发明，使生产力提高了，即同等人数的工人在同一时间内生产了更多的使用价值，这样商品变便宜了，

---

① 〔德〕马丁·海德格尔：《海德格尔文集：演讲与论文集（修订译本）》，孙周兴译，商务印书馆，2018，第14页。

② 〔德〕马克斯·霍克海默、西奥多·阿多诺：《启蒙辩证法：哲学断片》，渠敬东、曹卫东译，上海人民出版社，2020，第2页。

第四章 资本主义生产力发展对人民美好生活需要的价值遮蔽与实践背离

因而劳动能力再生产所必需的劳动时间缩短了。"① 技术的创新与发展是不断缩短必要劳动时间,节约社会劳动的重要途径。技术的发展在资本主义社会主要体现为机器的使用以及"自动的机器体系"的建立。通过机器的使用,不仅能够进一步减少生产过程中的时间浪费,同时也能够增强生产的连续性。通过生产过程的加速以及生产连续性的提升,生产商品的社会必要劳动时间必然降低。第二方面,技术的加持不断降低生产成本。新技术的应用意味着生产条件发生革命,生产商品的社会必要劳动时间不断减少,商品的价格不断降低。对于生产者而言,商品价格降低意味着生产成本的降低,意味着更多的资本游离。生产成本的降低意味着资本能够进一步扩大生产规模,进一步扩大剩余价值的来源。第三方面,技术的加持不断扩大消费市场。技术的发展意味着资本主义生产过程能够以多样的形式生产出不同的产品,来满足消费者的社会需要。无论是在商品外在形式上的创新还是在商品内在功用上的创新,都离不开技术的因素。新技术的应用意味着商品以新的形式和新的功能呈现给消费者,满足消费者不断加速的生活节奏需要。资本主义通过加速技术升级,创新商品生产,创造出新的社会需要,加速商品消费,进而在增强商品竞争力的同时保证资本循环的加速。

在技术的加持下,资本主义社会的生产、流通和消费都以新的速度进行,进而保证资本能够加速创造剩余价值和实现剩余价值。诚然,加速造成资本主义社会生产力的提高,但同时也造成了严重的生态问题。"在现代技术中起支配作用的解蔽乃是一种促逼,此种促逼向自然提出蛮横要求,要求自然提供本身能够被开采和贮藏的能量。"② 在资本主义发展进程中,动力机深刻改变了资本主义社会的资源利用形式,将自然力大规模用于社会生产。因此,在资本主义生产过程中,技术不仅成为社会生产的重要因素,更是成为资本家加速获得剩余价值的重要工具。技术改变了其最初的工具形式,成为资本增殖的工具而不再是人类改变生活条件实现自由解放的工具。技术的作用充分体现在资本主义社会生产过程之中,技术作为人

---

① 《马克思恩格斯文集》第 8 卷,人民出版社,2009,第 280 页。
② 〔德〕马丁·海德格尔:《海德格尔文集:演讲与论文集(修订译本)》,孙周兴译,商务印书馆,2018,第 15 页。

类的创造物，是人类使用的工具，但是在价值主导的生产过程中，技术成为价值增殖的工具。不仅技术与自然的关系发生了颠倒，就连人与技术的关系也发生了颠倒。在资本主义社会，资本成为技术升级和技术发展的最终推动力，在资本加速循环和周转的过程中扮演着重要角色。在资本权力的作用下，技术甚至将自然视为自身统治的对象，加速资源的开发和利用，因而在技术与自然之间就建立了恶性循环机制。技术越发展，人们对自然的利用速度越快，技术就越需要升级，技术升级就意味着更快的资源消费速度。技术对自然的统治在造成资源加速枯竭的同时，也严重干扰社会正常生产。人与技术关系的颠倒集中体现在技术异化问题上。

对资本主义社会而言，技术不仅是资本不断获得剩余价值和加速资本周转的重要工具，也是不断挽救资本主义经济危机的重要手段。正因为现代技术的发展，资本才能占据社会统治地位，在占有社会劳动财富的过程中不断实现自身的再生产。资本增殖与现代技术呈现出明显的相互促进作用，极大提升了社会生产力。但是，在资本的作用下，技术逐渐丧失其本真面目，造成严重的技术异化以及人的异化问题。

3. 技术异化与人的异化

对于技术所引发的社会问题，有两种观点，分别是技术悲观主义和技术乐观主义。在技术悲观主义者看来，引起严重社会问题频发的原因在于技术发展，但解决各种社会问题的药方却不在技术发展。"核武器和核能源、无数有毒的化学制剂、生物工程技术、以几何级数增长的矿物燃料的燃烧以及其他一些危险的技术和技术应用，这一切看来都在威胁着这个星球本身的生存。"[1] 要想摆脱技术引发的社会问题，必须要退回到"前技术时代"。而对于技术乐观主义者而言，技术本身就是解决社会痼疾的方式和手段，技术创新和发展能够解决社会发展过程中所出现的一系列问题。其实，对技术发展所持有的两种不同观点代表了资本主导下技术的两种不同社会影响。资本主导下的技术的确能够解决社会发展中的某些问题，但资本利用技术的最终目的并不是为了社会利益，而是为了价值增殖，这就从根本上造成了技术异化和人的异化。

---

[1] 〔美〕詹姆斯·奥康纳：《自然的理由——生态学马克思主义研究》，唐正东、臧佩洪译，南京大学出版社，2003，第321页。

第四章 资本主义生产力发展对人民美好生活需要的价值遮蔽与实践背离

在资本统治之下，技术不再是人类追求美好生活，实现自我解放的重要手段，而是成为资本追求剩余价值，剥削劳动和统治劳动的工具。技术在资本的控制下改变其原有作用，导致了严重的异化问题。资本家通过技术不断对劳动者进行规训，使人成为异化的人。在马克思的理论视阈下，技术本身是人类劳动要素的重要组成，是人类不断突破生产极限的重要推动力，技术本身并没有阶级属性，技术可以和不同的生产关系相结合，进而发挥不同的社会效能。资本对技术的统治不仅没有使技术成为人们享受生活的助力，反而将人们束缚在资本的统治之中，造成技术的异化。在资本主义社会，技术异化导致人的异化主要体现在资本主义社会技术的经济功能和社会政治功能上。

首先，从资本主义技术的经济功能来看，技术异化导致人的异化。在资本主义社会，技术在生产和消费加速的过程中扮演着重要的角色，而技术对人的统治也主要是通过这两个环节实现的。技术在资本主义的生产和再生产过程中丧失其最初功能，造成人的异化。首先，从商品生产角度来看，预付资本划分为固定资本和流动资本，固定资本是以机器设备等形式呈现出来的。人的异化就是在资本家不断增加固定资本投资的过程中出现的。一方面，随着分工不断细化，劳动者不再完整参与生产的各个环节，而是成为某一环节的劳动者。劳动者从事劳动不再需要技术和行业壁垒，每个劳动者都成为生产体系中可被替代的一环。劳动工具的分化和劳动过程的分解使得劳动者不再是精巧的工匠，而是成为具有抽象的可替代性的劳动力。这种劳动力商品是资本所需要的，能够随时满足资本的需要，并且可以随时被资本所抛弃。随着人逐渐丧失生产特殊商品的技能，劳动者就完全沦为了资本的工具。另一方面，对于生产环节而言，资本要想加速增殖必然要更多依赖机器而不断减少对劳动力的使用。资本对劳动的剥削会遇到自然的界限和道德的界限，如果无法调整生产，那么资本主义生产必然会遇到严重的界限和阻碍。在这一过程中，资本利用技术发明，创造出日益发达的机器体系。在资本主义的生产过程中，只有不断加大机器体系的投入，才能够更好利用现有的生产资料开展生产，保证剩余价值增殖速度的提升。人类个体的劳动会受到人的自然身体的限制，无法保证生产本身的持续性和连续性，只有机器体系的使用，才能减少生产过程的偶然因素，保证生产的正常开展。资本不断利用机器扩大生产，就意味着资本不断排斥现有的劳动者，劳动者越来越成为丧失劳动对象的存在，既无法实现自身的价值，也无法确证自身。

其次，从商品消费的过程来看，广大劳动者作为商品的消费者，其购买力是维持资本主义社会劳动力再生产的保障。资本主义生产加速的后果就是商品生产数量的增加，只有不断加速消费者的消费周期才能协同生产加速。一方面，技术的发展不仅能够挖掘商品潜在的使用价值，同时还能够创造出新的使用价值。劳动产品内含多种使用价值，每种使用价值在何种程度上能够成为一定条件下的社会使用价值，在于社会技术的发展水平。因此，技术的不断发展能够不断挖掘商品潜在的使用价值，使得人类能够从不同的角度消费同样的商品，这样不仅延长了商品的使用周期，同时也加快了社会对商品的消费周期。另一方面，技术发展使得商品创新能够不断实现。对于消费者而言，对同一商品的需要总是有限的，同时人的需要也是不断变化的。新的社会环境催生新的社会需要，只有不断根据市场和环境的变化研发出新的商品，才能实现商品向货币形态的转变。生产者通过技术不断研发新的商品满足人们需要的同时，还不断引诱消费者产生新的社会需要，以此加速商品消费。对于资本家而言，为了更好实现商品的销售，往往赋予商品以新的社会功能，让人们对新的商品趋之若鹜，进而加速缩短商品的消费周期。

技术参与商品的生产和消费过程，商品在被加速生产的同时也被加速消费。劳动者作为商品的生产者，在生产过程中，被局限在机器体系之中，成为机器的附属物，丧失自身的独立性，逐渐被机器淘汰，成为异化的人。在生产之外，人们通过消费转移注意力，调整心情，却在不知不觉中成为资本的工具。因此说，无论是在资本主义的生产还是消费的过程中，劳动者都被资本和技术所统治，丧失了自身的积极性和主体性，成为异化的人。

最后，从资本主义技术的社会政治功能来看，技术异化成为人的异化的重要因素。技术异化不仅停留在经济领域，也发生在社会政治领域。在资本主义社会，"国家不外是资产者为了在国内外相互保障各自的财产和利益所必然要采取的一种组织形式"。[1] 因而资本主义国家所宣扬的价值观和

---

[1] 《马克思恩格斯文集》第1卷，人民出版社，2009，第584页。

第四章 资本主义生产力发展对人民美好生活需要的价值遮蔽与实践背离

意识形态都是为了保证资产阶级的统治地位。对资产阶级而言，维护现有统治地位的根本方式就是保证剩余价值的创造和实现。生产完成不代表价值补偿和价值增殖的实现，因为"消费不仅是使产品成为产品的终结行为，而且也是使生产者成为生产者的终结行为"。[①] 因此，在资本主义社会消费主义价值观的流行和消费主义意识形态的灌输就成为资本主义技术发展的重要目的。

在前资本主义社会，消费的需要来自生存本身，生产的劳动产品只要满足个体的生存需要就足够了。但进入资本主义社会，机器大工业的发展使得社会生产进入了新的阶段，生产资料的疯狂使用造成了大量商品的市场充斥。如果商品不能及时转化成货币形态，补偿资本家的预付资本，就会造成严重的经济危机，威胁资本统治。为了挽救危机，资本必然要通过各种途径不断扩大市场需求，加速实现资本主义社会的再生产过程。从技术的政治功能来看，技术的异化导致人的异化主要体现在两个方面。一方面，机器大工业的建立与机器体系的使用，使得劳动者被束缚在生产链条之中，不再把劳动本身作为个体实现自身社会意义的方式，而是单纯的谋生方式。机器体系造成了劳动者和机器之间的主客异位，机器不再是适应劳动者的客体，而是成为控制劳动者的主体。复杂的操作程序由工具机来完成，劳动者承担的是抽象的简单劳动，这必然造成劳动者在劳动中丧失了主体地位，感觉到枯燥。"他在自己的劳动中不是肯定自己，而是否定自己，不是感到幸福，而是感到不幸，不是自由地发挥自己的体力和智力，而是使自己的肉体受折磨、精神遭摧残。"[②] 因此，异化劳动必然导致劳动者将自身的价值和意义寄托在生产领域之外。消费就成为劳动者转移注意力，寻找意义的突破点，人们不再把满足基本生存需要作为消费的边界，而是不断扩大消费的范围和消费的领域，进而消解在简单劳动中所导致的痛苦。消费成为人们追求自由和实现期望的领域，人们不断在消费的过程中感觉到快感和快乐。在资本主义社会，"生产和消费的辩证法决定了资产阶级必然要在全社会范围内宣扬消费主义价值观和生存方式，从而导致了

[①] 《马克思恩格斯文集》第 8 卷，人民出版社，2009，第 17 页。
[②] 《马克思恩格斯文集》第 1 卷，人民出版社，2009，第 159 页。

人们消费伦理的转换和消费主义价值观的盛行"。① 因而，在资本主义社会，异化劳动导致了异化消费的出现。"异化消费是指人们为补偿自己那种单调乏味的、非创造性的且常常是报酬不足的劳动而致力于获得商品的一种现象。"②

在另一方面来看，机器对劳动的剥削和压迫进一步激化了资本家和无产阶级之间的矛盾，而为了更好维持资本对社会的统治，资产阶级选择通过消费，消解无产阶级的革命意志，在消费和个人享乐之中丧失自身的主体意识，彻底成为消费主义的奴隶。消费主义价值观和意识形态是通过大众传媒的发展而得以实现的。随着技术的不断发展，尤其是大众传媒业的发展，消费主义价值观和意识形态通过电视等媒体传播出去。在意识形态不断被灌输的过程中，劳动者逐渐丧失深入思考的批判意识，成为"单向度的人"。"当一个社会按照它自己的组织方式，似乎越来越能满足个人的需要时，独立思考、意志自由和政治反对权的基本的批判功能就逐渐被剥夺。"③ 资本依靠技术实现对消费主义意识形态的灌输将劳动者局限在忙碌的生产和无意义的消费之中，不仅保证了价值增殖的实现，同时也维护了资本主义社会的统治。

资本在技术的加持之下，不仅成功实现了加速增殖的目标，同时也不断巩固自身的统治。启蒙运动以来的"启蒙"成为"神话"，自由不是劳动者的自由，而是资本的自由。形式上的交换自由成为资本主义宣传的口号，而实质上的不自由和不平等却通过消费主义意识形态的灌输而被掩盖。资本按照自身的生产和消费需要，不断培养满足资本需要的劳动者，劳动者在这样的过程中，逐渐成为无自我意识的主体。

三 资本主义社会加速的循环逻辑与深层根源

资本主义加速社会的成因有多重因素，包括经济因素和文化因素。在

---

① 王雨辰：《生态批判与绿色乌托邦——生态学马克思主义理论研究》，人民出版社，2009，第179页。
② 〔加〕本·阿格尔：《西方马克思主义概论》，慎之等译，中国人民大学出版社，1991，第494页。
③ 〔美〕赫伯特·马尔库塞：《单向度的人：发达工业社会意识形态研究》，刘继译，上海译文出版社，2008，第3~4页。

第四章 资本主义生产力发展对人民美好生活需要的价值遮蔽与实践背离

资本主义加速社会不断再生产的过程中,形成了自我加速推动机制,使得资本主义加速社会形成了封闭的加速体系。资本主义自我加速推动机制的形成就在于资本逻辑主导下的需要加速和生产加速。

1. 资本主义社会加速的循环逻辑

在剩余价值的指引下,资本不断突破既有的社会限制,进而创造了加速社会。加速资本主义社会的生产和再生产是由多重因素推动的,包括资本主义社会的竞争逻辑、文化应许等,最重要的动因是资本主义加速的自我推动机制。资本越发展,技术加速、生活节奏加速以及社会变迁加速越形成自我推动的循环,造成加速社会的生产与再生产。

"工业时代的科技革命和数字化本身,似乎就是由现代社会的时间短缺所驱动的,它们就是在回应时间匮乏不断加剧的问题。"[①] 而工业时代科技革命最重要的推动力就是资本主义社会的竞争逻辑,竞争逻辑在社会经济领域的落实就是社会加速。首先,在资本主义社会,竞争原则推动了生产时间的节约。资本主义生产过程的生产成本通过劳动时间的耗费体现出来,生产时间越短,生产效率越快,资本主义的生产成本越低。其次,资本要想获得更多的剩余价值,就必然要想办法提升获得利润的数量和利润的速度。利润直接受到资本循环的影响,要想不断获得剩余价值,就只能选择加速。最后,市场机制是资本主义社会发挥作用的重要机制,直接促成了社会加速的实现。在自由竞争过程中,只有占据优势的生产者才能在激烈的竞争中超越其他生产者,不断扩大市场。而这样的市场优势,在大多数情况下是通过创新实现的,创新不仅保证了利润的来源,也扩大了企业发展的实力。要想保住自身的实力,创新不能停滞,必须要处于创新的循环之中。创新所促成的超额利润的获得进一步推动了加速社会的建立。

社会加速来自现代社会的文化应许。启蒙运动以来的文化解放不仅促进了社会经济的发展,也进一步推动了人们对宗教本质的把握。在传统的基督教教义中,个人存在的意义不在于"此岸世界",而在于"彼岸世界"。宗教改革将宗教谎言彻底拆穿,将人们的生活重心转移到现代生活之中,人们的价值意义就在于把握好当下,享受生活。因而对于生命个体而言,

---

[①] 〔德〕哈特穆特·罗萨:《新异化的诞生:社会加速批判理论大纲》,郑作彧译,上海人民出版社,2018,第29页。

个人生命在于丰富的生活和社会体验。只有充满体验社会的各种事件，品味不同的社会过程，才能丰富人生。然而，一个人的生命时间总是有限的，其经历的社会事件也是有限的，而个体只有不断将"潜在可实现的选项"转化为"实际实现的选项"，才能增加体验的总量，不断在有限的生命之中体验无限的社会事件。因此，加速就是人们在面对有限生命与社会体验之间矛盾的现代性解答。

从经济的角度来看，竞争逻辑所导致的提升逻辑进一步导致科技进步的加速、社会变迁的加速以及生活节奏的加速。从文化应许的角度来看，加速社会体验是能够更多享受社会，实现自身价值的重要方式，因而在文化引擎的推动下，人们主观刻意不断加速生活节奏，进而引发社会变迁和科学技术加速。然而，科学技术加速、社会变迁加速以及生活节奏加速在现代社会形成了一个"自我推动的过程"，通过三类加速的相互作用形成了一个"自我加强的系统"。

在资本主义加速循环体系中，从任何一种加速形式进行分析都是可以的，不过从生活节奏加速作为起点展开说明，更具有现实性。进入现代社会之后，人们普遍感觉到时间愈发紧张，而时间紧张是社会生活节奏加快的重要原因。人们普遍面临时间的匮乏问题，因此人们一方面通过不断压缩"行为事件"的时间来对时间缺乏问题做出解答，一方面通过不断占用休息时间以及"行为重叠"来解决时间匮乏。通过不断占用休息时间和事件重叠来应对不断缺乏的时间会受到人的自然极限的制约，因为人的时间和精力总是有限的。因而人们最佳的应对策略就是不断缩短"行为事件的时间"，以此降低时间耗费，释放更多的时间资源。因此，在现代社会，无论是个体还是集体都对时间提出了更高的要求，希望通过技术的发展和革新缓解时间紧张和时间贫乏的感觉，技术的发展和革新过程就成为不断追求加速的过程。时间越匮乏，人们对社会条件的不满程度就越高，就越需要有更快的方法和设施能够满足人们的加速需要。加速所造成的对社会外部环境的加速期望进一步促成了技术加速的实现。"技术加速因而是时间资源短缺和由此而来的生活节奏的提高的直接后果。"[1]

---

[1] 〔德〕哈尔特穆特·罗萨：《加速：现代社会中时间结构的改变》，董璐译，北京大学出版社，2015，第180页。

第四章 资本主义生产力发展对人民美好生活需要的价值遮蔽与实践背离

技术加速的根本目的和社会需要在于节约时间。技术加速作为人们应对时间资源匮乏和生活节奏加快的策略，对于现代社会的各个方面都产生了深刻的影响。从一方面来看，技术加速意味着在既定的时间内，人们可以完成更多的事件，节约更多的时间资源用来分配到其他的事件上去，另一方面也导致了人们与时间、空间以及世界的关系发生了新的变化，进而改变了人们的生活方式。随着技术加速和生活节奏加速，不仅出现了新的职业结构，也出现了新的交往方式和沟通模式。尤其是随着现代技术的发展，人们可以跨越时间和空间的限制，随时随地开展交流，大大缩短了人们的交流时间。在技术加速的助推下，新的交往方式、生活方式以及沟通模式的存在周期大大缩短，人们必须要加速更新自己，才能够适应加速变化的社会。

社会变化的加速意味着"现在的萎缩"。我们可以从"经验领域"和"期望地平线"之间的关系来进行分析。在前加速社会，人们的经验领域与期望领域具有一致性，人们的社会经验具有稳定性，能够应对一定时间范围内出现的各种情况，无论是当下、过去还是未来都处在同一地平线上。而技术加速和社会变化加速使得这种一致性瓦解，人们只有不断调整自身的经验，才能保证自身不被淘汰。行为者必须要通过不断加速才能够适应多维度、快速的变化，进而适应加速社会的机制。行为者的行为不断加速意味着其"绝对必要的行为"的范围不断扩大，需要完成的"事件清单"也随之变长，因而人们愈发感到自身时间的匮乏。在这样的相互作用之下，技术加速、生活节奏加速和社会变化加速就成为一个封闭的循环系统，成为自我推动的现代加速社会。

因此，资本主义社会加速的循环逻辑是由加速社会之中的三种因素共同推动的，而这三种因素又形成一个封闭的系统，推动资本主义加速社会的自我加速。在加速社会中，个体已经无法通过个体的努力才破除这一加速闭环，而只能被迫卷入资本加速的循环之中，接受加速社会的规训。

2. 资本主义社会加速的深层逻辑

资本主义社会加速的循环逻辑无疑成为加速社会不断再生产的重要推动力，但是从资本的本性来看，社会加速的深层根源就在于需要加速和生产加速。在资本主义社会，个体的社会需要不再简单局限于满足生存和发展需要，而是在资本的控制之下，创造了大量的虚假需要。虚假需要的加速就需要生产的加速来不断满足，因而成为资本主义社会加速的深层逻辑。

科技加速、生活节奏加速和社会变迁加速形成了加速社会的自我推动机制，而社会加速在促进社会发展的同时，也造成了新的异化形式。社会加速造成空间异化、时间异化、物界异化、行为异化、自我异化与社会异化。第一，社会加速造成了社会主体与空间的异化。在前资本主义社会，"物理亲近性"与"社会亲近性"是同一的，人们在既定的空间条件下开展社会关系，而加速社会使人们可以脱离既定的空间而展开社会交往，人们的空间意识逐渐丧失。同时，空间是个体活动、个体体验和个体生活的承载，不仅具有物理属性，同时还具有文化属性和社会属性。加速社会使得人们加速体验社会空间，人类活动赋予空间的意义随加速而不断减少，造成了"沉默的空间"，即空间丧失了"亲密感"，造成人与空间的异化。第二，社会加速造成了社会主体与时间的异化。加速所导致的人与时间的异化主要体现在"体验的时间"与"记得起来的时间"之间的矛盾上。社会加速导致生活步调的加速，使得人类在既定时间内需要完成的行为事件不断增加，事务清单不断延长。既定的时间内完成的事件数量不断增加意味着个体经验的事件数量不断增加，每一事件的经验内化到个体生命中的时间越来越被缩短，甚至在忙碌的节奏之中，个体的生命体验被不断淹没在事件之中，使得个体能够"记得起来的时间"越来越短。生命的体验越来越无法转化为个体的生命经验，造成个体的生命意义不断丧失。第三，社会加速造成了人与物关系的异化。物是人类满足自身需要的重要物质基础，通过不断融入人的日常生活而不断满足人类的美好生活需要。物不仅具有效用价值，同时也具有情感价值。人类通过对物的使用，建立人与物之间的情感联系，是人进行身份认同的重要方式。技术的发展造成人与物之间不断分离，物的更新速度不断加速，人与物之间的关系就是纯粹的使用与被使用的关系。因此，物界异化是社会加速带来的重要后果之一。第四，社会加速造成了行为异化。在加速社会，每个人的行为不是出自个人的主观自愿，而是社会加速环境的催促。加速机制造成任何人的行为都必须同社会相协同，否则就会被淘汰。每个人的行为成为"社会逼迫"的产物。第五，社会加速造成了自我异化和社会异化。时间异化、空间异化、物界异化、行为异化的最终结果就是人的自我异化以及人与社会关系的异化。个体坐落于社会之中，通过人与世界之间的交往获得自身的价值认同和满

第四章 资本主义生产力发展对人民美好生活需要的价值遮蔽与实践背离

足自身的社会需要,而社会加速将个体融入加速机制之中,使个体在无形之中成为加速机制发挥作用的工具,必然造成人的自我异化以及人与世界关系的异化。尤其是在资本的主导下,社会加速依托资本主义再生产过程而不断再生产,人彻底成为加速社会下的"单向度的人",不断融入加速之中。社会加速造成了如此之多的异化形式,只有深入把握社会加速的深层逻辑才能从异化的社会加速中解放出来,实现人的自由。从马克思的视角来看,资本主义社会加速的深层逻辑就是需要加速和生产加速。

对于技术加速的原初目的,可以从两个层面来进行理解。第一个层面,技术加速的目的在于不断以更快的速度满足人类既有的需要。需要的满足必须要依赖于生产才能实现,因此技术加速必然推动生产加速。在人类社会需要总量不变的情况下,技术加速和生产加速意味着人们的社会需要能够在更短的时间生产出来,进而满足人们的需要,让人获得即时的满足感。但是人类社会需要总量不变只能是一个假设,因为人的需要是不断变化的。随着社会历史的发展,人们原有的社会需要已经得到满足,或者原有的需要不再需要,这就决定了技术必须要对这一动态变化做出解答。第二个层面,技术的加速是用来满足人的新的需要。新的需要的出现必须由新的生产方式、生产技术以及生产要素来完成,因而技术必须要不断创新才能够适应新的需要。因此,对于技术加速的最初目的就被归结为:人类需要的增长推动生产的加速,而生产加速由技术加速推动。

"马克思认为人类需要可划分为真实需要与虚假欲求,并且,资本主义社会的发展可使人类派生出更多的虚假欲求。"[①] 在资本主义社会,资本家是以价值增殖为核心而开展生产的,因此,要想更快实现价值增殖,不仅要创造更多社会产品,同时也要创造更多能够被市场购买的商品,这样才能实现商品形态的转化。"每个人都指望使别人产生某种新的需要,以便迫使他作出新的牺牲,以便使他处于一种新的依赖地位并且诱使他追求一种新的享受,从而陷入一种新的经济破产。每个人都力图创造出一种支配他人的、异己的本质力量,以便从这里面获得他自己的利己需要的满足。"[②]

---

① 于天宇:《需要加速与生产加速:社会加速循环的深层逻辑》,《东北师大学报》(哲学社会科学版)2020年第4期。
② 《马克思恩格斯文集》第1卷,人民出版社,2009,第223页。

因此，资本就通过各种方式不断创造新的需要，即虚假欲求加速资本主义社会的交换过程。资本主义生产加速创造出来的商品不是用来满足人们的真实需要，而是满足资本刺激下的虚假欲求。需求的不断变化，就导致现有的社会生产无法满足社会的需要，进而推动技术加速创新，进而不断满足社会的需要。

因此，在资本主义社会，在资本的主导之下，资本不断创造出新的消费热点和新的消费需要，不断刺激人们的需要加速。需要加速刺激生产加速，必然导致技术加速、生活节奏加速和社会变化加速，因而资本就将人们牢牢控制在加速循环之中，以此实现资本在历史中的永恒。在资本逻辑主导下，坚固的加速机制不断巩固，要想摆脱资本对社会的统治，必须要消灭资本统治。总体来看，资本主义社会加速无疑推动了生产力向前发展，但是生产加速和需要加速并没有给人们的生产和生活带来更大的便利。资本在技术的支持下，不仅造成了严重的生态危机，危害人类的生存环境和生命安全，同时通过消费主义价值观和意识形态的灌输，不断造成需要加速，在生产加速与需要加速的过程中，实现资本的积累。社会加速所造成的技术异化、劳动异化和生态危机都表明资本主义社会并不是人类社会发展的最高点，资本主义生产关系对生产力的限制和阻碍使得人类必须要突破这一阶段，才能最终实现人的解放，拥有美好生活。

第三节 资本增殖逻辑背离人的生存发展逻辑

在资本主义社会，资本以剩余价值为其生存和统治的基础，这就决定了资本不以社会整体利益为转移，而是以资本增殖需要为转移。在资本的主导之下，人类劳动创造的社会生产力成为"资本的生产力"，劳动者作为社会财富的创造者不仅无法过多享受自身劳动创造的社会财富，同时还受到资本的剥削以及资本无序增殖过程中引发的社会问题的危害。从资本的增殖逻辑来看，资本要想突破价值增殖的各项阻碍就必然要依赖加速社会和丧失主体意识的劳动力，资本在对劳动者规训的过程中不断占有劳动者的剩余价值，同时通过技术的加持、意识形态的灌输以及法律制度的配合保证自身统治的连续性。资本的增殖逻辑推动资本不断跨越时间和空间的阻碍而在全球范围内不断利用有利的自然条件和社会条件开展生产。资本

| 第四章　资本主义生产力发展对人民美好生活需要的价值遮蔽与实践背离 |

在促成生产力不断发展、物质财富不断增加的同时也严重束缚了生产力的进一步发展，使得资本自身成为生产力发展的桎梏，无法再进一步推动生产力的发展。资本在全球蔓延的同时，也造成了资本逻辑在全球范围内的扩张，有限的自然资源面对无限的价值增殖渴望，必然会造成严重的生态问题。因此，在资本主义生产方式主导下，全球生态危机的出现就成为可能。在此意义上，资本增殖逻辑背离人们的生存和发展逻辑，必须要破除资本逻辑的统治，实现生产力生态化发展，才能满足人民对美好生活的需要。

一　生产力的边界制约人民美好生活需要

"全部人类历史的第一个前提无疑是有生命的个人的存在。"① 而"有生命的个人的存在"又需要依赖于一定的物质生存条件。生命个体通过对生产资料的占有而将自身本性投射到对象之上，创造出生存所需，这就是人类历史得以存在和发展的"奥秘"。人类以何种方式占有自然对象，生产出满足人类需要的物质财富充分体现了一个时代的生产力发展水平。只有依靠发达的生产力，人类才能够保证自身的生存和发展，创造不断进步的人类历史。马克思、恩格斯对人类历史奥秘的把握使得人类真正把握住了历史发展的规律，人类只有通过不断占有外部世界，促进生产方式变革，大力发展生产力，才能满足美好生活需要。

1. 生产力的发展是满足人民美好生活需要的重要前提

"人们为了能够'创造历史'，必须能够生活。但是为了生活，首先就需要吃喝住穿以及其他一些东西。因此第一个历史活动就是生产满足这些需要的资料，即生产物质生活本身"②。如果人类无法获得足够的物质资料，那么人类历史本身就无法存在。在获得充足的物质资料基础之上，人类的其他社会活动才得以建立，否则人类就只能像动物一样，消极被动适应环境。生产力的发展是人类能够不断超越自身的动物属性，展现人类本质的重要物质依托，没有生产力的发展，人类的基本生存都无法保障，更何谈美好生活需要。

---

① 《马克思恩格斯文集》第1卷，人民出版社，2009，第519页。
② 《马克思恩格斯文集》第1卷，人民出版社，2009，第531页。

生产力的发展是满足人类美好生活需要的重要物质前提与物质基础。生产力发展有两方面的含义：一方面，生产力发展意味着人类劳动要素的革新导致物质资料生产率的大幅度提升，通过既定的生产要素，能够创造出更多的使用价值满足人们的生存发展需要；另一方面，生产力的发展意味着人类在更大的范围内利用自然，将更大的自然空间纳入人类的生活系统之中。无论是生产数量的增加还是生产范围的扩大都意味着人类摆脱了旧的生产条件，能够在新的阶段开展新的生产。生产力的发展对人类个体的生存发展、人类社会整体的形态变革具有重要的意义。但是，生产力发展不是以人的意志为转移的，而是客观的和历史的。

生产力的发展是客观的，不是人的主观精神和主观目的的结果。"历史的每一阶段都遇到一定的物质结果，一定的生产力总和，人对自然以及个人之间历史地形成的关系"①，因而生产力发展本身无法根据人的主观意志而盲目向前扩张和发展，而是建立在既有的生产力水平和社会环境的基础之上。离开既定的历史阶段，谈论人类物质资料生产本身就是抽象的。虽然人的劳动目的具有主观性，通过主动行为的开展赋予对象以一定的"形式"，但这种"形式"是由既定的生产力水平所决定的。生产力的发展是历史的，每一时代的生产力发展都在一定的历史基础之上，同时也受到特定的生产关系的影响。"每一代都利用以前各代遗留下来的材料、资金和生产力"②，进而在此基础上将人类历史向前推进。当生产力发展到一定阶段就会受到生产关系的束缚，只有建立新的生产关系才能实现生产力的进一步发展。但是，在既定的历史阶段，无论人类如何扩大劳动范围和变革生产条件，都无法超越既定的历史阶段，而只能在一定的空间范围内发展。

人们的美好生活需要是一个历史范畴，对个体的生存发展以及人类社会历史进步发挥着重要作用。正是因为美好生活需要的指引，人类才能够不断突破自身的限制实现对以往发展阶段的超越。首先，需要是人类社会发展的重要推动力。美好生活需要是人类否定现存性的充分体现，人类不满足于当下的生存样态，希冀满足更高的社会需要。正是因为人类能够以否定现存性来对待人类自身和社会历史的发展，人类才能够不断突破各种

---

① 《马克思恩格斯文集》第1卷，人民出版社，2009，第544~545页。
② 《马克思恩格斯文集》第1卷，人民出版社，2009，第540页。

第四章　资本主义生产力发展对人民美好生活需要的价值遮蔽与实践背离

主客观条件的限制,实现新的发展,满足自身新的需要。其次,美好生活需要是人类对价值的自我实现和社会认同的需求。人的美好生活需要不仅仅局限于物质生产领域,即物质资料的丰富程度,还具有精神需要,这种需要是人类能够不断丰富自身的精神世界,保证自身精神家园稳定的重要因素。随着物质资料的不断丰富,人类的精神需要在当下社会扮演着重要的角色,发挥着重要的作用。最后,美好生活需要的内涵不是既定的"完成时态",而是不断丰富和发展的。人们的美好生活需要是社会生产力发展水平和人们生活的社会环境的集中体现,随着生产的发展,人们的社会生活发生了翻天覆地的变化,人们的美好生活需要必然也随之发生变化。人们的美好生活需要也反映出一定历史阶段社会的主要问题,当下无法解决的社会问题包括生态问题、技术问题以及伦理问题等,集中体现出人们的美好生活需要的实现遇到的阻碍。

生产力发展是人们美好生活需要实现的物质基础,但是生产力的发展是客观的和历史的,这就决定了人们的美好生活需要也具有客观性、历史性。生产力的发展在意味着人类美好生活需要内容变化的同时,也导致了人们实现美好生活需要的工具和手段的进步。离开现实的物质发展水平去谈论人类的美好生活需要以及需要的实现问题,是抽象且不切实际的。生产力发展的客观性决定了生产力不可能随意扩张,必须以当时的具体历史条件为转移。在资本主导下的生产力是"资本的生产力",生产力的发展必然受到私有制的限制,因而"资本的生产力"存在边界。

2."资本的生产力"存在边界

生产力发展是满足人们美好生活需要的根本物质保障,没有生产力的发展,人类任何美好生活需要都无法得到实现。技术的助力虽然使得人类能够在既有的条件下实现不断增长,但这种增长是有一定的边界的。在资本主义社会,资本主义生产力在资本的主导下想突破既有的边界去实现资本增殖,却遇到了生产关系和自然条件的限制。

对资本而言,不断摆脱既有的自然限制和社会限制去实现加速生产和增殖是其追求的根本目标。因而,不断推动技术的发展、管理方式的更新以及自然资源的协同成为其目标得以实现的重要推动力。从工场手工业向机器大工业的过渡表明生产社会化程度越来越高,生产部门之间的联系程度也越来越高,资本主义生产力在机器大工业时代达到了巅峰,实现了更快和更高的发展。资本主义不仅推翻了传统的封建统治，斩断了封建制度对人们的"羁绊"，建立人与人之间的平等交换关系，同时也将劳动者投入资本主义市场。资本充分利用生产资料和劳动者的结合，不断对劳动资料进行变革，建立了庞大的社会生产装置，创造了生产力的高峰。但是，资本主义加速社会要求的是不断变革，这样才能保证价值增殖规模的扩大，因而资本主义加速社会不断被创造出来。资本主义不仅加大了对自然的开发和利用，充分征服自然力，使之为资本服务，同时也不断剥削劳动者，使其不断创造日益庞大的剩余价值规模。因而，资本主义在其统治时期所创造的生产力，远远超过前资本主义社会。

在资本统治期间，生产关系和自然条件的限制为资本主义生产力的发展划定了边界。从生产关系的角度来看，在资本主义社会大生产的过程中，劳动者耗费劳动，创造新的商品，获得资本家的工资，进而保障自身及其家庭的生存。获得工资是劳动者能够在交换市场自由购买和自由交换的前提。但是，在资本主义社会，劳动者的工资仅仅能够从资本主义交换市场中获得其创造的商品的一部分，他们无法从市场上全部购买自身劳动创造的商品。因而，在资本主义社会必然造成阶段性的生产过剩危机。生产过剩根源于资本主义私有制，资本主义生产关系已经成为制约、限制和阻碍生产力发展的桎梏，必须要突破这一生产关系，才能实现生产力的进一步发展。同时，就资本主义社会来看，生产加速和生产规模不断扩大意味着资本要不断占有和利用自然条件来满足生产需要。生产并不是为了人民所需，而是为了资本增殖所需，这就决定了经济理性主导下的资本主义生产会不断掠夺和破坏自然资源以实现价值增殖。有限的自然资源供给决定资本主义生产力无法加速持续进行，而是会受到外部自然条件的限制。资本主义私有制的社会因素和有限的自然资源的自然因素共同决定资本主义生产力的发展是存在边界的，无法满足资本增殖的欲望。在资本主义私有制的主导下，劳动者无法获得发展资料，因而其美好生活需要是无法得以实现的。同时，在加速生产过程中导致的生态问题使得人们无法拥有美好的生活环境。

生产力的发展对人类历史而言，意味着向更高阶段的发展，但在资本主义私有制下，生产力的发展被异化为"资本的生产力"。资本的"增殖欲"推动生产力不断向前发展，但是这种发展遇到了生产关系的社会限制

第四章　资本主义生产力发展对人民美好生活需要的价值遮蔽与实践背离

和自然资源的外部限制,这两个因素共同构成了资本主义社会生产力的边界。资本对生产力发展的限制,导致人们无法享受社会生活,也限制了人们美好生活需要的实现。

3. 资本主义生产力发展边界阻碍人民美好生活需要实现

资本对剩余价值的追逐导致资本主义生产力存在边界,而生产力边界的存在制约人民美好生活需要的实现。从生产关系的角度来看,资本主义生产资料私有制决定了生产力并不是为广大劳动者所享受,而是被资本家占有,这严重阻碍了人们充分利用自身劳动创造的财富去满足自身的生存和发展需要。从自然条件的角度来看,资本主义加速生产过程,企图不断冲破自然的限制,造成了严重的生态危机,制约人们的美好生活需要。

资本主义私有制限制生产力的进一步发展,进而为生产力划定了边界。一方面,对资本主义社会而言,资本对剩余价值的渴求导致社会生产超过社会有支付能力的需要,造成周期性经济危机的发生。在经济危机发生期间,人们不仅无法获得更多的生活资料,就连维持基本生存的工作都无法找到,事实证明,经济危机期间,人们面临十分恶劣的生存环境。另一方面,资本主义的私有制决定社会劳动成果的分配。在资本主义私有制主导下,劳动创造的社会财富却并不足以支撑人们美好生活的实现,因为劳动者无法获得自身劳动创造的全部社会财富,只能获得满足自身及其家庭生存的基本物质资料。这就决定了在资本主义生产力存在边界的基础上,劳动者分配到的社会财富也是有边界的,仅够维持自身和家庭的基本生活需要。一方面是劳动者创造的大量物质财富被浪费,一方面是劳动者悲惨的社会生活,劳动者只能在浪费与贫乏的社会环境中保证基本的生存,而无法实现美好的生活需要。

自然条件是资本主义生产力发展的外部限制,为"资本的生产力"发展划定了一定的边界。自然作为有机的生态系统,其内部运动和循环有一定的规律,人类可以对自然的某一部分进行干涉并按照有利于人类主体的目的对其进行改造,却无法对自然进行全部改造。自然所提供的各种资源在一定的运转周期内是有限的,无法随人们的社会需要而转移。对人类社会而言,自然本身提供的很多有用物都不是以商品的形式存在,因为很多有用物都不需要人类耗费劳动就可以获得,如空气、水源等。虽然这些有用物不是作为商品存在,但是它们却是人类能够生存的自然基础,离开自然提供的这些财富，人类根本无法存在。但是，资本主义生产过程不会将外部自然环境作为经济因素考虑在生产范围之内，这就造成了生产过程对空气、水源等生态资源的破坏。同时，资本家不断追求生产成本的降低，不会主动将生态成本纳入生产成本之中，而是对生态问题置之不理。不断恶化的生态环境无法保证自然资源的有效供给，严重干扰正常的生产秩序。因此，在外部条件为资本主义社会生产力划定边界的同时，人们的美好生活需要也无法实现。

资本对剩余价值的渴求会推动资本主义生产过程不断突破外部条件的限制。从短期的经济增长来看，资本主义虽然能够在忽视生态环境问题的基础上实现新的增长，但是导致了日益恶化的生态问题。资本增殖造成的外部性问题却让劳动者为生态环境被破坏买单，这进一步加剧了社会的不公平。对于广大人民来说，良好的自然环境是个体展开生命活动，实现自我发展的外部条件，没有良好的自然环境，人类根本就无法享受美好的社会生活。自然条件不是资本实现增殖的条件，而是人类享受生活，实现自由解放的条件。因此，资本主义生产力的发展日益受到自然条件的限制。在资本主义历史之中，生产关系对生产力的制约可以通过国家机器的政策调整而得到暂时性的解决，进而维持现有的资本主义生产。但是，作为资本主义生产力边界的外部自然条件却无法通过政府的政策调整而得到改变，这就是资本主义社会生产"反生态"本性的体现。

在资本主义社会中，生产力在受到资本增殖欲望推动的同时，也受到资本主义私有制以及外部自然条件的限制。资本主义将人的美好生活需要以商品的形式表现出来，通过刺激消费来异化人的需要，遮蔽人的美好生活需要。资本主义以自由和解放作为其现代性承诺，充分利用科技来实现其承诺，营造出资本主义社会繁荣的生产假象。在这种狂热的生产背后，有支付能力的需要却限制资本主义生产力的进一步发展。资本对劳动者劳动成果的占有，阻碍了人们获取用于自身发展的物质资料，造成每个人成为机器的附属品，仅能在异化劳动的过程中获得维持自身生存的劳动产品。建立在生产基础上的分配边界决定了劳动者的美好生活需要无法得到满足。同时，良好的自然环境是人们开展社会劳动，实现自我社会价值的物质基础。没有良好的环境，个体就无法保证自身的生命健康。生产力的发展必须要以自然的可承载能力为边界，要在发展的过程中保护环境和呵护环境，

第四章　资本主义生产力发展对人民美好生活需要的价值遮蔽与实践背离

否则人类就无法存在下去。总而言之，在资本主义社会，资本主义生产力的边界限制了人们对美好生活的希望，只有实现生产力的生态化，才能满足人们对美好生活的需要。

二　全球生态危机违背人民美好生活需要

在资本的主导下，经济理性与市场竞争的结合造成生产不断加速，生态系统的自我修复能力无法应对不断严重的生态破坏，进而造成严重的生态危机。人们的美好生活需要不仅包括对基本生存物质资料的需要，也包括优美的生态环境需要。但伴随资本不断扩张，生态危机也在全球蔓延，全球生态危机不仅限制了资本的进一步扩张，也给世界各国人民带来了严重的生命威胁。只有遏制资本主义生产方式的全球扩张，实现社会主义生产力生态化跃迁发展，才能守护人类共同的家园。

1. 资本扩张与世界历史形成

在资本的作用下，现代社会充满着危机，包括战争、生态危机、疾病等各个方面，而生态危机则是威胁人类生命健康和经济发展的重要因素。区域性的生态危机是如何转化成全球性的生态危机，不仅需要我们进行深入的思考，同时也应该及时做出应对。马克思、恩格斯对资本主义以及世界历史的形成的深入分析，对我们探究全球性生态危机具有重要的启示作用。

在一定的历史时期，无论是自然资源的供给还是生产条件的状况都是有限的，即使是加速资本主义社会也必然要将这些影响因素考虑在内。资本既是追求"自由"的，也是追求"平等"的，资本要通过市场机制的作用，及时占领最佳的生产领域和生产部门，实现最佳产出。资本追求自由的体现是，在既定的空间范围内，资本可以随时进行部门转移，追求更高的利润率。在资本转移看似公平的背后，隐藏的是资本的不公平，越是大资本就越具有转移的自由。如果将生产的外部约束条件考虑在内，我们会发现资本转移的原因也在于对更低成本的选择。在既定的历史时期，既定区域的市场规模和生产资料的规模都是有限的，这限制了资本进一步扩张的可能性。因此，受制于有限的资源，资本主义生产过程一旦达到顶峰，就只能开展简单再生产。但是，这又不符合资本的本性，因为资本对自身自由增殖的渴望驱使资本不断越过空间的限制。世界历史的形成就为资本突破时空的限制提供了可能。

马克思、恩格斯在《德意志意识形态》中对世界历史的形成进行了详细的说明。资本主义"首次开创了世界历史，因为它使每个文明国家以及这些国家中的每一个人的需要的满足都依赖于整个世界，因为它消灭了各国以往自然形成的闭关自守的状态"[1]。在前资本主义社会，个体作为完整的劳动者，掌握各种劳动技能，生产出自身和家庭所需要的各种物质资料，不需要依靠他人来获得。因此，此时人与人的交往是有限的和封闭的，这种状态持续了很长时间，不仅不利于商品经济的出现，也不利于世界历史的形成。随着生产剩余的出现，区域交往的频率才逐渐加快，尤其是当劳动产品以商品的形式出现并占据统治地位的时候，区域往来才越发频繁。随着商品交往的不断深入，人们生产的目的不再是为了需要，而是为了交换价值，这就使得世界历史在商品交往的基础上形成了。

机器大工业、科技应用、交通发展等因素成为世界市场得以建立的重要推动力。世界市场的建立使得资本能够突破空间限制，在世界范围内流动和增殖。"资本积累向来就是一个深刻的地理事件。"[2] 资本只有通过对不平衡的区域地理的剥削和掠夺，才能保证不断增长的利润。对于世界整体而言，不同的国家处于不同的发展阶段，拥有不同的生产方式和经济实力。对于社会制度相同的资本主义国家，他们共同形成了资本主义势力，实现对全球的剥削。一方面，资本主义国家通过对落后的国家的直接侵略，占有当地的经济资源，非法掠夺社会财富；另一方面，资本主义国家通过资本的转移，在发展中国家建立企业，开展生产，以合法手段掠夺社会财富。在资本全球扩张的过程中，资本不仅找到了解决利润率下降的方法，也实现了资本对全球的统治。资本在全球的游走过程和占领"势力范围"的过程，就是世界历史不断形成的过程。毋庸置疑，资本主导下的世界历史具有明显的"二重性"。从其正向功能来看，世界历史的形成意味着人类历史真正进入到全球化的时代，摆脱了闭关自守状态，使得人类历史能够跨越地理阻碍而一体化。同时，资本在全球的扩张过程意味着先进的科学技术、文化理念以及管理方式在落后国家的传播，促成了全球生产力的发展。但

---

[1] 《马克思恩格斯文集》第1卷，人民出版社，2009，第566页。
[2] 〔美〕大卫·哈维：《希望的空间》，胡大平译，南京大学出版社，2006，第23页。

是就其负向效能来看，资本在全球的扩张，是其解决资本内在矛盾的重要途径，也是其不断扩大自身统治范围的必然选择。

资本本身的文明面不能消除资本的消极作用，因为资本主义生产方式在加速世界历史形成的过程中，也造成了对发展中国家的自然资源剥削和生态环境破坏，使得生态问题日益成为全球发展的顽疾。而只有正确、理性和科学理解资本以及资本主义生产方式的反生态本性才能真正全面了解资本主义社会。

2. 世界历史与全球生态危机

在资本的主导下，世界历史才得以形成。世界市场具有深远的现实意义的同时也造成了明显的社会危害。伴随资本的世界流动，各种社会问题也在全球范围内流动起来，尤其是当下不断恶化的环境问题。资本促进世界市场形成的同时，不仅加速资源的利用和开发速度，同时也伴随着污染物的扩散，资本所造成的生态问题严重威胁到世界生态稳定和世界人们的生命健康。因此，资本驱动下的世界历史与全球生态危机有着密切的相关性。

马克思、恩格斯在其经典著作《共产党宣言》中对资本主义所造就的世界历史的成因进行了分析。资本主义机器大工业所造成的社会化大生产是驱动世界历史形成的物质前提。机器的使用提升劳动生产力，意味着更多的产品被不断创造出来。既定的时期、既定的区域，意味着商品销售市场的有限性，因此，如果想全部实现商品形态的转变，资本家必须要不断扩大商品销售市场。资本主义加速生产过程对自然资源的需要加速是世界历史形成的现实动力。从空间地理学的角度来看，区域间的自然禀赋条件是不一样的，有的地区自然资源丰富，而有的地区则相对贫乏。丰富的自然资源意味着更低的成本和更快的开采速度。既定区域的生产资源是有限的，同时自然环境的恢复也需要一定的周期，这就决定了资本必然要加速开辟原料市场，这客观上推动了世界历史的形成。交通工具的改进以及现代交通工具的大规模使用为世界历史的形成提供了现实可能。区域间的交往必须依赖一定的交通工具。在机器大工业发展的过程中，现代交通工具也一并发展起来，使得无论是人员的跨区域往来还是货物的跨区域流动都成为可能，提升了交往的速度，加速世界历史的形成。因此，在生产和消费成为世界性的过程中，人类真正摆脱了自给自足和闭关自守的状态。

然而在世界历史的形成过程中，却带来了严重的全球性生态危机。首先，世界市场的形成促成了商品在世界范围内的流动和配置。伴随商品流动的过程，区域性的生产过剩很容易通过市场的转移来解决，消费对生产的限制作用就无法正常发挥效能。因而，社会化大生产就不会遇到市场瓶颈的限制，造成生产的持续和加速。其次，世界市场的形成为资本在全球寻求最佳生产场所提供了可能。利润率是资本家生产经营的首要目标，通过不断压缩成本，才能实现更高的利润。对于发达的资本主义国家而言，无论是劳动力成本还是生产资料的成本都相对较高，如果不能降低成本就意味着逐渐丧失竞争力。为了降低生产成本，资本家必然会选择经济相对落后和自然资源相对丰富的国家作为其生产基地，严格把控生产成本，提升利润率。随着工业资本、商业资本以及农业资本的大量涌入，发展中国家的自然资源被大量开发，经济增长的过程必然伴随着严重的资源耗费和生态问题。最后，商品的流通过程也可能意味着生态问题的空间转移。世界市场的形成使得商品能够在短时间内通过不同的国家和区域，最终到达其消费国。然而，每一区域都有其独特的地理景观，可能对一个国家无害的生物就会给另一个国家造成严重的生态问题，使得当地的生态系统崩溃。

资本在全球范围内寻找生产基地、原料供给基地以及市场销售场所的过程中，对成本的关注导致其不会将生态修复以及生态治理的成本考虑在内。加速生产所造成的资源枯竭、环境破坏、生物多样性减少等问题在加剧的同时也会随着世界市场的建立而不断扩大危害范围。发达资本主义国家逐渐将高污染、高能耗的低级产业转移到发展中国家，在进行劳动剥削的同时也进行生态剥削。发展中国家为了拉动经济增长又不得不接受资本家的做法，面对日益恶化的生态环境，发展中国家受制于有限的资本、技术以及治理能力，只能放任不管。一旦发展中国家无法提供更多的剩余价值，资本就会继续向其他地区转移，进而造成严重的全球性生态危机。诚然，世界历史的形成紧密了区域间以及人与人之间的社会交往，拉动发展中国家的经济发展，却对生态环境造成了不可逆的破坏。

现代社会是一个加速的全球化社会，区域间的分工日益细化，区域间的贸易往来日益频繁，资本渗透发展中国家的各行各业，因此必须要谨慎评估资本对区域生态环境所造成的消极影响，否则就会给当地生态环境造成不可磨灭的伤害。严重的全球性生态危机使得任何一个区域都无法在日益严重的生态问题面前高高挂起，因为全球性生态危机不仅严重危害到全球人民的身体健康，使其丧失基本的生命健康权，同时也阻碍了人民美好生活需要的实现，使得人们无法进一步追求自身的自由和解放。

3. 全球生态危机阻碍人民美好生活需要实现

地球作为相互联系的空间系统，任何区域的生态问题都会伴随商品交往和人员流动转化为全球生态危机。全球生态危机伴随世界历史进程的推进不断加剧，严重影响正常的生产秩序和人们的正常生活。资本在全球的扩张造成了不平衡的发展和联合发展，这两种发展形式加剧了全球生态危机，阻碍人们美好生活需要的实现。

不平衡的发展主要包括两个维度，一方面是经济发展在空间分布的不平衡，另一方面是城市与乡村发展的不平衡，即城市对农村的剥削。从经济发展的空间分布不平衡来看，对于全球经济发展而言，有的国家经济发展实力较强，被称为发达国家，有的国家的经济发展实力较弱，被称为发展中国家或欠发达国家。在资本主义的经济体系之中，发展中国家的经济实力、产业结构、管理方式和科技水平相对较低，处于产业链的末端，成为发达国家的原料供应国。发达的资本主义国家依靠资本和技术等优势剥削发展中国家的社会财富和自然资源，而经济发展的可持续性以及资源供给的连续性却在被剥削的过程中越来越差。发展中国家不断被开发，却仍旧保持低廉的劳动者工资和社会生活水平，人们的基本物质生活需要根本无法得到满足。因此，全球化加剧了两极分化，使得发展中国家逐渐丧失发展的自主性，只能依靠发达国家的产业结构，通过放弃自身的经济自主性和自然资源的可持续性，获得经济增长。这种发展的空间不平衡造成发展中国家严重的生态问题。就城乡发展而言，随着城市化进程的不断加快，城市对农村的统治和剥削也越来越严重。一方面，城市化将大量农村人口转移至城市，将农村生产商业化，让农村成为城市的资源供应区，自然的地理景观不断遭到破坏，根据资本的需要而随意改变。另一方面，加速的城市化进程也给城市发展带来很大压力，包括城市自身的社会治理、环境治理等。不平衡的发展，加剧了生态环境问题，使得人们的美好生活需要无法实现。

联合的发展是将"发达的技术、工业化管理、劳动的分工与低工资和/

或者对劳动的超额剥削结合在了一起"①。发达的资本主义国家利用其经济优势，在世界市场寻找最优的"合作伙伴"，而欠发达国家因其丰富的自然资源而成为其目标，尤其是随着经济全球化的进程而不断出现的跨国公司。资本在世界范围内寻找最佳合作国家，资本的注入意味着区域经济的增长和城市规模的扩大。现代经济发展的重要依托是服务业，因此资本就会加速发展中国家的城市化进程，并从中获得超额利润。发展中国家的城市化进程不仅是发展中国家依托发达的资本、技术与管理实现自身产业结构升级的过程，也是被发达国家攫取剩余价值的重要途径。加速的城市化进程给发展中国家造成了严重的后果。一方面，城市对劳动力需要的增加造成周边农村被逐渐荒废，城市化水平的提升，意味着越来越多的城市人口，而劳动力的融入造成城市人口数量超过合理水平，必然造成一系列严重的城市问题。另一方面，资本不会关注"社会成本"和"社会开支"，只会关注生产成本，因而这种联合发展也会造成环境问题。当下城市发展也面临着越来越突出的环境问题，限制了人们美好生活需要的实现。

无论是不平衡的发展还是联合的发展，在本质上都是资本在世界范围内寻找最佳的生产场所和投资场所。"在资本主义经济体制中，'自然'是生产的出发之点，但通常不是其归宿之点。"② 资本在开发资源的同时，却不以其可持续性使用为原则，必然造成资源的不合理开发和使用。资本在将劳动力转化为商品的同时，也加速了城市化进程和加剧了城市与农村的对立。随着人口向城市的转移，农村广阔的空间被荒废，城市空间面临越来越严重的生态问题。因此，在资本扩张的过程中，人们不仅没有减轻生活的压力，反而面临着新的生态问题，生态问题严重影响到人们美好生活需要的实现。

三 社会主义生产力生态化是对资本主义生产方式的超越

资本主义生产方式在不断扩大自身统治范围的过程中，造成了严重的全球生态问题，阻碍了人们美好生活需要的实现。资本主义生产方式是生

---

① 〔美〕詹姆斯·奥康纳：《自然的理由——生态学马克思主义研究》，唐正东、臧佩洪译，南京大学出版社，2003，第302页。
② 〔美〕詹姆斯·奥康纳：《自然的理由——生态学马克思主义研究》，唐正东、臧佩洪译，南京大学出版社，2003，第307页。

第四章 资本主义生产力发展对人民美好生活需要的价值遮蔽与实践背离

产力和生产关系的统一体,对其概念和作用的理解需要从两个层面进行把握。其一,资本主义生产方式是技术方式,强调劳动者与生产资料通过机器结合的技术方式,一般而言,技术发展水平越高,劳动者与生产资料的结合速度越快,生产的最终商品越多;其二,资本主义生产方式强调生产过程中劳动者与生产资料结合的社会方式,在资本主义社会表现为资本与雇佣劳动的关系。在资本主义生产方式下,资本家依据生产资料私有制实现对劳动力的剥削与统治。自然作为社会生产的外部边界,为人们的活动设定了原则,但资本在技术的加持下不断将生产界限向外移动,这就造成了严重的生态问题,因此必须要通过实现生产力的生态化发展才能满足人民的美好生活需要。社会主义生产生态化发展是对资本主义生产方式的超越,不仅能够正确处理人与自然之间的关系,同时能够统筹经济发展与环境保护的关系,也能够科学处理国际和国内的关系。社会主义生产力生态化发展是解决当前日益严重的全球生态危机的最佳出路。

1. 正确处理了人与自然之间的关系

人与自然关系的开展是满足人的物质生活需要和精神文化需要的前提和基础,人如果不能积极主动认识世界和改造世界,人的内在本质就无法通过其对象性的活动展现出来,同时也无法满足人的真实需要。社会主义生产力生态化发展摒弃资本对自然的统治和奴役,是对资本主义生产方式的全面超越。

自然以生产要素的形式出现在资本主义生产过程之中,自然在资本主义社会发展初期是以"协同"的节奏不断适应扩大的社会再生产。但是,资本是以剩余价值为其根本目的的,因而必然要通过不断扩大生产和加速生产才能实现更快的生产效率和规模经济。在价值增殖的指引之下,劳动者在资本的统治之下利用不断发展的技术成果加大对自然的开采速度,造成了严重的生态环境问题。对于资本家而言,解决日益恶化的生态问题并不是资本实现增殖的基本条件,因而其对于环境问题视而不见。在全球生态问题日益严重的过程中,资本主义不仅不能尽快解决环境问题,还在加快生产的过程中转嫁环境问题,人与自然的关系就在此背景下日益紧张。对于人类社会发展而言,生产力是人类不断获得美好生活、满足美好生活需要的物质基础,如果没有生产力的发展,人类的美好生活需要就只能终止。但是,人的生存和美好生活需要也内涵了优美的自然环境和良好的生态系统，如果不能在发展生产的同时保护自然生态环境，那么这种生产力就不是人类的最优选择。

社会主义生产力生态化发展正确处理了人与自然之间的关系。在社会主义条件下，生产力发展的结果并不是由资本主义私有制决定的，而是由社会主义公有制决定，人们共享生产力发展的结果，因而自然就不仅仅作为生产要素存在，而是作为人的生存要素存在，即人的无机身体。"自然界是人为了不致死亡而必须与之处于持续不断的交互作用过程的、人的身体。"① 保护自然就是保护人类的生存和发展，爱护环境就是爱护人的身体和生命。只有离开价值增殖目的的指引，关注人自身的生存和发展，才能保证人类美好生活需要的满足。人与自然的关系并不是两极对立的关系，而是和谐的共同体关系。"人与自然是生命共同体"，社会主义生产力生态化发展就践行了这一理念，正确处理了人与自然之间的关系。

人因自然而存在，也因自然而成就其自身，如果没有稳定的自然，那么人类的生存就无法得到保障。社会主义生产力生态化是以人的生存和发展为目的的，通过人的活动实现人与自然之间的良性互动，保证人与自然之间的和谐。相较于资本主义生产方式对自然的无序利用和加速开发，社会主义生产力生态化发展具有明显的超越性。

2. 科学统筹了经济发展与环境保护的关系

在马克思的理论视角下，人的自由解放是其追求的最终目标。但是，如果没有生产力的发展，人的解放就成为空想。在某种程度上，经济发展就意味着生产力的不断增加，这就造成了人们对生产力发展的"狂热"。如果不能统筹好经济发展与环境保护之间的关系，陷入"唯生产力论"，必然导致严重的环境问题。

对资本主义生产方式而言，"增加财富是前提"②。在资本主义社会，财富是以价值的抽象形式呈现出来的，因此资本主义的生产过程是以价值为中心，以剩余价值的加速获得为目的的。资本主义生产过程通过技术的创新、管理方式的变革以及资本的国际流动等方式，保证资本能够在变化莫测的市场中占据最大的优势地位。通过技术的创新能够最大程度弥补经济

---

① 《马克思恩格斯文集》第 1 卷，人民出版社，2009，第 161 页。
② 《资本论（纪念版）》第 1 卷，人民出版社，2018，第 357 页。

第四章 资本主义生产力发展对人民美好生活需要的价值遮蔽与实践背离

发展过程中对环境造成的破坏，尤其是替代性原料的出现，能够缓解日益紧张的能源问题。但是，对于资本主义生产方式而言，在既定的生产规模下，提高生产率，减少对自然资源的利用意味着资本放弃了其逐利本性。资本必然在技术的加持下实现生产过程的加速，进而扩大生产规模。随着资本主义生产规模越来越大，其对自然资源的开发程度也越来越高，这就意味着自然储备面临严峻的形势。就生产过程来看，资本主义社会生产会产生大量的废料，如果不能对这些污染物及时进行处理，就会加速环境污染。资本对成本的重视远高于对社会效益的关注，必然导致污染的进一步加剧。因此，对于资本主义生产方式而言，对利润的追求导致其必然不能处理好经济发展与环境保护的关系。

对社会主义生产力生态化发展而言，经济发展和环境保护之间是相互依赖、相互影响和相互制约的关系。如果没有自然生态环境提供外部条件和资源基础，任何经济的发展都无法实现。社会主义的经济发展不以价值为目标，而是以通过社会生产满足人们的美好生活需要为目的，不通过创造大量虚假消费导致生产加速，而是在经济稳定增长的过程中，全方位满足人民的物质文化需要。市场经济环境下，人们无疑会出现牺牲环境来拉动经济增长的行为，但是社会主义通过严格的法律规定和市场监管来进行监督，进一步保证了人们对生态环境的保护和尊重。生产力生态化发展保障了生产力发展的持续性、科学性和稳定性，通过创造物质产品满足人们的物质需要，同时也生产出更多的生态产品满足人们的生态需要，从多维度满足人们的美好生活需要。

因此，社会主义生产力生态化跃迁发展是应对资本主义生产方式内外部矛盾的根本解决之策，也是实现人们美好生活和生态需要的必经之路。理论和现实证明，资本主义生产方式无法权衡经济发展与环境保护之间的矛盾，只有社会主义生产力生态化能够实现这一目标，满足人们的美好生活需要。

3. 全面均衡国内与国际关系

随着资本在全球范围内的流动和扩张，人类历史真正进入了世界历史阶段，不仅人们的交往方式和交往途径越来越多样化，自然资源的流动范围也越来越广阔。面对日益严重的环境问题，不同国家对这一问题的处理方式就体现出国家的历史担当。对社会主义国家而言，不以两极对立思维方式对待其他国家，体现出了社会主义生产力生态化发展对资本主义生产方式的超越。

当今世界的国际竞争通过国家的综合实力体现出来，一个国家能够创造财富的能力越强，其国际地位一般也就越高。对激烈的国际竞争所做出的反应决定了不同的国家对平衡国内和国际关系的做法。对于资本主义国家而言，只有不断发展生产，扩大资本的统治范围，在世界范围内寻找最佳的盈利场所才能保证自身在国际社会中的地位。因而，牺牲其他国家的生态环境来实现资本主义国家整体实力的提升是其做出的必然选择。资本主义国家是以两极对立的思维方式对待国内与国际关系的，这一行为不仅造成生态环境问题的进一步恶化，也严重限制了发展中国家的经济发展和社会进步。人类社会是相互联系的有机整体，区域间的竞争不应该以环境作为牺牲品。

对于社会主义国家而言，生产力的持续发展建立在对自然的保护和可持续利用的基础上，没有良好的外部生态环境和生态空间，不仅无法保障经济的稳定性，同时也无法满足人们的美好生活需要。因而，国家与国家之间、国家与区域之间并不是绝对的对立关系，而是相互依赖的伙伴关系。一个国家的经济发展需要充分利用另一个国家的相对优势，一个国家的生态问题必然会影响到另一个国家的生态环境，如果不能正确处理国家之间的关系，那就必然会造成严重的生态问题。对社会主义国家中国而言，在国内倡导人与自然的生命共同体关系的同时，在国际社会倡导"人类生命共同体"理念，以大国的责任担当、历史担当和文明担当承载人类社会的绿色发展理想。要想解决全球化的生态危机问题，必须要科学解决国家之间的经济关系、政治关系和文化关系，进而恢复绿色生态系统。

在资本主义生产方式的作用下，资本主义制度的反生态本性暴露无遗。我们必须要肯定生产力的发展，但是这种赞成是建立在绿色发展、稳定发展和可持续发展的基础之上的。我们不能为了短期的经济利益而忽视了人们的生命安全和对生态的美好需要。因此，要想建立美丽绿色的人类社会，必须要超越资本主义生产方式下缺失生态维度的生产力发展，实现社会主义生产力生态化发展。

第五章　社会主义生产力生态化跃迁发展的文明形态探索

当前，推动国内生产力的转型，不仅是推动生态文明建设的重要组成，也是协调好经济发展与环境保护的现实要求。如何应对好当前工业化生产与生态问题之间的阶段性矛盾，如何牢牢把握我国社会主义的发展原则和价值追求，已经成了亟待解决的现实问题。这需要我们将观念转化为切实行动，不断开展探索生态生产力发展的文明形态，深入探索适合生态生产力发展的中国道路和中国模式。

第一节　社会主义生态生产力的发展路径

生产力是人们在物质生产活动中形成的，是解决社会同自然之间矛盾的实际能力，是人类改造自然使其适应社会需要的物质力量。因此，生产力是一个标志着人类改造自然的实际程度和实际能力的范畴，从根本上体现了人与自然之间的现实关系。生态生产力作为一种先进的生产力形态，其总体的发展目标契合了人类社会发展的整体趋势。在我国生态文明建设不断推进的过程当中，如何推动经济发展与环境保护之间的和谐统一，如何在资源环境约束的条件下促进我国经济全面、协调、可持续发展，既是一个亟须思考的理论问题，也是一个亟待解决的现实问题。在整个国家经济社会快速发展以及全社会生态意识普遍提高的宏观背景下，我们从各个层面与维度展开了对生产力生态化发展的有益探索，从理论和实践上积累了相对丰富的经验。

一　以生态文明观建构，培养具有生态意识的新时代劳动者

伴随生态问题的逐步加深，人与人、人与社会、人与自然之间的关系

问题也应被重新认识。在历史的长河中，人类经历了狩猎文明、农业文明、工业文明三种不同文明形态的相继更迭，我们对待自然的态度也经历了从人与自然混沌一体的天人合一，到将自然视作是人类征服改造的役使对象，再到致力于实现人与自然和谐共生的辩证否定的发展过程。工业文明在改造和利用自然以创造巨大的物质财富的同时，也带来了较为严重的生态环境问题。相较于工业文明，生态文明既强调人类实践劳动的工具性和技术性，又包含着人类劳动对自然的生态关怀和人文关怀，是对工业文明的自我审视和自我革命。与这种文明相对应的生态文明观，从人与自然和谐共生的原则出发，提出了尊重、顺应、保护自然的发展理念。不仅顺应了时代发展的现实需要，也充分考虑到了人的全面发展的现实要求。构建社会主义生态文明观，对于解决当下突出的环境问题，推动生态生产力的发展有着重要价值导向作用，我们要明确的是，这种新型价值取向的建立绝不仅仅是一个简单的技术问题或是资金问题，而是一种世界观和价值观问题。其核心议题是如何正确认识和处理人与自然的关系问题。这要求我们既要重视生态生产力中的生态维度，又要重视其生产力发展维度，做到将自然价值和经济价值相统一。

在生产力诸要素中，劳动者是最活跃最能动的要素。劳动者凭借已获得的经验技能，不断推进生产力的革命性变革。既然生产力生态化发展就是要凸显生态内涵在生产力发展过程中的地位和意义，那么具有生态意识的劳动者在生产力生态化发展的过程中就必然起着至关重要的作用。通过提高劳动者的生态意识，可以在一定程度上改变劳动的性质，赋予劳动生态性内涵，因而能够从根源上有效缓解生态危机，最终推动生态生产力的发展。劳动者作为一个集体性概念，由于其在社会生产关系中的复杂性，而体现出多样性、变化性的特征。对于劳动者生态文明观的引领，除了要从认识方式、思想方式和理论方式的自觉性上培养，同时还要包括开展融入生态文明内涵的世界观、人生观和价值观的培育，辅以舆论工作的宣传以及制度建设的保障，最终推动劳动者积极参与生态文明实践，自觉将生态文明意识转化为外部行动，通过劳动者自身的能动性有效促进生态生产力的发展。

第一，通过教育引导为劳动者树立生态文明理念。把握好培养什么样的劳动者，如何培养劳动者，是开展生态文明教育需要考虑的首要问题。

第五章　社会主义生产力生态化跃迁发展的文明形态探索

我们大力开展生态劳动教育旨在通过发挥教育的规范性作用从而推进中国特色社会主义生态文明建设、在社会上培育起具有生态文明理念的新型劳动者。劳动者作为生态文明教育实施和开展的主体，是这一教育最终成果的直接受益者。社会主义生态文明观的培育作为一项系统性工程，具有长期性、复杂性的特点。当前，国内发展现状为构建生态教育体系提供了良好的契机，这就需要结合我国新发展阶段的现实情况，不断探索和开展生态文明教育的新内容、新形式，通过多元主体的协同参与，面向劳动者教育的全过程，建构起全领域的生态文明教育体系。从家庭层面来看，家庭作为生态文明观培育的启蒙地，对于生态文明观的建构具有重要的基础性作用。这就需要充分发挥家庭的基础育人功能，将生态文明理念融入家庭生活的各个方面，通过习惯养成、示范带动等方式，潜移默化地将生态文明的思想观念内化于心，通过家庭的培养唤醒劳动者的生态文明意识，为劳动者扣好人生的第一粒扣子。从学校层面来看，学校教育作为生态文明观培育的主阵地，在构建劳动者生态文明观方面具有关键性作用。这就需要对社会主义生态文明的教育模式和教育内容进行创新，将生态文明观的培育纳入多样化学科体系建设的过程中。打破专业、课程、学科限制，统筹整合教育资源，编写并出版与生态文明教育相匹配的新型教材、读物，做到生态文明教育覆盖全民，贯穿国民教育全过程。让劳动者在各个学段都能接受到相对应的生态文明教育，最终实现通过学校教育夯实生态劳动与生态文明的世界观和方法论基础。从社会层面来看，社会教育作为生态文明培育的重要补充，是对家庭教育和学校教育的有效延续。通过企业、单位、社区的协同配合，发挥各级领导在生态文明建设中的示范和带动作用，号召社会公益组织开展生态文明教育宣传活动；根据红色示范区的建设经验，构建以生态文明教育为主要内容的绿色教育基地；依据不同地区的生态特色，开展具有针对性的生态文明教育，发展好绿色企业文化、社区文化以及城市文化；通过发挥民间环保组织的第三方力量，利用其专业优势与灵活性的特征；通过发放宣传品、举办讲座、组织培训与户外活动等方式开展公益环保活动，最终实现通过社会教育构建生态文明观教育的宏观外部环境。

第二，通过舆论宣传培育劳动者构建生态文明观的现实土壤。习近平强调："要加强生态文明宣传教育，把珍惜生态、保护资源、爱护环境等内

| 人民美好生活实践探索 |

容纳入国民教育和培训体系,纳入群众性精神文明创建活动,在全社会牢固树立生态文明理念,形成全社会共同参与的良好风尚。"[1] 这充分说明了舆论宣传工作在生态文明培育环节中的重要作用。舆论所提供的价值宣传与导向功能,可以在劳动者的日常生活和工作中对劳动者的劳动行为产生有效的隐性制约和规范作用。加强舆论宣传,首先,要发挥好大众媒体的价值导向作用。大数据时代背景下构建起良好的舆论环境能够对生态文明的构建起到重要的外部保障作用。新闻媒体作为理论宣传的前沿阵地,要充分利用这部分平台发挥好主流价值观的价值导向功能,通过舆论宣传架构起社会主义主流生态文明观与劳动者之间的桥梁。增强主流意识形态的号召力和凝聚力,坚持习近平生态文明思想的指导地位,积极宣扬和传播科学的生态理念与生态文化,在全社会倡导绿色发展观念。其次,要做好舆论宣传内容与形式的创新工作。传统的新闻媒体和宣传手段多通过报纸、杂志、实体书、电视等渠道,不仅传播的时效性不强,内容在一定程度上过于枯燥,形式也较为单一且缺乏针对性,不能够很好地吸引读者和观众,使得传播效果大打折扣。这就亟须我们创新传播形式,丰富传播内容,通过加强技术手段打造专业平台,创作精良的艺术作品,区分受众群体,针对不同的劳动者群体要根据其职业、年龄、受教育程度进行不同内容的回应,做到量体裁衣。随着"互联网+"的普及以及数字媒体技术的发展,新型媒体相较于传统媒体在信息传播过程中更具时效性、交互性、开放性和多样性等特征,信息传播过程中可以综合文字、声音、画面等,使内容更加生动直观,能够做到有效吸引读者。特别是现如今微信、微博等自媒体平台发挥的作用越来越大,可以加强官方与这部分民间娱乐媒体平台的合作,例如通过抖音、哔哩哔哩、快手等年轻人喜闻乐见的视频平台开设生态文明教育专区,上传播放生态文明教育专题视频、图片、文章,让用户在休闲娱乐的同时受到生态文明的熏陶与教育。还可以打造专业的生态宣传 App,例如 2017 年中国环境报社旗下打造的中国环境 App 成功上线运营,通过线上评论、随手拍、社区互动、在线发布等方式与读者实现高效互动,实现每期平均阅读人数百万次以上,不仅对于生态环境发展现状、最新环境保护法律法规做到了有效宣传,而且对培养稳定的社会主义公民生态情

---

[1] 《习近平关于社会主义生态文明建设论述摘编》,中央文献出版社,2017,第122页。

感，提高全民的生态文明素养起到了一定的积极作用。

第三，通过体系建设为劳动者生态文明观的确立提供制度支持。生态文明观的培育既需要适宜的外部环境，又需要制度作为保障实现动力机制上的助推。这要求从国家和社会层面上建立起全方位生态文明制度体系。中国共产党在长期的历史实践中其生态文明观经历了江河治理—保护环境—可持续发展—科学发展—绿色发展的历史演进过程。早在1995年，党的十四届五中全会就提出了可持续发展的战略部署，到2007年党的十七大首次提出进行生态文明建设，报告中明确提出："建设生态文明，基本形成节约能源资源和保护环境的产业结构、增长方式、消费模式。循环经济形成较大规模，可再生能源比重显著上升。主要污染物排放得到有效控制，生态环境质量明显改善。生态文明观念在全社会牢固树立。"[1] 2012年党的十八大将生态文明建设纳入五位一体总体布局，通过顶层建设对生态文明工作做出了战略部署。2015年，中共中央国务院印发《关于加快生态文明建设的意见》，意见指出："要充分认识加快推进生态文明建设的极端重要性和紧迫性，切实增强责任感和使命感，牢固树立尊重自然、顺应自然、保护自然的理念，坚持绿水青山就是金山银山，动员全党、全社会积极行动、深入持久地推进生态文明建设，加快形成人与自然和谐发展的现代化建设新格局，开创社会主义生态文明新时代。"[2] 党的十九大报告明确提出了构建中国特色社会主义生态文明，加强生态文明体制改革，将生态文明建设纳入我国社会主义现代化建设和中华民族伟大复兴的战略安排当中。党的十九届六中全会强调要完善生态文明领域统筹协调机制，推动生态文明体系的构建、完善，推动生产生活方式的绿色转型进而实现经济社会发展全面绿色转型。新时代加强生态文明观的建构，在理论上有利于深入贯彻习近平新时代中国特色社会主义生态文明思想，在实践上有利于培育出具有生态意识的劳动者，使生态生产力更好地发挥在中国特色社会建设过程中的重要作用。

第四，通过实践养成将劳动者的生态文明理念外化于行。生态教育不

---

[1] 胡锦涛：《高举中国特色社会主义伟大旗帜　为夺取全面建设小康社会新胜利而奋斗——在中国共产党第十七次全国代表大会上的报告》，《求是》2007年第21期。

[2] 《中共中央　国务院关于加快推进生态文明建设的意见》，《光明日报》2015年5月6日。

仅仅关注个体劳动者个人劳动能力的提升，更关注对于全社会劳动者集体生态文明观念的培育和落实。生态劳动是生态文明教育以及宣传的落脚点，旨在通过生态文明观的教育引导、舆论宣传以及制度建设，将劳动者的价值观念转化为切实的生态实践。从劳动的目的来看，传统的劳动者在工具价值的引导下普遍将征服、驾驭自然作为自己的最终追求。从劳动的过程来看，在异化劳动的背景下，人与自然的相互关系畸形发展并且逐渐走向失衡。劳动作为人类最基本的实践活动，传统劳动方式内在地包含着主客二分的机械价值观，而在生态文明观培育下的劳动者所从事的生态劳动，其目的和过程则有所不同。生态劳动旨在构建一种整体主义价值观，这种价值观将人与自然由二元对立变成统一的生命体，将劳动的关注对象由个体扩展为整体或集体，使得劳动者在生产生活实践中，自觉树立起生态文明意识并将其作为自身的内在约束，从而建立起一种扬弃了传统的物质型、消费型活动的新型生活模式。这种生活模式将人与自然和谐的实践方式贯穿于生活的各个方面。提倡绿色的生产、生活、消费方式，注重个人真实需要的自我满足，积极投身资源节约与环境保护的行动之中，用一种全新的眼光和科学的态度去审视和考察外部世界，去理解和把握人类发展，形成经济学、社会学与生态伦理有机统一的生命观和价值观。

二　以生态科技提升，发展具有生态保护性能的劳动资料

劳动资料是人们在社会生产过程中用来影响或改变劳动对象的一切物质条件，作为中介和桥梁在劳动者和劳动对象之间建立起联系。其中的生产工具更是被视作体现生产力发展水平的重要标志，马克思指出："各种经济时代的区别，不在于生产什么，而在于怎样生产，用什么劳动资料生产。劳动资料不仅是人类劳动力发展的测量器，而且是劳动借以进行的社会关系的指示器。"[1] 而生产工具的革新在很大程度上又依赖于科学技术的发展，因此科技的提高对于推动生产力的生态化发展起着至关重要的作用。马克思很早就认识到科技是生产力发展过程中一个十分重要的因素，关于科学技术对于生产力发展的积极意义，他指出"科学是一种在历史上起推动作

---

[1] 《马克思恩格斯全集》第 23 卷，人民出版社，1972，第 204 页。

用的、革命的力量"①，以及"劳动生产力是随着科学和技术的不断进步而不断发展的"②。从纵向维度来看，在人类社会长期以来的发展过程当中，科技已经体现出了巨大的推动作用，科技的发展不断赋予人类改造自然的能力，使人类的劳动器官得以放大，劳动能力不断延伸。早在原始社会时期，人类对于火种的偶然使用开启了人类文明的起点，人类开始发现、认识并在一定程度上利用自然。在此之后，人类又先后经历了石器时代与青铜时代，木棍、石斧、青铜器的开发与应用，推动着人类文明得以进一步发展。随着工业革命的到来，蒸汽机、内燃机的相继出现，人类开始了工业化的大生产模式，大规模的工业生产方式被沿用至今。在此基础上，以人工智能为代表的技术变革更使得生产力的发展程度实现跃升，人类社会的发达程度到达了史无前例的高度。在充分肯定科学技术对生产力发展的巨大推动力的同时，这股力量背后隐藏的危机也若隐若现。从横向维度来看，西方发达资本主义国家发展起步较早，利用长期积累起来的技术优势，将高污染、高能耗的落后技术产业向发展中国家转移，同时提高技术壁垒，对发展中国家的资源与环境进行疯狂掠夺和压榨，导致了全球性的生态环境恶化。

现阶段，发展生态科技，开发新型劳动资料，开展绿色生产方式刻不容缓。作为一种动态的生成过程，科技的生态化在不同的社会发展阶段具有不同的内涵，如果说传统发展模式与科学技术间接导致了人与人、人与社会、人与自然之间的紧张对立，那么如何对其进行扬弃，朝着促进和谐的方向去发展，就成了当下亟须思考的重要问题。如何实现对现有劳动资料的有效利用，如何实现对潜在劳动资料的充分开发，如何对废弃劳动资料进行合理安排，这些问题的解决都需要依靠绿色科学体系作为技术支撑。随着社会生产力的发展以及劳动技术水平的提高，生产力的生态化发展对于劳动资料的生态性能提出了更高的要求。进入20世纪，人类迎来了以原子能、电子计算机、空间技术和生物工程的发明和应用为主要标志的第三次科技革命，这是人类在经历蒸汽技术革命和电力技术革命之后在科技领域实现的又一次重大历史性飞跃。第三次科技革命不仅深刻地改变了人类

---

① 《习近平关于科技创新论述摘编》，中央文献出版社，2016，第23页。
② 《马克思恩格斯全集》第23卷，人民出版社，1972，第664页。

的思维方式和生活方式，导致了人类衣食住行等方面发生了天翻地覆的变化，而且使得人类社会的经济、政治、文化等领域发生了前所未有的变革。人工智能技术、新能源技术、空间技术、电子信息技术、生物技术等领域的开拓取得重大进展，扩充了劳动资料的内容，扩展了劳动资料的选择范围，提升了劳动资料的质量，从而有效提高了劳动生产效率。科技发展所带来的劳动工具的革新，在提高劳动生产力的同时也将人类从单调重复的体力劳动中解放出来。例如，数字技术的发展在推动生产力要素变革的同时，也帮助着我们不断实现更高水平的人与自然和谐的关系。其中值得一提的是3D打印技术，相较于传统的劳动过程，3D打印具有生产周期短、节约生产原料的优点。

科技创新有利于实现生产的低能耗、低污染、高产出，这不仅能够有效推动生产力的生态化跃迁发展，而且符合可持续发展的基本要求。传统生态与科技伦理价值观念要么为了维护自然环境和生态资源在一定程度上弱化、忽视生产力的发展要求，要么过分关注追求生产力发展速度，而忽视了对于生态环境的保护。而生态生产力对生产的手段和方式有更高层次的追求，它关注的是经济效益、社会效益、生态效益三者的有机统一。生态科技也更加强调既能通过科学技术手段推动社会生产力的正常发展，又能在生态维度对自然环境予以关怀。实现技术的生态化、发展具有生态保护性能的劳动资料既是解决当下环境问题的有效措施，更是生产力生态化跃迁发展的现实要求。可以说生态科技是对传统科技而言的一种技术超越，生态科技通过对人类中心主义的合理剔除，实现对生态中心主义的辩证复归。加快生态技术成果的产业化，形成统一的生态技术体系以及生态基础产业链，以期通过生态科技水平的提高使得人与自然获得双重解放。人、科技、社会、自然之间形成一个闭合循环，通过生态技术将工具理性与价值理性相融合，实现人类从自然界中获取满足自身发展需要的物质能量，又通过一种自然环境可吸收的形式将废弃资料归还给自然，最终实现"诗意的栖居"。如今我们强调的生产力的生态化发展，是在关注自然的同时实现生产力的同步发展，达到经济发展与环境保护的有机统一，可以说发展生态科技顺应了生态系统内部运行规律的基本要求。

总而言之，发展生态科技就是要逐步在生产的各个环节和流程中，无论在广度上还是深度上提高科技要素的含量来实现生态化发展。从微观到宏观，从理论到实践，通过科技的力量推动生产力的生态化发展，就必须要实现劳动工具的生态化和劳动技术的生态化。想要开发出更具生态保护性能的劳动资料，推动劳动资料的生态化就需要发展和应用生态科技，这不仅是当下经济社会发展对于科学技术的现实要求，更是生产力生态化发展的现实需要。这就要求我们加强生态技术创新，大力发展前瞻性未来技术，生态科技作为一种具有强大生命力和内在发展潜力的新事物，还有相当巨大的发展空间和发展价值，要审时度势抓住机遇，不断突破技术瓶颈、填补技术空白，实现技术创新。《国家创新驱动发展战略纲要》明确提出："到2020年时使我国进入创新型国家行列，到2030年时使我国进入创新型国家前列，到2049年中华人民共和国成立100年时使我国成为世界科技强国。"这既是我国科技事业发展的战略目标，也是我国发展科技生产力的战略任务，在这一任务的完成过程中，对于生态因素的关注必不可少。

三 以生态保护机制健全，平衡生态需要，选择更优化的劳动对象

劳动对象是指将劳动者的劳动加在其上的一切物质资料。劳动对象是生产力中必不可少的要素，离开了劳动对象，劳动者就不能生产任何产品。劳动对象的质量和数量直接对生产力的发展产生至关重要的影响。

对于劳动对象的优化，首先可以通过生态技术的提高，在自然界中开发出更多可以被人类利用的劳动对象，或挖掘现有劳动对象新的可用属性。新能源技术符合了这种需要。新能源技术在我国已经取得较为充分的发展，我国作为发展中大国，新能源的需求量巨大，依靠煤炭、石油等传统石化能源在推进我国工业化进程的同时，也带来了环境问题加剧、气候变化异常、能源安全问题凸显等诸多负面影响。同时由于这类资源属于不可再生资源，其储量的有限性与积累的长期性不仅不能有效满足我国经济社会发展的长期需求，也不利于推动社会持续健康的发展。这就需要在工业生产中加大对新型环保材料和可再生资源的开发与利用，尽可能地选择风能、水能、太阳能、潮汐能等清洁能源替代传统的化石能源。在农业生产中，减少化肥和农药的使用，通过提高种植技术水平和改善种植方式提高农作物产量。通过生态生产力的发展，使资源利用最大化，最大限度地减少废

物产生量。对于土地资源、淡水资源、矿产资源这类转化率较低的能源，首要问题就是通过提高生产过程中科技含量，尽可能提高对于这部分资源的利用率。无论是传统生产还是生态生产，其内在包含的劳动对象都需要依赖自然界的支持和供给。但是与传统生产过于关注经济效益，为了提高产量以大量不可再生资源为主要对象的大规模一次性开发利用方式相比，生态生产力更关注可再生能源的开发和利用。通过实现资源的分类与整合，不断提高可再生能源在生产过程中的投入率和利用率。同时，通过科学技术的发展使得可供人类选择的劳动对象进一步扩展。也就是说，除了自然界已发现的物质资源以外，还延伸出了知识、技术、服务等抽象劳动的劳动对象。这类劳动对象在当今社会占据越来越重要的地位，使得劳动对象的外延进一步扩充。例如人们对知识这一生产要素的开发与应用，借助于大数据以及新媒体技术的应用，使得与此相对应的知识经济、文化产业越来越成为现代生产领域的新的推动力。再加上知识作为抽象劳动对象的非实体性、可再生性等特点，对知识的利用可以不受时间和空间的限制，而且其适配性、兼容性较强，可以对其反复使用。再比如旅游产业中山水等自然景观的发展是以自然环境为基础融合艺术、文化等要素，通过优质的服务，在尽可能减少对自然环境产生影响的前提下提高产业附加值，成为生态生产力中重要的生产要素。

对于劳动资料的优化，还可以从现有的劳动对象中进行择优选择，提高现有资源的利用率。也就是说在既有的劳动对象中，我们也要进行合理选择，由于资源转型和市场过渡等一系列变革带来的对能源系统的新要求，能源系统如何实现高效性是当下需要解决的重要问题。由于太阳能、风能、潮汐能等可再生能源容易受到气候、季节、时间等外部条件的影响，因此资源的稳定获取无法得到确切保证。即使是最理想的能源技术，由于人类发展的技术水平的限制，也很难做到对其充分和有效地利用。例如光伏电池的主要生产原料是多晶硅，到目前为止多晶硅的生产过度会对大气、土壤、水源造成较为严重的污染和破坏，多晶硅的弱毒性和酸腐蚀性也会对生产一线人员的身体健康带来危害，同时光伏电池一旦老化，目前的技术也无法对其进行有效的回收和利用。针对高效且灵活利用可再生能源，我国逐步发展出了一种智慧能源系统。智慧能源系统是以清洁能源技术为依托，整合太阳能、风能、地热能、水能等多种可再生资源，借助互联网信息技术，能够有效提高可再生能源比重、促进化石能源清洁高效利用、提升能源综合利用效率。能源科技创新具有战略性、公共性、前瞻性的特点，对基础设施的要求较高，同时研发投入的周期也较长。这就需要依照能源科技的发展规律和特点，积极开发先进技术，逐步建立以企业为主体，市场为导向，产学研相结合的技术创新体系。

对于劳动资料的优化，还可以通过采取保护措施对现有劳动对象进行重点保护。以往我国面临的生态问题，一方面与传统的生产模式有关，另一方面也是生态领域的制度缺失所导致的。对此，2013年11月，习近平在《关于〈中共中央关于全面深化改革若干重大问题的决定〉的说明》中指出："我国生态环境保护中存在的一些突出问题，一定程度上与体制不健全有关。"[①] 现今中国75%的地表水都出现不同程度的污染，三分之二的城市是缺水城市，50%的湿地资源在过去30年中消失。对于水资源、林木资源、土地资源要加大保护力度，这就需要推动退化生态系统的修复，比如干旱、半干旱地区生态修复与植被建设、黄土高原的水土保持、湿地的生态保护和生态建设等。加大生态工程项目的建设，例如天然林保护工程、三北及长江中下游等地区重点防护林建设工程、退耕还林还草工程、环北京地区防沙治沙等工程的建设。我国在生态保护方面做了大量工作，截至2019年我国不同类型级别的自然保护区2750个，总面积147.17万平方公里，自然保护区陆域面积占我国陆域面积的14.86%。对既有劳动资料的保护同时也需要对外来入侵物种进行进一步预防、控制和管理。当前我国已经形成由农业部牵头，环保、质检、林业、海关等部门协同配合的外来入侵物种防治协作组，成立了防治外来物种入侵的专门工作机构，建立并完善了口岸有害生物疫情截获报送和通报制度，实现了疫情报送和通报网络化。转基因安全生物监督管理也得到了重视，在环保部门建立了国家生物安全管理办公室。农业转基因生物安全管理体系已初步形成，规范了转基因生物及其产品的研究、实验、生产、经营和出入口活动。国家质检总局建立了转基因检测技术体系，林业转基因生物研究、实验活动等各项管理工作也开始稳步推进，安全监测工作也开始启动。生态生产力的发展需要相应的法

[①] 习近平：《关于〈中共中央关于全面深化改革若干重大问题的决定〉的说明》，《人民日报》2013年11月16日。

律法规制度保驾护航，法制是生态生产力建设中的关键因素，是规范社会行为，加强环境治理以及生态保护与重建的硬性保障，借助法制建设来解决生态问题可以起到有效的刚性约束效果。在全面依法治国的大背景下，强化与生态生产力发展有关的生态法制建设，既是前提，也是保障。只有与生产力生态化的发展要求和发展方向相适应、相一致的体制机制，才能在这一发展过程中起到积极的促进作用。生产力生态化能否有效发展，能否最终实现，需要制定出与之配套的法律规章制度。生产力生态化发展不仅是发展观的一场深刻革命，也是生产方式、经济增长方式的深刻变革。它的影响将会渗透至社会生活的各个层面，因而需要一个长期的过程，正是因为这一过程的长期性、复杂性和艰巨性，所以必须将其上升为国家战略，从全局出发、统筹安排、协同推进。

第二节　社会主义生态生产力的发展原则

现如今，世界各国都在不断探索符合本国实际的发展道路和发展模式，这些发展道路和发展模式虽各具特点，但是都有一个共同的趋势，即朝着生态化的方向不断靠拢。在我国，如何探索适合我国国情的生态生产力发展道路，实现经济、社会与自然的和谐发展成为当下的一个重要议题。在生产力生态化的发展过程中，需要坚持一定的原则，这个原则具体体现为坚持以人民为中心、坚持社会主义制度、坚持满足人民群众美好生活需要。

一　坚持以人民为中心

以人民为中心的发展思想具有丰富的理论意蕴与实践内涵，是中国共产党总结了我国几千年历史发展规律以及带领人民群众砥砺奋斗的实践经验基础上提炼出的深刻思想。党的十八届五中全会明确提出以人民为中心的发展思想，明确要顺应人民群众对美好生活的向往，不断实现最广大人民的根本利益。党的十九大报告又再次强调要坚持以人民为中心的发展思想，不断促进人的全面发展、全体人民共同富裕的目标。这表明党和国家始终站在人民的立场上，以人民为中心思考发展问题。习近平在庆祝中国共产党成立100周年大会上的重要讲话中强调："在新的征程上，我们必须

| 第五章　社会主义生产力生态化跃迁发展的文明形态探索 |

紧紧依靠人民创造历史，坚持全心全意为人民服务的根本宗旨，站稳人民立场，贯彻党的群众路线，尊重人民首创精神，践行以人民为中心的发展思想。"① 坚持以人民为中心的发展思想推动生态生产力的发展，就要坚持生态生产力的发展为了人民、依靠人民，以及发展的成果由全体人民共享。

1. 坚持生态生产力发展为了人民

在我们思考如何发展生态生产力的同时，把握好生态生产力为谁发展的问题也同样至关重要。"民之所忧，我必念之；民之所盼，我必行之"②，这句话深刻地诠释了中国共产党始终将人民放在首位的根本立场以及为人民服务的价值取向，生动诠释了"发展为了谁"的问题。中国共产党从来不离开现实空谈初心与使命，而是将其置于人民群众的现实生活当中去实际考察，始终将人民对美好生活的向往作为自身的奋斗目标，致力于为人民利益而奋斗。这不仅是马克思主义执政党区别于其他执政党的根本标志之一，也是当前生态生产力发展的重要原则之一。首先，就生态生产力发展的背景而言，坚持"以人民为中心"就要充分认识到当前我国虽然已经实现了全面脱贫，建成了社会主义现代化国家，但是在我国不同地区之间、城乡之间、行业之间仍然存在一定的发展差距。当下我国社会主要矛盾已经发生变化，人民群众的需要不再仅仅是对基本生存的满足，而是提出了更高层级的要求，清新的空气、清洁的水源、安全的食品等对于良好生态产品的需求成为人们当下迫切的现实需要。无论是从生态层面还是生产力层面，都对生产力的发展提出了更高的要求，这仍然需要我们进一步发展生产力，缩小收入差距，朝着全体人民共同富裕的目标继续迈进。其次，就生态生产力的发展目的和评价标准而言，坚持"以人民为中心"就是要把人民放在最高位置，努力实现好、维护好、发展好最广大人民的根本利益，积极回应和解决人民群众关心的现实问题。把人民拥护不拥护、赞成不赞成、高兴不高兴、答应不答应作为衡量生产力生态化发展成效的根本标准，让人民群众作为发展的见证者和评判者，坚决防止以牺牲人的生存和发展条件为代价的社会发展。国家富强、人民幸福离不开发展，山清水

---

① 习近平：《在庆祝中国共产党成立100周年大会上的讲话》，《求是》2021年第14期。
② 新华社：《国家主席习近平发表二〇二二年新年贺词》，《党建》2022年第1期。

秀、鸟语花香也离不开发展。生产力的发展程度以及生态环境的质量好坏与人民群众的幸福感指数息息相关，当代中国发展经济、发展生产力绝不单单只是为了积累物质财富，更是为了满足人民群众的现实需求，无论是生产力生态化发展的路线、政策还是方针，都应该把实现好、维护好和发展好人民根本的利益作为出发点、落脚点与最终归宿。只有让生产力发展的成果惠及广大人民群众身上，才能得到人民的认同、拥护和支持。这需要我们进一步解放和发展生产力，加快推进美丽中国建设，不断提高人民群众的获得感、满足感、安全感与幸福感，最终实现社会进步与人的自由而全面的发展。最后，就生态生产力发展的过程而言，"坚持以人民为中心"就是要以"创新、协调、绿色、开放、共享"这五大发展理念为指导，将生态生产力的发展思想落到实处。通过创新发展深入探索生态生产力的新型发展模式，加快科技创新步伐，不断激发群众的创新精神，通过创新驱动作为生态生产力发展的新引擎；通过协调发展平衡好人与自然之间、经济发展与环境保护之间、城乡地区之间、物质文明建设和精神文明建设之间的关系，实现生态生产力稳步发展；通过绿色发展推进人与自然和谐共生，创造天更蓝、水更绿的良好生产生活环境；通过开放发展更好地适应世界经济发展潮流，不断加强国际交流合作；通过共享发展调整完善收入分配机制，解决好收入差距过大问题，使生态生产力的发展成果让人民公平共享，既把蛋糕"做大"，又把蛋糕"分好"。

2. 坚持生态生产力发展依靠人民

在厘清发展生态生产力的价值旨归之后，还需要牢牢把握生态生产力发展过程当中所依靠的根本力量。作为在生产发展过程中发挥主体力量的人民群众，是在发展过程中所依靠的主导力量。个人在社会历史发展过程中的力量终归是有限的，我们只有紧紧将人民群众团结在周围，坚持人民群众的主体地位、发挥人民群众的首创精神，才能充分发挥人民群众在这一过程当中的巨大历史作用。这不仅是生态生产力发展过程中取之不尽的力量之源，也是经过历史与现实检验证明的成功经验。

第一，生态生产力发展要坚持人民主体地位。从理论上看，坚持人民主体地位是马克思主义唯物史观的基本原则。在唯物史观视域下，"现实的人"是历史研究的出发点。早在唯物史观创立的初期，马克思、恩格斯就深刻地指出："历史活动是群众的活动，随着历史活动的深入，必将是群众

第五章 社会主义生产力生态化跃迁发展的文明形态探索

队伍的扩大。"① 唯物史观肯定人民群众在历史发展中的主体作用以及创造历史的决定作用,第一次真正地、科学地、彻底地解决了谁是历史创造者的问题。马克思主义认为社会主义发展史就是一部生产发展史,而作为生产要素中的劳动者,既是社会历史的主体,也是社会生产发展的重要力量。能否坚持人民主体地位,是否坚持人民的"在场性",是否承认人民群众在社会历史发展过程中的主体性力量,是唯物史观区别且超越唯心史观的重要标准之一。离开现实的人就无法正确理解人类历史和人类社会,认识不到人民群众在推动历史发展过程中的重要作用而空谈生产力的发展,只能是不切实际地纸上谈兵。从现实上看,坚持人民主体地位是推动生产力生态化发展的现实要求。正所谓人心齐、泰山移,回顾改革开放40多年来的历史,正是我们坚持将马克思主义的群众观点与群众路线与改革开放的历史实践相结合,尊重人民在改革开放历史进程中的主体地位,才使得我们战胜了一个又一个艰难险阻,实现了由站起来到富起来再到强起来的历史性飞跃,实现了我国经济的蓬勃发展。脱离了人民群众,失去了人民群众这个力量源泉,我们的发展就会成为无源之水、无本之木。因此发展生态生产力,要始终坚持以人民为依托,将密切联系群众、紧紧依靠群众作为基本遵循守则,坚持将人民群众作为生态生产力发展的利益主体和力量主体,把广大人民群众紧紧团聚在周围,让人民群众参与到社会经济、政治、文化、生态建设的各个环节之中,形成推动生态生产力发展的巨大合力。

第二,生态生产力的发展要发挥人民群众的首创精神。习近平指出:"要尊重群众首创精神,把加强顶层设计和坚持问计于民统一起来,从生动鲜活的基层实践中汲取智慧。"首先,这是因为人民群众的生产生活实践能够创造出巨大的物质财富。推动社会历史的发展,靠的是人民的合力,只有这样的发展才是符合历史发展规律的,是有生命力的,因为可以在人民群众的实践中获取源源不断的生机与活力。回顾近代以来中国历史的发展过程,无论是在战火纷飞的革命年代还是在安居乐业的和平时期,中国人民都能够发挥自己的智慧,化解一次又一次危机,破解一个又一个难题。新中国成立初期,我们依靠人民群众的智慧和力量快速实现了由新民主主义社会到社会主义社会的快速转变。社会主义建设时期,又是依靠着广大

---

① 《马克思恩格斯文集》第1卷,人民出版社,2009,第287页。

| 人民美好生活实践探索 |

人民群众的同心协力,为新中国的发展打下了坚实的工业基础,创造了良好的外部环境。改革开放以来,我们坚持发挥人民群众的首创精神,经过几代人的接续努力,实现了中华民族由站起来到富起来再到强起来的巨大历史成就。亿万中国人民用勤劳、勇气和智慧在这片中华大地上开辟出了生机勃勃的繁荣局面。习近平在庆祝改革开放40周年大会上指出:"现在,我国是世界第二大经济体、制造业第一大国、货物贸易第一大国、商品消费第二大国、外资流入第二大国,我国外汇储备连续多年位居世界第一,中国人民在富起来、强起来的征程上迈出了决定性的步伐!"① 其次,人民群众的生产生活实践能够创造出巨大的精神财富,人民群众是推动生产力发展过程中的积极参与者。人民群众总是能够在历史发展需要的时候迸发出惊人的创造力。我国改革开放以来出现的"联产承包""乡镇企业""经济特区""腾笼换鸟"等一系列探索与创新,都有赖于人民群众的广大智慧。习近平也指出"人才是第一资源",发展生态生产力要靠创新,创新要靠人才,当今各国的竞争早已成为人才的竞争,谁拥有大量的后备人才,谁就掌握了发展的主动权。当前我国进入全面深化改革的攻坚期与深水区,进入新时期,我们仍然要继续坚持贯彻以人民为中心的发展理念,继续坚持发挥人民群众的首创精神,始终对人民群众持有敬畏之心,善于发现人才、培养人才和利用人才,发挥创新型人才在推动生产力生态化发展过程中的先导作用,这是继续推动生态生产力在新的历史时期的深化发展的现实需要。这就要求我们进一步推动马克思主义中国化的科学化、理论化和大众化,用科学的理论指导和武装人民群众,牢牢把握前进方向。通过开放的视野与创新的思维从人民群众的生产实践中获取经验、总结智慧,将顶层设计进一步与人民群众的实践相结合。

党的十八大以来,习近平提出:"时代是出卷人,我们是答卷人,人民是阅卷人"②,这一重要论断在针对生态生产力发展问题上同样适用。站在新时代全新的历史坐标上,面对着新的发展难题,如何有效推动中国特色社会主义生态生产力的发展,答好这份时代的答卷,仍然有待于我们的不

---

① 习近平:《在庆祝改革开放40周年大会上的讲话》,《人民日报》2018年12月19日。
② 习近平:《以时不我待只争朝夕的精神投入工作 开创新时代中国特色社会主义事业新局面》,《人民日报》2018年1月6日。

断探索和继续努力。

3. 坚持生态生产力发展的成果由全体人民共享

生态生产力的发展是为了最广大人民的根本利益,同时也需要依靠人民,发挥人民的主体力量和首创精神,但最终还是要落实到发展成果的分配上。习近平总书记指出:"要不断实现好、维护好、发展好最广大人民根本利益,使发展成果更多更公平惠及全体人民,在经济社会不断发展的基础上,朝着共同富裕方向稳步前进。"[1] 因此,我国生态生产力的发展成果要由全体人民共享,要使发展成果公平、公正地惠及全体人民。人人共享山明水秀的生态环境,人们都能因良好的生态环境而普遍受益,既是发展生态生产力的出发点,也是为人民创造美好生活的最终目标。

一方面,坚持生态生产力发展成果实现全民共享。所谓全民共享,就是要让生态生产力的发展成果最大程度地覆盖全体人民。马克思恩格斯指出,生产要以所有人的富裕为目的,必须"结束牺牲一些人的利益来满足另一些人的需要的状况"[2] 使"所有人共同享受大家创造出来的福利"[3]。由此可以看出,马克思恩格斯认为共享的主体应该是全体社会成员,而不是某一部分人。因此,我国在发展生态生产力的过程中,不能因各地区环境的优劣、资源的多寡或富裕程度上的差距而在最终发展成果的分配上有所区分。而是应该循序渐进,逐步缩小区域之间的贫富差距,在资源补给和分配上对落后地区相对倾斜,倡导"先富带后富",充分调动人民群众对于生态生产力建设的积极性和主动性,努力促进共同富裕,使广大人民群众更加公平、广泛地享有生态生产力的发展成果。

另一方面,坚持生态生产力发展成果实现全面共享。全面共享在生态领域相对于全民共享,其广度更具有在内容和深度上使全体人民能够更加充分地享有生态生产力的发展成果。由于生态问题是全国乃至全世界人民所需要共同面对的问题,它能够影响到人们生活的方方面面,没有任何人能够置身事外、独善其身。因此,我们要坚持生态生产力的发展成果实现全面共享,首先需要全体人民都参与到社会主义生态文明建设当中来,只

---

[1] 《习近平关于社会主义社会建设论述摘编》,中央文献出版社,2017,第 25~26 页。
[2] 《马克思恩格斯选集》第 1 卷,人民出版社,2012,第 308 页。
[3] 《十九大以来重要文献选编(上)》,中央文献出版社,2019,第 431 页。

有全体人民共同建设美丽中国，最终才能共同享有良好生态环境。其次，要按照生态惠民、生态利民、生态为民的原则，重点解决损害人民群众身体健康的突出的环境问题，加快改善生态环境质量，不断满足人民日益增长的优美生态环境的需要。生态生产力的发展和建设需要全体人民自觉行动、共同参与，在共建的基础上获得真正的共享。

总的来说，坚持生态生产力的发展由全体人民共享目标需要一个循序渐进的实现过程。这一目标充分反映了党和国家为人民谋幸福、为民生增福祉的实践自觉，同时也体现了我国发展生态生产力在价值追求和实践旨归的统一，体现了对构建人民共享发展格局、满足人民民生所需的强大回应，是发展理念创新在社会高质量发展实践层面，尤其是民生实践层面的选择与引领。以共享发展理念指引中国社会现代化发展，其价值选择、实践路径具有立场的鲜明性、现实的针对性、布局的系统性、行动指导的具体性。突显以人民为中心，强调全体人民共享，高度彰显了新时代共享发展理念独有的理论优势，彰显了新时代推进共享发展的强大制度优势、政治优势。

二 坚持社会主义制度

对社会制度的分析为生态生产力的发展提供了一个坐标定位，生态生产力的发展就是建立在这一坐标系之上的发展。当前我国经济社会的发展现状是我们发展生态生产力的原点；当前我国经济社会发展所呈现的特殊样态是构建生态生产力发展模式的坐标轴；当前我国经济发展过程中所面临的种种难题是当前生态生产力发展象限中的具体点位。对于我国社会主义制度的准确把握，有助于认清我国生态生产力发展的具体形式以及能够依靠的现实条件，进而有针对性地采取措施，探索独具特色的生态生产力发展的中国道路和中国模式。

1. 社会主义初级阶段仍是我国的基本国情

党的十八大报告指出："我们必须清醒认识到，我国仍处于并将长期处于社会主义初级阶段的基本国情没有变。"[1] 在任何情况下都要牢牢把握社

---

[1] 胡锦涛：《坚定不移沿着中国特色社会主义道路前进 为全面建成小康社会而奋斗》，《人民日报》2012年11月18日。

会主义初级阶段这个最大国情，推进任何方面的改革发展都要牢牢立足社会主义初级阶段这个最大实际。

一方面，我国的社会主义萌发于半殖民地半封建社会，并未经历完整的资本主义发展周期，相较于资本主义起步较早的西方国家，我们的生产力水平仍然较为落后，我们不是在资本主义高度发达的基础上建立起来的社会主义，这就导致了我们的社会主义生产基础较为薄弱，必须经历一个相当长的发展时期才能不断追赶西方资本主义发达国家在早年实现的工业化和现代化。依据工业化的发展水平来判断，我国仍处于工业化发展的中后期阶段，产业结构落后、增长方式粗放的问题没有得到根本解决，整个产业结构中三大产业发展比重不协调，工业现代化的发展水平同发达国家相比仍然有较大差距。另一方面，我国社会生产力发展还很不平衡，在整个生产系统中，既有依靠手工工具的传统生产力，也有依靠机器大工业的现代生产力；既有高度集中的社会化大生产模式，也有相对分散的个体生产模式；既有起步早、发展快的经济开发区，也有底子薄，基础差的欠发达和贫困地区。这种不平衡不仅会制约生产力的深入发展，同时也与我国社会主义所追求的共同富裕的目标不相符合，不仅不利于经济社会发展的全面性要求，而且还限制了人的素质的全面提升。

中国共产党是在马克思主义理论指导下建立起来的新型无产阶级政党，在马克思主义理论的指导下取得了无产阶级革命的胜利，建立起了人民民主专政的无产阶级政权。中国共产党在马克思主义理论的指导下，在领导全国人民进行社会主义建设和改革的过程中不断对如何发展生产力这一问题进行探索，以毛泽东、邓小平、江泽民、胡锦涛、习近平为代表的历代领导人都对社会主义生产力理论做过相关论述。中华人民共和国成立以后，马克思主义理论从发挥革命指导功能向社会建设功能转变，生产力理论作为马克思主义理论的核心内容在我国经济社会发展中发挥了突出作用。当前，我国面临着经济发展新常态、全面深化改革的时代主题、生态文明建设的国家战略等新背景、新机遇、新内容，这些新背景、新机遇、新内容都对生产力的进一步发展提出了更高的要求。这就要求我们必须承担起正确认识和处理在新的历史条件下解放和发展生产力，调整和完善生产关系，以及根据经济基础的发展需要自觉改革上层建筑中不相适应部分的责任。必须把握好工业化与生态文明重叠并进的阶段性特点，在坚持社会主义各项制度的基础上，致力于解决提高人们生活水平和生态环境问题这项双重任务，积极探索不同于西方现代化进程的生产力发展道路。生态生产力的发展离不开中国的基本国情，这是生态生产力发展最根本的大背景。改革开放40多年来，我国经济快速发展，经济增长方式稳步改进；人们生态意识日益增强，科学技术迅速发展，生态生产力理论研究逐步成熟；党对生产力理论高度重视，生态法制建设初见成效，生产力促进体系日益完善。我国生态生产已经具备了发展的基本外部环境与内生动力，但是目前我国仍处于社会主义初级阶段，发展仍然是当下的主要任务。社会主义初级阶段的基本国情是生态生产力发展的总的坐标系。因此，必须将坚持社会主义基本路线视作为当前理论、路线、方针、政策制定的参考依据，以及发展生态生产力必须把握的现实前提。

2. 社会主义制度具有鲜明的优越性

我国所坚持的社会主义制度，是在马克思主义的指导下，党带领中国人民在长期的历史奋斗中历经千辛万苦摸索出来的现实道路，是历史的选择，更是人民的选择。邓小平在1992年南方谈话时对社会主义的本质做了高度概括。"社会主义的本质，是解放生产力，发展生产力，消灭剥削，消除两极分化，最终达到共同富裕。"这一论断充分彰显出了社会主义的优越性。当前，我们只有深刻理解把握社会主义的优越性，才能在发展生态生产力的过程中牢牢坚持社会主义原则。

首先，社会主义的优越性有其内在的理论渊源，社会主义理论是建立在"资本主义必然灭亡，社会主义必然胜利"的理论基础之上的。现在生产资料的社会化发展早已超过了资本主义能够承受的范围，这种社会化的趋势与资本主义生产资料私人占有之间的现实矛盾也愈演愈烈，最终导致资本主义社会的全面危机。虽然社会主义作为共产主义的初级阶段，在经济、政治、文化等层面都没有达到经典作家们所描绘的美好图景那般，但是"一个新的历史时期将从这种社会生产组织开始，在这个时期中，人自身以及人的活动的一切方面，尤其是自然科学，都将突飞猛进，使以往的一切都黯然失色"[①]。中国特色社会主义是在马克思主义指导下的科学理论，符合人类历史发展规律和一般进程，能够在这一过程中规避资本主义难以

---

① 《马克思恩格斯文集》第9卷，人民出版社，2009，第422页。

克服的内在弊端。

其次,社会主义的优越性有其现实表现,具体体现为以公有制为主体、多种所有制经济共同发展;按劳分配为主体、多种分配方式并存;社会主义市场经济体制等。这一基本制度是中国共产党坚持解放思想、实事求是的思想路线,将马克思主义基本原理与中国的具体实际相结合所做出的重大理论创新。坚持我国基本经济制度,是满足人民美好生活需要的必然要求,也是社会主义初级阶段发展生产力的客观需要,更是实现"两个一百年"奋斗目标进而实现伟大复兴中国梦的制度保障。在社会主义制度下,生产资料和生产过程的社会化符合了生态生产力发展的客观要求,"'生态文明'不应该、也不可能有'姓资姓社'的区分,而只能是'社会主义的'"。①

生产力的有序发展是保证社会稳定发展的物质前提,但是传统的生产模式已经难以满足实现生产力稳定高质的发展要求,需要构建和培植出作为新型劳动样态的生产模式以适应新时期生产力的发展现状。当前我国大力推进生态体制的改革,有效地推动和实现着生态生产力的变革和发展。作为一种高质的生产力发展理念,生态生产力不仅弥补了传统生产力的局限,而且还将极大地推动社会主义在当代的发展变革。

三 坚持满足人民群众美好生活需要

美好生活的实现绝非是一蹴而就的,自古以来人们就对美好生活提出各种极富创造性的构想,并不断为实现这种构想付出各种努力。但是,对于美好生活的创造需要一个长期积累的渐进式发展过程,并且在这一过程中充斥着各种各样的矛盾。任何社会中的重要矛盾归根结底都是人民的现实需求与当下社会发展现状之间的矛盾,这一矛盾在不同的社会历史发展时期具有不同的内涵以及表现形态。中国特色社会主义进入新时代的一个重要依据之一就是当前社会主要矛盾发生了历史性、全局性的变化。在过去,由于生产力发展水平的限制,我国社会的主要矛盾样态表现为人民日益增长的物质文化需求同落后社会生产之间的矛盾,现如今,随着社会生

---

① 郇庆治主编《重建现代文明的根基——生态社会主义研究》,北京大学出版社,2010,第260页。

产力的飞跃式发展，这一矛盾已经转变成了人民日益增长的美好生活需要同不平衡不充分的发展之间的矛盾。这一转变不仅意味着我们需要更进一步去追求更高层级的美好生活，同时也意味着人民当下对于美好生活的需要已经发生内在地变化，体现出高质性、多样性、全面性、动态性的特征。人的需要绝非一成不变，而是随着现实变化而不断发展，并且在这一过程中会不断产生出作为新事物的新的需要，这种新需要不仅表现为量的增多，而且还体现出质的提高。也就是说随着社会经济的发展，人们会不断产生更多的需要，对同一种需要也会有更高层次的要求。"我们的人民热爱生活，期盼有更好的教育、更稳定的工作、更满意的收入、更可靠的社会保障、更高水平的医疗卫生服务、更舒适的居住条件、更优美的环境，期盼孩子们能成长得更好、工作得更好、生活得更好。"[1] 对于这些美好生活的需要，可以将之概括为对于生产发展、生活富裕和生态良好的追求。这就需要我们在发展生态生产力的同时兼顾这三大需求，朝着增进人民福祉的方向不断努力。

1. 坚持满足人民群众对生产发展的美好追求

人类全部生活的开展都要以物质资料的生产与交换作为前提，人类生存的首要环节就是要创造生产生活资料，这一活动贯穿了人类历史发展的始终。虽然由于不同历史时期的生产力发展水平和状况的不同，这一活动会通过不同方式或形态表现出来，但物质资料的生产与交换始终是人类社会存在和发展的基础。作为社会生活的物质方面，人类社会由诸多要素共同构成，其中地理环境规定着人类生存和发展的外部条件，人口的数量和质量对社会发展也起着推动和延缓的作用，但人们的社会生活条件归根结底是由经济状况来决定。在人们的经济活动中，物质生产活动又是最具决定性的环节，因此没有相应的经济基础作为物质前提，美好生活就难以实现。无论是对整个社会群体还是对单个个体的生活状况和生活条件而言，经济发展都是实现美好生活的必要前提，如果一个国家的经济不能持续、健康、平稳地运行，个体的美好生活的物质条件无法得到现实的保障，对美好生活的追求就只能是空想。因此要想通过生产力的生态化发展来满足人民群众对于美好生活的现实需要，就需要充分理解和把握人民群众对于

---

[1] 《习近平谈治国理政》第1卷，外文出版社，2014，第4页。

美好生活需要的具体内容和不同特点,只有这样才能够做到因地制宜,最大限度地满足人们多样化的需求。

当下我国经济发展取得巨大成效,社会主要矛盾已经发生变化。我国摆脱了过去物质资料长期匮乏的窘迫局面,人民对于物质生活的要求已经实现了从"有没有"向"好不好"的巨大转变。目前我国已经建立了门类齐全、独立完整的现代化产业体系。"我国已拥有41个工业大类、207个工业中类、666个工业小类,形成了独立完整的现代工业体系,是全世界唯一拥有联合国产业分类中全部工业门类的国家。"① 同时,人们的消费活动也不再仅仅局限于单纯的物质消费,教育培训、旅游出行、运动娱乐等方面的支出比重也越来越大,人们希望能够在工作之余提升自己,实现自身的多样化全面发展。这就需要借力生产力生态化的发展,抛弃过去单纯追求产品数量的发展模式,而在量的基础上更加注重质的提升,调整发展增速,更多地关注发展的质量、效益和水平。具体表现在通过供给侧结构性改革,减少生产过程中的产能过剩进而减少产能闲置和浪费,提高资源的利用效率,实现生态生产力的高效率发展;通过合理优化产业结构,加大服务业在国民产业当中的占比,增加现代服务产品、绿色产品的数量,提高现代服务业的比重;通过提升产品当中的生态含量和科技含量以提高产品附加值,为人民群众提供更多高品质产品,满足人民群众对于产品的多元化、特性化、品质化特征的需求。

2. 坚持满足人民群众对生活富裕的美好追求

作为人民群众社会活动的重要内容,教育、医疗、就业等问题与人民的工作生活息息相关,直接影响着人民群众的获得感、幸福感和满足感。在过去一段时间,我国的民生问题较为突出。现如今党和国家不断推进以民生建设为重点的社会建设,民生水平不断提高,在劳有所得、病有所医、学有所教等方面取得重大进展。现如今随着社会经济的发展,伴随着全面小康社会的建成,我国的医疗卫生、教育事业以及就业问题取得了重大进展。根据国家卫生健康委员会统计,截止到2020年,我国人口预期寿命已经增长到77.3岁,九年义务教育进一步得到普及,贫困地区以及偏远乡村的适龄儿童上学问题得到了很大程度地解决,教育行业整体质量

---

① 王政等:《成就举世瞩目 发展永不止步》,《人民日报》2019年9月21日。

不断提高，截至2020年，我国九年义务教育巩固率达到94.8%，现如今我国教育水平与医疗卫生水平已经处于世界中上水平。人民就业情况也发生了翻天覆地的变化。经过长期发展，我国的就业人口持续增多，截至2020年末，全国就业人员已有75064万人，其中城镇就业人员46271万人，失业率全年平均5.6%，低于预期调控目标，人民群众在生活当中获得了更多的幸福感和满足感。随着脱贫攻坚计划的实现，我们的总体目标也从实现人民生活条件的总体改善转移到如何保证人民对社会资源的公平享有上来。消除贫困与分化、切实改善人民生活条件、最终实现共同富裕，不仅是社会主义的本质要求，也是生态生产力发展的价值旨归。但是从社会整体层面来看，人民的生活水平依然表现出城乡、地区、行业的差距，特别是新冠肺炎疫情发生以来，我国各行各业都受到了或多或少的冲击，民生问题一头连着社会发展，一头连着公平正义，新时代人民渴望在发展中提高与改善自身的生活条件。这就需要通过生态生产力的内生动力不断为我国经济发展注入强劲动能，在拉动消费的同时有效促进投资，进而不断扩大内需，更好地释放市场需求潜力，进而激活就业市场，扩大就业规模、优化就业结构，拓宽就业渠道，为劳动者创造更多的就业岗位。推动实现充分就业与个人收入增长，确保经济增长与居民收入同步、劳动报酬的提高与劳动生产率的提高同步，进而缩短城乡、区域、行业间的发展差距，最终实现共同富裕。通过利用生态生产力内在科技性发挥在产品供给时的强大功能，提高生产全过程的效率，协调统筹产业链的高效平稳运行，从而缓解部分产业链与供应链局部断裂、运转停滞的状况。通过生产高质量发展为社会保障体系的建立健全提供外部经济支持，为我国人民实现富裕生活夯实物质条件基础。

3. 坚持满足人民群众对生态良好的美好追求

随着工业化进程的不断推进、自然资源日益枯竭、环境污染日益严重，生态环境问题不仅对当前经济发展形成了制约，而且也影响着人们的生活条件以及健康状况。随着人民生活水平的提高，人们已经不再仅仅满足于基本的物质生存需要，而是更多地开始关注自身生活中的外部生存条件，人民对美好生态环境的需求也越来越急切，对美好的生态环境关注日益成为人民美好需要的重要内容。

良好的生态环境是最普惠的民生福祉。党的十八大以来，全国上下围

第五章 社会主义生产力生态化跃迁发展的文明形态探索

绕着生态治理开展了一系列根本性、战略性、长远性工作,生态环境实现了有效改善,美丽中国建设取得突破性成果。总体而言,当前我国在污染防治问题上采取了一定的措施,生态环境问题的处理取得了一定的成效,但是并不稳固,我国仍是世界上生态污染问题比较严重的国家之一。"多年快速发展积累的生态环境问题已经十分突出,老百姓意见大、怨言多,生态环境破坏和污染不仅影响经济社会可持续发展,而且对人民群众健康的影响已经成为一个突出的民生问题,必须下大气力解决好。"[①]。在加强生态治理的关键时期,需要发挥生态生产力的内在优势,为生态环境建设提供有力支撑。从一定意义上来讲,根本性地解决生态环境问题需要建立起一套体系完整的包含生产方式和生活方式在内的绿色发展模式。当前这种发展模式在我国的一部分地区和一部分行业当中已经开始建立起来。但是从全国范围来看,要想广泛推广和建立起配套健全的绿色发展模式仍然需要一定的时间和努力。例如经济起步较晚的中部和西部地区仍然在沿用东部地区传统的发展方式,产业结构相对单一,环保产业发展程度整体而言不足,对于科技的投入和研发相对欠缺。对于重工业企业的管理和整顿,农村和乡镇生态环境基础较为薄弱,生态保护的基础设施依旧缺乏,不利于生态治理和保护工作的顺利开展。这就要推动传统生产力发展模式变革,摒弃过去传统粗放式的发展方式,通过调整经济结构和能源结构,推进绿色基础设施的建设以及科技研发和投入壮大绿色环保产业,形成各体系完整、各环节配套的绿色发展模式。为了更好地满足人民群众对于良好生态环境的需要,我们还要继续深入推进生态文明建设,深入实施水污染防治行动计划,为人民提供更加清洁的水源;坚决打赢蓝天保卫战,为人民提供更加清新的空气;全面落实土壤污染防治,打造水更清、天更蓝、山更绿的美好生存环境。在通过调整生产方式改善生态环境的同时,我们也应注意到良好的生态环境与我们的生活方式也息息相关,人们不合理的生活方式也会对生态环境造成影响。正如前文所述,发展生态生产力的同时,也应通过教育和宣传手段使人民群众自觉树立生态文明价值观,主动践行绿色低碳的生活方式,做到人人参与、多方努力,有效地改善环境质量,在社会上形成良好的健康生活新风尚,实现国家越来越美丽、人民生活越来越美好的愿景。

---

① 《习近平谈治国理政》第 2 卷,外文出版社,2017,第 392 页。

第三节　社会主义生态生产力的发展意义

生态生产力作为马克思生产力理论的新样态，对于人与社会的发展具有重要的现实意义。无论是宏观的社会维度抑或是微观的个体维度，生态生产力都以促进二者的共同发展作为自身的价值旨归。具体表现在发展中实现人与自然、人与社会的和谐，在创造良好的外部环境的基础之上，进而实现人对自身本质的积极扬弃和复归，最终推动人的解放与自由全面地发展。这需要我们把握现实条件和时代背景，因势利导，积极为之。

一　有利于促进社会和谐共存

实现社会的和谐发展是人类几千年来的理想目标，和谐社会具有丰富的理论要义和现实内涵，这其中内在地包括了人与自然的和谐以及人与社会的和谐。对于二者的构建既是一种理想价值构想，也是一种社会实践，这其中不仅需要价值观的指引和导向，更需要一种现实力量作为支撑和保障。生态生产力作为一种高质的发展模式，是世界观与方法论的统一，能够在运作过程中统筹生态建设和社会建设，在推动我国经济社会发展的同时避免环境的污染和资源的浪费，不仅为和谐社会的构建提供了可靠的价值引领，而且奠定了坚实的物质保障。能够为和谐社会的构建提供良好的外部环境，最终实现人与自然以及人与社会的辩证统一、协调运转。

1. 生态生产力有利于促进人与自然和谐共生

马克思指出："自然界，就它自身不是人的身体而言，是人的无机的身体。人靠自然界生活。这就是说，自然界是人为了不致死亡而必须与之处于持续不断的交互作用过程的、人的身体。"① 这句话深刻揭示出了人与自然之间的内在逻辑关系。人类作为依然有意识的生命表征需要将自然作为自身的生存根基，离开自然，人类就无法繁衍生存，人类在本质上仍属于自然物。但人类在依赖自然的同时，又在通过本质力量的发挥不断改造着自然，人类通过生产劳动不断同自然进行着物质交换和能量交换，这也是人与其他动物的根本区别所在，这种受动性与主观能动性使得人类与自然

---

① 《马克思恩格斯文集》第 1 卷，人民出版社，2009，第 161 页。

第五章　社会主义生产力生态化跃迁发展的文明形态探索

的联系是深层且密切的。

人类随着认识和实践能力的不断提高，对自然的改造也在不断加深。同时，人与自然的关系也绝非一成不变的，这种关系会在人与自然不断交互的过程当中进行动态变化。人类社会经历了一个由低级到高级的渐进式发展过程，协调人与自然的关系贯穿了这一过程的始终。在原始社会时期，由于生产力水平的低下以及原始文明的蒙昧，人类无法对各种自然现象做出科学的解释，不得不为了生存与野兽厮杀搏斗，残酷的生存环境使他们畏惧自然、敬畏自然，人类也就只能消极被动地适应着自然，无条件地接受着自然的控制和支配。这一时期的人与自然之间处于一种原始的和谐关系中，这种和谐是建立在生产力低水平发展的现实条件之下。随着人类工业文明的开启，生产力不断变革，人类依靠着科学技术的祛魅逐渐摆脱了对自然的原始崇拜，开始发挥与自然交互过程中自身的主导作用。特别是近代以来，随着人类文明的跨越式发展以及科技水平的飞速提高，自然界因为人类的介入发生了翻天覆地的变化，到处都被打上了人类活动的印记，从自在自然逐步成为人化自然。人类历史的发展过程表明，随着人类文明的不断发展，人自身所蕴含的主体性能动作用会不断壮大，随着人类扩展范围和程度的延伸，人与自然界实践的相互联系、相互渗透逐步加深。因此人与自然能否实现和谐共生取决于人类自身，因为自然作为外部环境并不会主动适应人。传统维度的生产力观念过分强调人与自然的对立，技术理性价值观长期支配导致了人与自然关系的畸形发展，这种价值观下人对自然征服和统治，将自然看作是压榨的对象对自然界进行无节制的开发和利用。诚然，在这一过程中我们的确获得了一定的利益，满足了自身的部分需要，但也付出更高的成本。长期以来的发展经验证明了发展必须是人与自然作为生命共同体和利益共同体的发展。我们决不能将劳动与生产力简单视为人类历史发展过程当中的一个单纯的抽象概念。马克思指出"不以伟大的自然规律为依据的人类计划，只会带来灾难"[1]。生产力在任何时候都不是抽象物，是需要将其置于物质世界之中。这就必然要求人类在认识和改造自然的过程中自觉遵从自然规律。

促进人与自然和谐共生，不仅是习近平生态文明思想中的重要观点，

---

[1] 《马克思恩格斯全集》第 31 卷，人民出版社，1972，第 251 页。

也是生态生产力发展的核心诉求和根本原则。对自然的合理开发以及保护是当下以及未来生产力发展需要考虑的关键问题。生态生产力的发展摒弃传统发展中先污染后治理、以牺牲自然环境作为代价换取快速发展动力的粗放模式,超越了将生产发展与环境保护看作是"鱼"与"熊掌"二元对立的观点,是在生态文明观的指导下以及尊重自然规律的基础之上对自然的科学改造,致力于在发展过程中实现自然资源的合理开发和有效分配。推进生产力生态化发展对于协调人与自然关系、促进人与自然和谐有着重要意义。通过绿色发展模式实现人与自然的真正和解,体现了人与自然之间的辩证统一关系。但是我们必须明确,这种生态生产力基础之上的人与自然的和解绝非是有悖于人类社会规律的历史倒车式发展,而是一种更高层次的共生关系。这种共生超越了原始社会的原始和谐关系,回答了人类应以何种身份和姿态面对自然,实现了自然价值的本质回归。自然环境作为人类社会生活生产实践的物质来源和现实基础,是人类生存和繁衍不可或缺的物质条件。人作为自然存在物,其实践活动反过来又影响改造着自然。从人类社会与自然存在着相互作用性这一视角出发,生态生产力这一概念突破了传统伦理学中"单向度义务"和"相互性正义"的逻辑,把道德的关怀扩展到了自然界,回答了人类应该以何种姿态面对自然。在实现人与自然和谐的基础之上推动实现社会的总体和谐。

2. 生态生产力有利于实现人与社会和谐发展

在唯物辩证法当中,和谐社会是一个包含诸多要素在内的复杂系统。和谐就是指社会诸要素之间处于一种相互依存、相互协调、相互贯通的稳定状态。人与社会的和谐是社会主义和谐社会思想中的重要内容,生态生产力的发展是构建社会主义和谐社会的强大物质力量。从宏观层面上看,生产力生态化发展是在人与自然关系失调的背景下,对于自然资源的开发、分配,以及生态环境的保护、建设是否合理的审视和反思。从微观层面上看,生态生产力是指在人与社会关系失衡的背景下,为了解决人类生存危机、实现人类可持续发展应当如何协调好经济发展与环境保护的有机统一。

第一,生态生产力的发展有利于缓解人类的生存危机。自进入21世纪以来,温室效应加剧、臭氧层空洞、垃圾排放的全球性转移等一系列现实问题说明,人类正面临着前所未有的生存危机,这种危机绝非某一个国家的困境,而是逐渐成为一种世界性难题。在这一难题背后埋藏着这样一个

第五章 社会主义生产力生态化跃迁发展的文明形态探索

事实：一方面，少数发达国家在早期发展过程中耗费了大量的全球资源，造成了严重的环境破坏；另一方面，遭受着"生态殖民"的绝大多数发展中国家却面临着必要资源短缺、环境污染严重的严峻挑战。在我国内部，市场经济体制的改革极大地推动了社会经济的发展，但是由于市场经济的自身弊端，在利益至上的原则引导下在配置自然资源与公共环境的过程中会不断受到资本逻辑的驱使。例如在产品生产过程中，部分商家为了节约成本，扩大利润空间，弃消费者健康不顾，采用劣质廉价甚至有危害的生产原料进行产品的生产。这不仅严重损害了消费者的经济利益，也对消费者身体健康造成了严重危害。同时机器大工业的发展带动生产力飞速提高，在给人们的生活带来了极大便利的同时，也变相导致了人类的生存危机。工业生产排放的废气导致了空气质量的下降、温室效应加剧、雾霾污染严重；工业的废水废液的排放导致水体污染日益严重；农业生产化肥的过度使用导致了严重的土壤破坏，不利于农作物的种植；此外填海造陆、滥砍滥伐导致森林、水源储量持续下降，物种多样性不断减少。人类对自然环境的过度消耗导致了自然对人的报复，近年来洪水、沙尘暴、泥石流等自然灾害频频发生，给人民群众的生命安全带来了极为严重的威胁，导致了社会发展过程中的不确定、不可控因素增加。在这种背景下，生态生产力的发展作为一种先进的生产力发展形态，为当前的发展提供了标准和规范。生态生产力的发展不仅遵循了自然系统的运行规律，还遵循了经济社会发展的一般规律。作为一种高标准的生产模式，在生产的过程中无论是对企业还是生产者个人都提供了一种约束和要求，使得其在生产、销售各个环节中都能够严格按照高标准高质量去进行。同时，生态生产力也提供了生产的具体方法，通过对生产过程中各个环节的有序建构，对生产链条的合理延长，通过不同生产端之间的相互配合与优化减少生产终端的废弃物排放，在缓解环境污染的同时能够对生态系统做出修复和调整，在一定程度上能够有效缓解人类的生存危机。

第二，生态生产力的发展有利于资源的合理配置。在发展过程中，如何兼顾到不同受众群体的特殊利益，做到资源的合理分配是各国发展长期难以解决的问题。社会经济的不断发展使得社会阶层和社会群体不断分化，人们的现实需要、现实追求以及价值观念变得日益多元，利益分配的不均加剧了人与人之间关系的紧张，这一问题既体现在当代人与当代人之间，也体现在当代人与后代人之间。首先,代内资源分配的不均影响着社会和谐。当下城乡、地区、职业二元对立结构所导致的收入分配问题依然存在。由于其内部种族、身份、性别发展速度的差异,必然会区分出强势族群与弱势族群、男性群体与女性群体、富裕地区与贫困地区、城市居民与乡镇居民等二元对立范畴。前者在资源占有方面处于优势地位,属于资源与环境的既得利益者,后者通常处于不利地位,是资源和利益的被剥夺者以及环境污染的主要承担者。其次,代际资源分配的不合理也同样不利于社会的和谐,作为一种公共资源,环境资源不同于一般的私人物品所具有的排他性,对于环境资源的占有和维护涉及当代人与后代人之间的权利与义务统一关系问题。长期以来,在消费主义、享乐主义思潮的影响下,缺少了对长远发展的考量。在这一行为过程中存在着这样一对潜在矛盾:一方面,人们为了谋求发展的最大化会继续不断对当下资源进行无节制占有,由于大部分不可再生资源的储量有限,且生成周期相当漫长,从而留给后代的可用资源数量不断减少;另一方面,在一定程度上生态环境的承载力和恢复力存在上限,这就使得人与自然的矛盾不断被激化,当代人所导致的恶果由后代人被迫来承担,后代人为了维护生态环境需要花费更大的成本和代价。这种权利义务问题上的不对等关系,迫切要求采取有效手段整合和分配资源,实现社会全体成员对资源与环境的公平占有。马克思指出:"社会化的人,联合起来的生产者,将合理地调节他们和自然之间的物质变换,把它置于他们的共同控制之下,而不让它作为一种盲目的力量来统治自己;靠消耗最小的力量,在最无愧于和最适合于他们的人类本性的条件下来进行这种物质变换。"① 构建社会主义和谐社会是社会主义现代化建设的一个重要内容,在制约社会主义和谐社会构建的诸多因素中,经济因素是摆在首位的。生态生产力作为一种高质生产力,能够推动社会财富的充分涌流和物质产品的不断丰富,进而能够推动社会资源的有效分配,通过生态生产力的发展解决在经济发展中出现的各种问题,使广大人民都能尽可能享受到经济发展的成果。同时生态生产力关注到了当代人之间以及和后代人之间资源环境正义问题,它主张人类在世代更替的每一个环节中对利益的享有要合乎公平正义。具体来说就是当代人在享有当前生态环境和自然资

---

① 《马克思恩格斯文集》第 7 卷,人民出版社,2009,第 928~929 页。

第五章　社会主义生产力生态化跃迁发展的文明形态探索

源所带来的福祉的同时，不应以损害后代人的发展为前提，应保证后代人享有利用资源满足自身接续发展的权利。生态生产力倡导可持续的发展理念，反对竭泽而渔的发展模式。在此意义上，生态生产力超越了个人伦理主义，放宽了视角，跳出了具有普遍意义的"人类"维度，关注到不同群体之间的内在差异性，重视对弱势群体的关怀，我们的后代也不再是一种伦理上的抽象概念。把关注的对象从具有特殊意义的"自身下一代"上升为具有普遍性意义的"人类下一代"，实现了纵向维度的关怀。

总之，和谐社会的构建不仅需要健康安全的外部环境，还需要保障好人民群众享有的正发展权益，从这一意义出发，生态生产力的发展切合了这两点要求，有利于构建起资源节约型、环境友好型的和谐社会，有利于实现资源的合理有效配置，缓解社会矛盾，推动社会和谐发展。

二　有利于推动人的自由全面发展

马克思在《资本论》中描绘与人的自由而全面发展相适应的物质生产活动时就已经提出，"社会化的人，联合起来的生产者，将合理地调节他们和自然之间的物质变换，把它置于他们的共同控制之下，而不让它作为盲目的力量来统治自己"[1]。人的自由而全面的发展绝非是通过理论架构出的理想蓝图，也不是通过逻辑推演出的梦幻乌托邦，而是人类社会按照其内在规律发展的必然归宿。也就是说，人的自由而全面的发展是理想性与现实性的统一，是一个动态的生成过程。历史唯物主义从社会存在出发，认为社会的现代化是人的现代化的基础和前提，只有实现了社会的现代化，人的现代化发展才能有完备的现实基础，否则这一命题只能是空中楼阁。我们不能将美好生活的实现仅仅看作是美好幻想，而应当立足于当下的现实发展状况，不断创造出实现人的全面发展的现实条件。习近平提出"绿色发展观和可持续发展的根本目的是改善人民生存环境和生活水平，推动人的全面发展"[2]以及"让良好生态环境成为人民生活质量的增长点"[3]等

---

[1]《马克思恩格斯全集》第25卷，人民出版社，1974，第926~927页。
[2] 习近平：《决胜全面建成小康社会夺取新时代中国特色社会主义伟大胜利》，《人民日报》2017年10月28日。
[3] 习近平：《建设美丽中国——关于新时代中国特色社会主义生态文明建设》，《人民日报》2014年7月11日。

重要论断,这些论断深刻论证了绿色发展与人的解放的内在关联。从这一视角出发,生态生产力的发展有利于社会主义的现代化进程,实现人的本质力量的发挥,因而有利于推动实现人的自由而全面的发展。

1. 生态生产力为人自由全面发展创造良好的外部环境

人的自由而全面的发展是一个理想目标,更是一个现实问题。经过几代人的接续奋斗,现如今中国的社会面貌已经焕然一新,我们已经成功迈进新时代,人民的发展相较于过去已经取得了一定的进步。可以说在一定程度和一定范围内我们已经实现了人民群众的美好生活需要,中国人民比以往任何时候都更加接近美好生活的目标。但是我们仍然未达到马克思、恩格斯所描绘的每个人自由和全面发展的理想社会,社会主义向共产主义过渡仍然需要较长的发展时间,这其中还会遇到许多的障碍和难题需要我们不断去解决。党的十八大以来,以习近平同志为核心的党中央,提出一系列新理论新思想,党的十九大报告当中也多次强调"不断促进人的全面发展",这使得发展生态生产力势在必行。

人的自由而全面的发展有赖于多方面条件的协同发展,是一个由诸多要素共同推动构成的动态生成过程。人的自由而全面的发展需要一定的外部条件,即良好的政治、经济、文化、社会以及生态条件,这些要素互相协调、良性互动,形成良好的外在动力。生态生产力的发展有利于促进这些外部条件的实现,毋庸置疑,在这些外部要素中经济的发展是人类全面发展的首要条件,是推动人的自由全面发展最基本的物质前提,但是并不是所有的经济发展都是与人的自由而全面发展相匹配的。粗放型增长方式靠的是生产要素的数量扩张推动经济的增长,通过高投入、高消耗、高排放换取较低效率的产出。显而易见,这种粗放型的发展模式是与人的本质要求不一致的,是只有经济增长而没有人的全面提高的发展。生态生产力的发展作为一种集约型的发展模式,通过科技水平的提升、生产机制的创新、劳动者素质的提高来不断优化生产要素的质量,通过低投入、低消耗、低排放换取高产出的发展模式,是全面、协调、可持续的发展,符合人的全面发展的现实要求。

面对我国当前庞大的人口基数,亟须通过高质量发展来为人民群众的发展创造良好的外部环境。这就需要通过生产力生态化的发展,转变发展模式,发挥科技创新的带动作用,挖掘一切可以利用的资源潜力,夯实全

第五章　社会主义生产力生态化跃迁发展的文明形态探索

面发展的经济基础。良好的经济基础能够有效推动上层建筑的建设，在实现经济发展良好的基础上，我们能够进一步推进社会主义政治、文化、社会和生态建设，打造好推进人的全面发展的良好外部环境。通过协调完善的政治体制可以通过制度构建起自由平等、安定有序的和谐社会，从而保障人民的自身发展的各项权利，保障人的尊严。通过大力发展先进文化可以营造其良好的外部舆论环境，发挥好主流意识形态的引领作用，缓解人民的精神危机和价值危机，为人的全面发展提供精神动力和智力支持，提高个人文化修养，提升个人的思想道德境界，实现"观念的解放"。通过社会建设实现良好的民生发展环境，为人民的全面发展提供更加便捷舒适的外部条件，增进人民的幸福感、安全感和满足感。通过生态建设创造良好的生态环境，为人民的全面发展提供健康安全保障。总之，通过生态生产力的发展有利于推进中国特色社会主义总体布局，在协调配合"五位一体"的过程中走出一条中国特色社会主义的绿色发展道路，构建起人自由而全面发展的良好外部环境。

2. 生态生产力的发展能够更好地促进人类本质力量的发挥

"发展"绝不应该仅仅被认为是发展的目的，而应该将其视为作为主体的人类实现自身的一种手段。传统的生态生产力观点过于关注物化客体，从而忽视了对于劳动主体内在需要和本质的考量。而生态生产力将主体与客体有机统一，不仅考虑到客体的属性与价值，同时关注到主体的需求与满足，将主体的发展作为自身发展的根本原则以及自身发展的最高标准和最终目的。

人作为社会存在物，与社会存在着千丝万缕的联系，作为自然界中唯一的道德主体，人类在长期的劳动实践过程中从自然界分离出来，又在劳动交往过程中形成了复杂的社会关系。社会的发展为人类的发展提供客观外部环境，人的自由全面发展的美好愿景也反过来作为一种现实参考，根据当下的人的全面发展的程度来反思或评价当下社会的发展水平。人的发展与社会发展的关系问题是马克思主义理论当中的一个核心议题，人是具有社会历史性的存在，劳动体现了人的社会性质。人的存在价值和自我需要在发展过程中体现出多元性的特点，个人想要自我实现和自我超越的基本前提，就是要首先满足作为基础层级的生理性需要即最基本的生存需要，这种生存需要所带来的驱动力是生产力发展的内在动因。在原始社会时期，由于没有产生分工与私有制,因此原始人类没有困囿于异化劳动之中,以集体劳动为主的原始劳动仅仅只是为了整个集团的生存和发展需要,是面向集体利益的劳动。从理论上讲,这种脱离了异化限制的劳动本应是人类内在本质力量的自由发挥,但是,原始人类社会显然不是我们所追求的每个人自由而全面发展的理想型社会,他们依然受到外部自然条件的束缚和限制,为了满足最基本的生存需要每天疲于奔波,不得不为了获取食物、争夺领地与其他物种展开竞争。因此,当人的实践活动无法顺利展开时,人的自由和自我实现也就无从谈起。随着人类文明的进步,分工开始逐步出现,形成了不同的行业和产业。随着社会生产水平的逐步提高,分工逐渐细化,特别是单个人的分工出现之后,原本由一个人完成的工作,依照内容、方式和时间的不同被划分为各个具体的环节和流程。每个生产者,作为社会生产中的一个微观构成部分,被限定在特殊的生产范围之中从事单一产品的生产。当然,这个范围绝非生产者自己主动选择的,而是外部环境强加给他的,在特定的生产范围之中,只能够发展自身特定的技能。虽然这种社会分工的细化推动了劳动专业化的形成,但是,与此同时,也将人的劳动能力限定在固定的框架之中,很难触及对其他领域的学习和发挥。例如,一名教师需要不断提升自身的教学水平和教学技能,一名厨师则需要思考如何精进厨艺,一名销售更多的则是关注如何提升自身的推销能力,各行各业的从业者都在行业发展中不断提升自己的专业能力,而对自身职业身份之外的"技能"给予了较少的关注。异化劳动条件下的生产很难做到生态化的生产,产品的制造也缺乏了一定的生态内涵。这种生产和产品反过来又支配和奴役着生产者。生产力的实质就是人类改造自然、满足自身需要的物质能力,其与人类本质力量是内在一致的,生产力的提高也意味着人类本质力量的增强。生态生产力作为一种高质生产力,能够有效地提高社会劳动生产率,随之而来的就是收入的增加以及劳动时间的缩短。这样能够将劳动者从单调重复的工作中解放出来,去从事更加精密和复杂的工作,进一步实现人类主观能动性的有效发挥。同时可支配时间和财产的不断增加可以让劳动者利用更加充足的空余时间去丰富个人生活、培养个人爱好,不断拓展对其他领域的学习,丰富并提高自身知识储备与技能水平。因为相较于动物消极被动地适应自然,人类的主观能动性推动了自身对于外部环境的积极改造。人类通过劳动创造出满足自身生存和发展需要的物质前提，在这个看似单纯的物质性的生成过程中实际上也内在地包含了对于精神需求的满足，这种需求具体表现为作为主体性价值的创造与实现。人作为实践的主体，在与外部世界交互的过程当中不仅通过本质力量的发挥对客观事物进行占有和改造，同时还包含了在价值尺度指导下按照求真、求善、求美的自我生成和满足，展现着人类自身的个性与价值的延展与实现。生态生产力所带来的生态劳动本身不再是抽象化、外在化、否定性的异化劳动，而是真正包含了人类现实需求与自我实现在内的自由自觉的本质力量的发挥。在生态生产力的生产环节中，劳动者可以根据自身的需求和能力自由选择真正适合自己的劳动，并且在生产的过程中能够真正体验到幸福，能够从中获得尊严感与成就感，此时劳动就成为美好生活不可或缺的组成部分，成为人类幸福感和满足感的重要来源。例如在新能源汽车的生产过程中，不仅需要劳动者掌握相关的设计、制造等工艺，还需要劳动者内在具备生态学、伦理学的相关知识，将绿色环保的价值理念应用到生产的每个具体环节当中，在这一过程中，实现了传统技艺与新型价值观的有机结合，劳动者的主观能动性得到充分发挥，自我价值与产品价值、人的本质力量与生态价值的追求一道实现，只有这样的生产才是生态的生产，才能够让人的本质力量得到有效发挥，让人的自我价值得到充分展现。同时生态生产是一种人类与劳动相互生成的过程，在这一过程中人的本质力量的发挥表现为从思维方式到实践方式、从生产理念到生活理念的合理展开。

生态生产力的发展是以人民为中心的发展。在过去，我们对于发展的目的、发展的评价标准有失偏颇，过度关注国内经济的规模与增速。现如今，我们将人民是否满意作为衡量一切工作的最高标准。在生产力发展的过程中，我们将广大人民群众作为发展和建设的主体，发展的方向和路径是否正确，发展的时机和方式是否合理，发展的成果和效益是否满意，都由人民群众来选择和判断。生态生产力的发展既立足于现实，又面向着未来。在过去，我国经济社会发展仍然比较缓慢，我们只能采取让一部分人先富起来、先发展起来的发展战略，现如今我们已经实现了这个目标，当下人民提出的要求是共享经济社会发展的成果，推动实现每个人的自由而全面的发展。生态生产力的发展切合了人民当下的现实要求，通过从外部构建起良好的现实环境，从内部将人从异化劳动中合理解放，将人的本质力量发挥与外部环境提供的保障有机统一，在这种协同共进的关系中真正地实现人的内在本质的解放以及人的自由而全面的发展。

在资本主义社会中，由于资本本性所带来的生产力的发展更多是为了服务于资本增殖的欲望，而在一定程度上遮蔽了人民群众对美好生活的现实需要。传统工具理性导向的生产力推动了社会生产的不断加速，在为资本社会带来极大丰富的物质资料的同时，其背后的危机也若隐若现：资源的浪费、环境的污染、社会的分化、主体性的缺失……生态危机与生存危机并行使得这种发展成为高悬在资本主义头顶的"达摩克利斯之剑"。作为一种新型的发展样态，生态生产力是马克思生产力理论的原初再现，在这一点上，生态生产力超越了资本逻辑，不仅符合了人类需要的可持续性，而且满足了人类生存与发展的和谐性，符合社会进步的本质需要。生态生产力的发展和人民美好生活的实现在逻辑上是相一致的，美好生活不仅包括了现实存在的物质性的生活，还包含作为抽象存在的精神生活。生态生产力为美好生活的实现提供了一个有力支点，这种生产力所带来的生态劳动合理统筹了生产力内部三个要素，是劳动者、劳动对象和劳动资料协调统一的劳动。既坚持了社会主义的基本原则，又始终站在以人民为中心的基本立场，能够推动在和谐社会的构建过程中实现人的内在本质力量的发挥，最终让人类自身实现自我存在的本质确证。在理想性与现实性、物质需求与精神需求双重满足的统一中将美好生活由一种理论构想变为既定现实。

结　语

本书以马克思需要理论为出发点，阐释人类需要与生产力发展的逻辑关系，以新时代人民群众美好生活视域下生产力生态化跃迁发展为主要研究对象。通过对比传统生产力与生态生产力的本质区别，围绕新时代人民群众美好生活需要的本质内涵与必然前提，阐述生态生产力发展的当代价值与实践意义。从而推导出新时代生产力生态化跃迁发展的历史必然，并在此基础上，探寻其实践路径。

"人民美好生活"思想是对马克思美好生活观的当代继承与发展，蕴藏了古往今来人类社会对美好生活的向往。从其生成逻辑来看，它构成了生产力发展和社会主要矛盾变化的直接物质基础，在新时代背景下，把握了人民的多样化需求，坚持了社会主义的发展原则。关于人民美好生活视域下生产力生态化跃迁发展的研究，从根本上揭示了生产力生态化跃迁发展与新时代人民群众美好生活的关系。对此问题的阐释，实质上是从时代价值层面对生产力跃迁发展的必要性与必然性的论证梳理，明确生产力跃迁发展的价值意义。新时代人民对美好生活的需要已不仅局限于物质层面，良好生态环境的需求也是美好生活需要的重要组成，其符合生态生产力的发展目的。基于此，生产力生态化跃迁明确了传统生产力与生态生产力的本质区别。对传统生产力与生态生产力在特征、内涵、目的、方式等方面的比较研究，有效地证明了生态生产力的科学性与先进性。并为生产力生态化跃迁发展的价值、意义及发展路径等方面的研究完成提供理论依据。通过阐释新时代生产力生态化跃迁发展的内在逻辑，以历史唯物主义为视角，从学理层面深入探索生产力跃迁发展的内在逻辑，生产力的具体发展样态虽在不断的变化中，但生产力的发展目的始终围绕人类需求的满足，生产力生态化跃迁发展与人民美好生活需要是辩证统一的关系。对生态生产力发展路径的探索与生态生产力要素的提炼，是基于党的十九届四中全会方针指导下,将生产力生态化跃迁发展的理论逻辑与具体现实问题相结合所做的研究,有效助力新时代中国特色社会主义生态文明建设、人民美好生活需要满足及生态问题改善。

马克思在《德意志意识形态》中明确指出:人的本质即需要。马克思认为,人类需要分为真实需要与虚假欲求,且存在不同层级的递进关系,即生理、社会、精神、自我实现。马克思的生产力理论明确了生产力发展与人类需要的目的关系,即生产力的发展目的为了满足人类的需要,人类的需要是生产力发展的动力源泉,人类需要的满足过程也正是生产力的发展过程。人类的第一个历史活动必然产生关于满足其生理需要的活动。此外,需要作为人类历史不断向前发展的动力牵引,促使着人类历史不断进步,社会历史进步的主体是人,其过程由人有意识的行为活动来贯穿,人受某种需要的牵引,必然为实现这种需要而运动。生产力的水平和样态也随之不断发展变化。传统生产力并非指生态生产力之外的一切生产力样态,也非生态生产力之前的一切生产力样态,更非马克思的生产力理论。而是由于对人与自然关系不充分认识,受资本逻辑驱使,为满足人类不断征服自然、改造自然的欲望,试图将有限的自然资源据为己有,以实现满足个体无限虚假欲求的生产力样态。生态生产力并非区别于马克思生产力理论的新生产力理论,而是建立在对历史唯物主义完整理解,以及对马克思生产力理论正确解读的基础上,结合马克思自然观与需要理论对生产力实质内涵的完整再现与向度延展。

生产力跃迁发展的必然性在于,传统生产力已然无法满足新时代的人类需要。在没有需要就没有生产的马克思主义视角下,生产力的发展样态一直伴随满足人类需要发生发展。传统生产力忽视自然及自然规律的先在性,将自然视为人类的对立面,具有鲜明的"人类中心主义"色彩。生态生产力尊重自然界本身的客观规律,秉承利用与保护二者并行。实现人与自然和谐相处、共生共荣是生态生产力的新价值取向。由传统到生态新时代生产力跃迁发展合乎历史进程与人类发展脉搏。在马克思的时代,充足的物质资料为人类的首先需要,而在当今时代,美好的生态环境则为人类生存发展的前提保障,更是人民群众美好生活的基石,二者并不冲突。人类的需要伴随人类社会发展不断变化,因而生产力的形态也必将不断变化,这皆包含于历史唯物主义理论之中。生态生产力是马克思生产力的新时代样态。

新时代人民群众美好生活包罗万象，但作为维系人类社会生存发展的第一前提，生态良好必在其中。缺失生态的生产力发展走向，将使人类陷入生存危机，因此，对生态生产力跃迁发展的研究与当代阐释成为现阶段解决人民美好生活需要的内在必然要求。生产力三要素即从劳动者、劳动资料与劳动对象出发，遵循生态生产力与生产力的逻辑脉络，结合党的十九届四中全会精神指引，新时代生产力生态化跃迁发展的现实路径也必然不能脱离生态生产力的三要素，即具有生态意识的新时代劳动者、具有生态保护性能的劳动资料以及更优化的劳动对象。当今人类的生态需要可视为人类的真实需要，并成为一切其他需要的前提。因而，对生态生产力中蕴含的生态优先、多方和谐、要素均衡的生产力发展理念的研究，为现阶段生产力发展提供了现实指导和价值目标。通过对生态生产力发展理念中核心价值旨归的阐释，为人类美好生活需要提供了生态思想的价值引领，实现由传统思想到生态生产力的跃迁发展，为实现人民群众美好生活需要提供了实践路径，提供了思想前提。因此，本书通过对生态生产力跃迁发展的研究，不仅在宏观层面上有助于推动人与自然、人与社会的和谐统一，实现社会总体和谐，并且在微观层面上有利于构建人类外部发展环境的良序运行，实现人的本质力量的运用，使人类对美好生活的向往由构想成为现实。在我国全面开启建设社会主义现代化强国的新征程中，现阶段是我国向第二个百年奋斗目标前进的关键时期，对生产力生态化跃迁中的人民美好生活需要的深入阐释，能有效地解决当前我国在实现人们美好生活道路上的实践问题，推动我国对实现人民美好生活的历史性解决，也体现出了当代语境下人民美好需要下的时代意义。

参考文献

一 中文文献

（一）经典文献及著作：

1. 《马克思恩格斯文集》第 1~10 卷，人民出版社，2009。
2. 《马克思恩格斯选集》第 3 卷，人民出版社，1995
3. 《马克思恩格斯选集》第 4 卷，人民出版社，1995
4. 《马克思恩格斯全集》第 3 卷，人民出版社，1960。
5. 《马克思恩格斯全集》第 8 卷，人民出版社，2009。
6. 《马克思恩格斯全集》第 23 卷，人民出版社，1972。
7. 《马克思恩格斯全集》第 25 卷，人民出版社，1974。
8. 《马克思恩格斯全集》第 26 卷，人民出版社，2019。
9. 《马克思恩格斯全集》第 31 卷，人民出版社，1972。
10. 《马克思恩格斯全集》第 37 卷，人民出版社，1974。
11. 《马克思恩格斯全集》第 42 卷，人民出版社，1979。
12. 《马克思恩格斯全集》第 47 卷，人民出版社，1979。
13. 《资本论（纪念版）》第 1~3 卷，人民出版社，2018。
14. 《列宁全集》第 55 卷，人民出版社，2017。
15. 《列宁专题文集：论马克思主义》，人民出版社，2009。
16. 《毛泽东选集》第 1 卷，人民出版社，1991。
17. 《邓小平文选》第 3 卷，人民出版社，1993。
18. 《习近平谈治国理政》第 1 卷，外文出版社，2014。
19. 《习近平谈治国理政》第 2 卷，外文出版社，2017。
20. 《十八大以来重要文献选编》（上），中央文献出版社，2014。
21. 《习近平总书记系列重要讲话读本》，人民出版社，2016。

22.《习近平关于科技创新论述摘编》，中央文献出版社，2016。

23.《习近平关于社会主义生态文明建设论述摘编》，中央文献出版社，2017。

24.《习近平关于社会主义经济建设论述摘编》，中央文献出版社，2017。

25.《习近平关于总体国家安全观论述摘编》，中央文献出版社，2018。

26.《决胜全面建成小康社会 夺取新时代中国特色社会主义伟大胜利——在中国共产党第十九次全国代表大会上的报告》，人民出版社，2017。

27.习近平：《之江新语》，浙江人民出版社，2007。

28.《国家创新驱动发展战略纲要》，人民出版社，2016。

29.〔英〕乔纳森·休斯：《生态与历史唯物主义》，张晓琼、侯晓滨译，江苏人民出版社，2011。

30.〔英〕戴维·佩铂：《生态社会主义：从深生态学到社会正义》，刘颖译，山东大学出版社，2005。

31.〔美〕泰德·本顿：《生态马克思主义》，曹荣湘、李继龙译，社会科学文献出版社，2013。

32.〔美〕詹姆斯·奥康纳：《自然的理由——生态学马克思主义研究》，唐正东、臧佩洪译，南京大学出版社，2003。

33.〔美〕约翰·贝拉米·福特斯：《马克思的生态学——唯物主义与自然》，刘仁胜、肖峰译，高等教育出版社，2006。

34.〔美〕尤金·哈格洛夫：《环境伦理学基础》，杨通进等译，重庆出版社，2007。

35.〔美〕霍尔姆斯·罗尔斯顿：《哲学走向荒野》，刘耳、叶平译，吉林人民出版社，2000。

36.〔加〕威廉·莱斯：《自然的控制》，岳长岭、李建译，重庆出版社，1993。

37.〔匈〕阿格尼丝·赫勒：《现代性理论》，李瑞华译，商务印书馆，2005。

38.〔德〕哈尔特穆特·罗萨：《加速：现代社会中时间结构的改变》，

董璐译，北京大学出版社，2015。

39. 〔德〕马克斯·霍克海默、西奥多·阿多诺：《启蒙辩证法：哲学断片》，渠敬东、曹卫东译，上海人民出版社，2020。

40. 〔加〕本·阿格尔：《西方马克思主义概论》，慎之等译，中国人民大学出版社，1991。

41. 〔美〕赫伯特·马尔库塞：《单向度的人：发达工业社会意识形态研究》，刘继译，上海译文出版社，2008。

42. 〔德〕哈特穆特·罗萨：《新异化的诞生：社会加速批判理论大纲》，郑作彧译，上海人民出版社，2018。

43. 〔美〕大卫·哈维：《希望的空间》，胡大平译，南京大学出版社，2006。

44. 〔德〕马丁·海德格尔：《海德格尔文集：演讲与论文集（修订译本）》，孙周兴译，商务印书馆，2018。

45. 〔澳〕希尔曼、史密斯：《气候变化的挑战与民主的失灵》，武锡申等译，社会科学文献出版社，2009。

46. 〔美〕乔尔·科威尔：《自然的敌人：资本主义的终结还是世界的毁灭？》，杨燕飞等译，中国人民大学出版社，2015。

47. 〔德〕阿·科辛：《马克思列宁主义哲学词典》，郭官义等译，东方出版社，1991。

48. 〔英〕G.A.科恩：《卡尔·马克思的历史理论一个辩护》，段中桥、岳长龄译，重庆出版社，1993。

49. 〔德〕A.施密特：《马克思的自然观念》，欧力同、吴仲昉译，商务印书馆，1988。

50. 高清海：《哲学与主体的自我意识：论马克思实践观点的思维方式》，北京师范大学出版社，2017。

51. 俞吾金：《重新理解马克思：对马克思哲学的基础理论和当代意义的反思》，北京师范大学出版社，2005。

52. 王雨辰：《生态批判与绿色乌托邦——生态学马克思主义理论研究》，人民出版社，2009。

53. 郇庆治主编《重建现代文明的根基——生态社会主义研究》，北京大学出版社，2010。

54. 张建映、张跃滨:《马克思主义哲学读本》,清华大学出版社,2005。

55. 倪瑞华:《英国生态学马克思主义研究》,人民出版社,2011。

56. 张一兵:《回到马克思》,江苏人民出版社,2014。

57. 李桂花:《科技哲思》,吉林大学出版社,2011。

58. 李桂花:《科技的人化》,吉林人民出版社,2004。

59. 穆艳杰:《马克思实践观变革》,吉林人民出版社,2006。

(二) 报刊及论文

1. 习近平:《决胜全面建成小康社会 夺取新时代中国特色社会主义伟大胜利》,《人民日报》2017年10月28日。

2. 习近平:《以时不我待只争朝夕的精神投入工作 开创新时代中国特色社会主义事业新局面》,《人民日报》2018年1月6日。

3. 习近平:《在纪念马克思诞辰200周年大会上的讲话》,《人民日报》2018年5月4日。

4. 习近平:《在庆祝改革开放40周年大会上的讲话》,《人民日报》2018年12月19日。

5. 习近平:《关于〈中共中央关于制定国民经济和社会发展第十四个五年规划和二〇三五年远景目标的建议〉的说明》,《人民日报》2020年11月4日。

6. 习近平:《建设美丽中国——关于新时代中国特色社会主义生态文明建设》,《人民日报》2014年7月11日。

7. 习近平:《在庆祝中国共产党成立100周年大会上的讲话》,《求是》2021年第14期。

8. 胡锦涛:《坚定不移沿着中国特色社会主义道路前进 为全面建成小康社会而奋斗》,《人民日报》2012年11月18日。

9. 王政等:《成就举世瞩目 发展永不止步》,《人民日报》2019年09月21日。

10. 新华社:《国家主席习近平发表二〇二二年新年贺词》,《党建》2022年第1期。

11. 张云飞:《生态理性:生态文明建设的路径选择》,《中国特色社会主义研究》2015年第1期。

12. 张云飞：《"生命共同体"：社会主义生态文明的本体论奠基》，《马克思主义与现实》2019年第2期。

13. 郇庆治等：《"马克思主义生态学和人与自然和谐共生的现代化"笔谈》，《福建师范大学学报》（哲学社会科学版）2021年第6期。

14. 郇庆治：《习近平生态文明思想的体系样态、核心概念和基本命题》，《学术月刊》2021年第9期。

15. 吴晓明：《马克思主义哲学与当代生态思想》，《马克思主义与现实》2010年第6期。

16. 吴晓明：《从马克思的"现实"立场把握中国道路》，《马克思主义与现实》2014年第3期。

17. 王凤才：《生态文明：生态治理与绿色发展》，《学习与探索》2018年第6期。

18. 王峰明：《对生产力一元决定论的反思与新释》，《马克思主义研究》2012年第10期。

19. 王雨辰：《论西方生态学马克思主义对历史唯物主义生态维度的建构》，《马克思主义与现实》2008年第5期。

20. 王雨辰：《重新思考人的真实需要》，《毛泽东邓小平理论研究》2020年第1期。

21. 王雨辰：《论建构中国生态文明理论话语体系的价值立场与基本原则》，《求是学刊》2019年第5期。

22. 王雨辰：《虚假需要、异化消费与生态危机——论生态学马克思主义的需要理论及其当代价值》，《贵州大学学报》（社会科学版）2019年第3期。

23. 倪瑞华：《为马克思的人类中心主义辩护》，《国外社会科学》2010年第6期。

24. 吴宏政：《劳动在什么意义上才是"生活的第一需要"》，《哲学动态》2017年第5期。

25. 刘仁胜：《马克思、恩格斯关于人口与自然、社会和谐发展的基本观点》，《当代世界与社会主义》2007年第3期。

26. 蓝江：《当代资本主义下的加速主义策略——一种新马克思主义的思考》，《山东社会科学》2019年第6期。

27. 穆艳杰：《生态学马克思主义的生态危机理论分析》，《吉林大学社会科学学报》2009年第4期。

28. 穆艳杰：《生产方式与自然生态环境关系历史演变分析——基于人类生存辩证法视域》，《学习与探索》2015年第10期。

29. 穆艳杰：《以两山思想为主要内容的习近平生态文明思想与中国实践分析》，《思想理论教育导刊》2018年第6期。

30. 穆艳杰：《习近平生态文明思想研究》，《东北师大学报》（哲学社会科学版），2019年第1期。

31. 穆艳杰：《习近平对马克思生态思想的继承与发展论析》，《思想政治教育研究》2019年第2期。

32. 穆艳杰：《"人与自然是生命共同体"理念的当代建构》，《吉林大学社会科学学报》2019年3期。

33. 穆艳杰：《重建与反思——论生态视域下共同体思想之理论演进及中国范式》，《东北师大学报》（哲学社会科学版）2020年第3期。

34. 张敏：《论自然价值知性模式与人格的生态涵育》，《社会科学研究》2019年第5期。

35. 于天宇、李桂花：《习近平生态生产力思想论析》，《学习与探索》2017年第6期。

36. 于天宇：《习近平关于"人与自然是生命共同体"的重要论述研究：渊源、内涵及实践价值》，《南京社会科学》2019年第5期。

37. 于天宇：《新时代生态生产力发展的理论逻辑与实践路径》，《学习与探索》2019年第9期。

38. 于天宇：《永恒的生态限制——现代资本主义社会加速的逻辑、困境、策略及本真面目》，《求是学刊》2020年第2期。

39. 于天宇：《需要加速与生产加速：社会加速循环的深层逻辑》，《东北师大学报》（哲学社会科学版）2020年第4期。

40. 涂良川：《马克思"现实的历史的人"及其意义》，《哲学研究》2013年第5期。

41. 涂良川、李爱龙：《劳动与需要：马克思分配正义的双重视野》，《东北师大学报》（哲学社会科学版）2014年第6期。

42. 邓欢、冯兵：《消费社会境遇中绿色发展观对资本逻辑的超越》，

《理论月刊》2019年第8期。

43. 刘凤义等：《论资本逻辑下的资本主义生态危机》，《当代经济研究》2019年第7期。

44. 马俊峰、马乔恩：《"社会加速"与"美好生活"之间的张力与超越——基于马克思主义资本批判逻辑的分析》，《南京大学学报》（哲学·人文科学·社会科学）2019年第6期。

45. 斋藤幸平等：《马克思的生态学》，《国外理论动态》2020年第2期。

46. 包庆德：《论马克思的生态生产力思想及其当代价值》，《哈尔滨工业大学学报》（社会科学版）2020年第3期。

47. 张绍平、董朝霞：《生态社会主义绿色政治思维模式及其当代价值》，《理论与改革》2007年第4期。

48. 陈食霖：《生态批判与历史唯物主义的重构——评詹姆斯·奥康纳的生态学马克思主义思想》，《武汉大学学报》（人文科学版）2006年第2期。

49. 张进蒙：《马克思主义生态观探析》，《理论月刊》2008年第8期。

50. 周忠华：《差异与同一：生态世界观的两个基点》，《西南农业大学学报》（社会科学版）2009第6期。

51. 廖清胜：《生态世界观、科学发展观与马克思自由个性观》，《探索》2005第3期。

52. 鲁绍臣、郭剑仁：《马克思生态世界观的现代意义——"马克思主义与生态文明"国际会议综述》，《当代国外马克思主义评论》2011年第12期。

53. 胡振生：《生态环境的恶化呼唤共产主义》，《当代思潮》2000年第4期。

54. 秦维红、张玉杰：《马克思需要理论视域中"美好生活需要"探析》，《马克思主义理论学科研究》2020年第4期。

55. 王海锋：《论历史唯物主义的世界观》，吉林大学博士学位论文，2010年。

56. 谢保军：《马克思自然观的生态哲学意蕴及现代意义》，黑龙江大学博士学位论文，2002年。

57. 于天宇:《历史唯物主义的生态性维护与生产力的生态化发展》,吉林大学博士学位论文,2018 年。

二 外文文献

1. Mesarovic, M. and Pesel, E., *Mankind at the Turning Point*, London: Hutchinson, 1975.

2. Doyal and Gough, *A Theory of Human Need*, London: British Journal of Sociology, 1991.

3. Capra, F., *The Turning Piont*, London: Fontana, 1983.

4. Bahro, R., *Socialism and Survival*, London: Heretic Books, 1982.

5. Kolakowski, L., *Main Currents of Marxism*, Oxford: Clarendon Press, 1978.

6. Timpanaro, S., *On Materialism*, London: New Left Boots, 1975.

7. Grundmann, R., *Marxism and Ecology*, Oxford: Clarendon Press, 1991.

8. Victor Ferkiss, *Nature, Technology, and society*, New York: New York University, 1993.

9. Agnes Heller, *The Theory of Need in Marx*, London: Allison and Busby, 1985.

10. Callicott, *In Defense of the Land Ethic*, Alnaby: State University of New York Press, 1989.

11. Cohen, *Karl Mars's Theory of History: A Defence*, Oxford: Clarendon Press, 1988.

12. Skolimowski, *Eco-Philosophy: Designing New Tactics for Living*, Boston: Marion Boyars, 1983.

13. O'Neill, *Ecology, Policy and Politics: Human Well-being and the Natural World*, London: Routledge, 1993.

14. Brennan. *Thinking About Nature: an Investigation of Nature, Value and Ecology*, London: Routledge, 1988.

15. Benton, T., "Marxism and Natural Limits", *New Left Revies* (April 1989).

16. Routley, V., "On Karl Marx as an Environmental Hero", *Environmental*,

(March 1983).

17. Lee, D. C., "*On the Marxian View of the Reationship between Man and Nature*", *Environmental* (January 1982).

18. Porritt, J., "Global Warning", *New Sraresman and Society* (May 1991).

19. Lee., "On the Marxian View of the Relationship between Man and Nature", *Environmental Ethic* (January 1980).

后　记

  自2017年撰写博士论文开始，马克思主义生态学一直是我的一个重要研究方向，围绕马克思主义自然观、生产力理论、需要理论、生态学马克思主义等研究领域，我发表了多篇学术成果。在此基础上，2020年我申报的国家社会科学基金青年项目"人民群众美好生活视域下生产力生态化跃迁发展研究"获准立项，这也使我将学术研究重心聚焦"人民美好生活"与"生产力生态化发展"的关系问题。在进行国家社会科学项目研究的过程中，我基于对马克思主义经典著作的深刻研读，逐渐探索出了"美好生活需要"与"生态生产力"之间的内在逻辑关系，并以此为出发点完成了课题结项，本书也是在本人国家社会科学基金结项报告的基础上修改完成的。

  我的师弟胡建东博士、宋田光博士，我的学生邵光珂、都书廷参与了本书部分章节的讨论、研究、修改与文献整理工作，付出了很多辛劳，在与他们共同思考的过程中，达成了许多一致的观点，也使我收获很多。我的学生王亚慧、秦铭参与了本书的校对工作，贡献了许多智慧。社会科学文献出版社的宋淑洁老师为本书的编辑出版提出了许多中肯的意见，并给予了大力支持。在此向以上各位表示诚挚感谢。

  美好生活需要是人类发展过程中的永恒追求，所涉内容之广大非本书能够完整涵盖，对于此问题的整体性研究而言，本书不过是在一定视角下的"管中窥豹"，当中还有许多不足，这些问题将在本人日后的学术研究过程中不断完善，同时也恳请各位学界同仁批评指正。

于天宇

2023年1月1日于长春

图书在版编目(CIP)数据

人民美好生活实践探索：生产力生态化跃迁发展研究／于天宇著. -- 北京：社会科学文献出版社，2023.2

ISBN 978-7-5228-1513-8

Ⅰ.①人… Ⅱ.①于… Ⅲ.①现代化建设-研究-中国 Ⅳ.①D61

中国国家版本馆 CIP 数据核字（2023）第 036604 号

人民美好生活实践探索
——生产力生态化跃迁发展研究

著　　者／于天宇

出 版 人／王利民
组稿编辑／陈凤玲
责任编辑／宋淑洁
责任印制／王京美

出　　版／社会科学文献出版社·经济与管理分社（010）59367226
　　　　　地址：北京市北三环中路甲29号院华龙大厦　邮编：100029
　　　　　网址：www.ssap.com.cn

发　　行／社会科学文献出版社（010）59367028

印　　装／三河市尚艺印装有限公司

规　　格／开　本：787mm×1092mm　1/16
　　　　　印　张：15.75　字　数：256千字

版　　次／2023年2月第1版　2023年2月第1次印刷

书　　号／ISBN 978-7-5228-1513-8

定　　价／99.00元

读者服务电话：4008918866

版权所有 翻印必究